神朔铁路技术管理规则
（电务专业）

神朔铁路分公司　编

西南交通大学出版社
·成　都·

图书在版编目（CIP）数据

神朔铁路技术管理规则. 电务专业 / 神朔铁路分公司编. 一成都：西南交通大学出版社，2019.1
ISBN 978-7-5643-6677-3

Ⅰ. ①神… Ⅱ. ①神… Ⅲ. ①铁路运输 – 电务段 – 技术管理 – 管理规程 – 中国 Ⅳ. ①U29-65

中国版本图书馆 CIP 数据核字（2018）第 290792 号

Shenshuo Tielu Jishu Guanli Guize
（Dianwu Zhuanye）

神朔铁路技术管理规则
（电务专业）

神朔铁路分公司　编

责任编辑	黄淑文
助理编辑	梁志敏
封面设计	原谋书装

出版发行　西南交通大学出版社
（四川省成都市金牛区二环路北一段 111 号
西南交通大学创新大厦 21 楼）
邮政编码　610031
发行部电话　028-87600564　　　028-87600533
网址　http://www.xnjdcbs.com
印刷　四川煤田地质制图印刷厂

成品尺寸　185 mm×260 mm
印张　26
字数　602 千
版次　2019 年 1 月第 1 版
印次　2019 年 1 月第 1 次
书号　ISBN 978-7-5643-6677-3
定价　99.00 元

中国神华神朔铁路分公司文件

神朔运管〔2019〕29 号

管内各单位：

　　《神朔铁路技术管理规则（电务专业）》已经审核通过，现予发布，自 2019 年 1 月 1 日起施行。（后附：《关于印发〈神朔铁路技术管理规则（电务专业）〉的通知》）。

　　（《神朔铁路技术管理规则（电务专业）》另发单行本。）

总经理

2019 年 1 月 1 日

关于印发《神朔铁路技术管理规则（电务专业）》的通知

管内各单位：

为了加强和规范神朔铁路电务信号设备维护管理、专业技术管理，贯彻落实公司的"安全、稳定、制度、纪律、落实、督办"十二字安全生产方针，注重电务安全风险管理，强化电务安全基础管理、过程控制和应急处置，做好电务生产安全风险的超前防范，持续推进电务专业标准化工作，提高电务信号设备维护质量，确保铁路信号设备的正常运用，全面提升电务系统安全管理水平，适应重载铁路运输新形势下设备维护管理、技术管理要求，根据《铁路技术管理规则》《神华铁路运输管理规则》《铁路信号维护规则》，结合神朔铁路实际情况，特编制了《神朔铁路技术管理规则（电务专业）》，现予以印发，自 2019 年 1 月 1 日起执行。请各单位认真组织宣贯学习。

《神朔铁路技术管理规则（电务专业）》是神朔铁路电务专业设备维护管理、技术管理以及人员专业技术培训、专业技能鉴定的技术标准。

本规则是《神朔铁路技术管理规则》系列技术规章中的电务专业部分，由神朔铁路分公司运输管理部负责解释。各有关单位严格遵照本规则执行，根据本规则制定、修改、补充完善相应规章制度，并将执行中的有关情况及时反馈神朔铁路分公司运输管理部。

附件：神朔铁路技术管理规则（电务专业）

神朔铁路分公司

2019 年 1 月 1 日

编 委 会

前　言

随着铁路系统新设备、新技术、新工艺、新材料的广泛应用，既有的技术规章已不能完全满足设备检修管理的需求。为加强神朔铁路行车设备技术管理，保证行车设备检修过程中的人身、行车及设备安全，在充分学习原铁道部、铁路总局、铁路总公司、国家能源集团相关技术规章的基础上，结合神朔铁路实际情况编写了《神朔铁路技术管理规则》系列丛书。

《神朔铁路技术管理规则（电务专业）》作为神朔铁路电务专业设备检修、养护的技术管理标准和人员培训的必备教材，也可作为铁路同行电务专业工程技术人员参考的资料。

本书由神朔铁路分公司运输管理部组织编写。在编写的过程中，得到了神朔铁路各单位电务专家的大力支持和帮助，在此表示由衷感谢。

由于编写人员知识水平有限，本书难免有不足之处，如发现有需要修改和补充之处，请大家提出宝贵意见。

编委会

2018 年 11 月

目　录

第一编　信号维修规则

为贯彻落实《铁路信号维护规则》及国家能源集团《中国神华能源公司铁路运输管理规程（试行）》之规定，推进公司信号维修体制改革，适应神朔铁路企业资源优势整合发展，按照神朔铁路分公司（以下简称公司）电务系统信号专业维修要求，结合公司信号设备维护管理现状，制定《信号维修规则》。

第一章　维修组织

第1条　电务维护机构遵循统一规划、统一领导、逐级负责和科学管理的原则，实行运输段分级管理和运输段、车间、工区三级维护模式。

第2条　铁路公司业务生产部门应设电务主管科室，检查指导电务维修单位技术管理和专业管理，督促各项规章制度落实，保证电务设备质量良好地运用。

第3条　运输段是信号设备维修管理的主体，实行段、车间、工区三级管理。运输段应根据现场维修工作需要合理设置专业负责人、维修主管或维修工程师、信号车间、工区；为满足专业修需要，运输段应设置信号检修车间及相应工区。

第4条　信号车间是负责信号设备维修工作的基层生产管理组织，负有安全、技术、维修、施工、质量、设备及综合管理等职责，直接组织、指挥现场生产和应急抢险，负责现场检修作业、施工作业、故障处理的控制和对工区的管理。

1. 信号车间在运输段领导下，组织信号工区对管内信号设备进行养护维修，对信号设备日常运用情况进行检查，对信号设备故障进行应急处理。

2. 信号车间按照分工负责的原则，组织信号工区落实运输段日常工作维修生产计划，包括设备、人身安全管理，设备环境卫生，设备设施防火防盗，职工技术业务培训，职工队伍基础建设，建立健全工区管理机制，完善工区各项管理制度。

3. 信号车间负责对工区日常工作进行计划安排、检查指导、验收评定，负责对管内工区进行安全生产联合检查，对工区安全生产逐级考核，提高班组管理能力和队伍建设。

第5条　信号检修车间是负责信号设备入所修、入厂修等工作的基层生产管理组织，负有安全、技术、质量、施工及设备等管理职责，并对运用周期内设备检修质量负责。

信号检修车间主要负责转辙机、电源（电源屏）设备、色灯信号机灯组、继电器、变压器、整流器、移频设备、阻容元件等设备、器材的入所修工作，承担新购设备、器材的测试、检查及仪表计量检定工作。

第6条　信号工区是负责现场信号设备维修工作的基本生产单元，承担管内信号设备日常养护和集中检修、信号器材的倒换安装工作。信号工区实行昼夜值班制度，及时处理设备故障。现场工区应均衡安排休班，保证每天当班人数满足日常生产需要。有条件的可分设值班工区和检修工区。

第7条　信号检修车间专业工区是负责信号设备、器材入所修工作的基本生产单元，承担管内信号设备入所修、器材检修工作。

第8条　微机监测工区负责微机监测设备的定期检修，承担各类外围器材、接口部件和通用电子产品保修期外的修理工作，负责信号微机监测等设备的维护和应急处理，以及上述设备的定期检查、检修和上道前的检查试验工作。

第二章　维修管理

第9条　信号设备维修的基本要求：

1. 信号设备维修的修程分为日常养护、集中检修和入所修。

2. 设备维修的工作内容、检修周期、检修工时定额依据《铁路信号维护规则》的标准编制。

3. 检修计划项目、设备更换周期、检修周期的变更，按批准权限审批。

4. 采用具备自检、检测、报警、冗余等功能的信号设备监测系统，随时掌握信号设备的工作状态和变化趋势，预防可能出现的故障，逐步实现以状态修为主的维修模式。

第10条　运输段管理：

1. 运输段生产技术科（电务）是组织全段信号设备维护管理的职能部室，应组织制定、细化以下维修规则和措施：

（1）信号维修实施细化规则。

（2）信号电气特性测试细化管理规则。

（3）信号天窗修细化管理规则。

（4）信号设备入所修细化管理规则。

（5）工电配合作业细化规则。

（6）分路不良细化管理规则。

（7）信号设备防火细化管理规则。

（8）信号设备限界细化管理规则。

（9）信号设备维修质量验收标准。

（10）信号作业控制措施。

（11）信号联锁管理实施细则。

（12）电务信号专业营业线施工安全管理规则。

2. 运输段生产技术科应组织制定以下计划：

（1）年度信号维修（轮修）工作计划。运输段每年12月份应根据设备质量状况、年度重点工作和公司有关要求，组织信号车间及各工区编制信号维修工作计划表，组织信号检修车间和工区编制信号设备器材入所修周期计划表和年度信号设备器材入所修、修配工作计划表。年度维修工作计划、入所修工作计划经段生产技术科电务负责人审核、主管段长批准后，于次年1月1日起执行。具体编制要求如下：

① 维修（轮修）工作计划表要求设备数量准确、工作项目全面、工作内容清楚，并严格执行公司电务信号专业企业标准（企业标准另发），每月任务按季节合理安排，工作量分配均衡。

② 维修工作计划应与春检、秋鉴工作相结合，合理安排集中检修作业项目、设备整治和年度设备测试项目，并考虑季节性工作、配合中修、配合工务等其他临时性工作项目。

③ 轮修工作计划应根据信号设备、器材入所修及更换周期现场运用设备台账，也可由生产技术科根据设备运用情况编制的特殊处所设备、器材周期调整计划制订。

④ 信号设备维修、信号器材入所修及寿命周期按本文件附件二、附件三要求执行，各种周期变更须报运输管理部备案并批准。

（2）信号年度重点工作计划。每年公司电务工作会议召开后，运输段应在公司下达的重点工作安排的基础上，结合本段情况补充重点整治项目，制定运输段年度信号重点工作安排，分解落实到车间并组织实施。

（3）信号年度生产材料计划。运输段应根据设备数量、质量状况、年度重点工作和公司有关要求，编制费用分劈到车间的年度生产材料计划。

（4）信号年度工作量测算及工区定员建议计划。生产技术科电务负责人每年根据设备数量变化情况、设备重要程度、车流变化情况和工区生产组织情况，分等级确定各站维修定员换算组数，并向段人力资源部提供年度工区定员建议计划。

（5）年度检查指导计划。根据公司运输管理部年度检查要求，制定科室年度检查计划。

3.运输段生产技术科电务信号专业应具备以下技术资料：

（1）规章、文电、信函、纪要等。

（2）段细、段信号设备管辖概况。

（3）信号设备履历簿。

（4）专项整治台账。

（5）信号设备季节性工作及秋鉴资料。

（6）信号联锁变更、联锁设备修改台账及联锁试验资料。

（7）天窗修计划及兑现分析资料。

（8）段管界分界维护协议。

（9）其他技术资料及图表（见表1-1）。

表 1-1　信号技术资料及图表

序号	技术档案名称	应备形式/数量				
		工区	车间	段	运输管理部	公司档案室
1	联锁图表	纸质/1	纸质或电子版/1	纸质和电子版/2	电子版/1	纸质/1
2	竣工图	纸质/1	纸质/1	纸质/2		纸质/1
3	信号标准安装图			纸质/1		
4	信号定型电路图			纸质/1		

序号	技术档案名称	应备形式/数量				
		工区	车间	段	运输管理部	公司档案室
5	信号显示关系图（有进路信号机站）	纸质/1	纸质/1	纸质/2		
6	信号电缆径路示意图（自绘）	纸质/1	纸质/1	纸质或电子版/2	电子版/1	
7	信号设备管辖及联锁闭塞装置示意图		纸质/1	纸质和电子版/2	纸质和电子版/1	
8	电源系统图	纸质/1	纸质/1	电子版/2	电子版/1	
9	箱盒配线图	纸质/2	电子版/1	电子版/1	电子版/1	
10	吸上线位置及横向连接线平面布置图	纸质/1	纸质/1	纸质或电子版/2	纸质和电子版/1	
11	电源屏电路图	纸质/1	纸质/1	纸质/1	纸质/1	
12	计算机联锁信息表	纸质/1	纸质/1	纸质或电子版/1	电子版/1	
13	ZPW2000系统图	纸质/1	纸质/1	纸质/2		
14	机械室综合接地及防雷系统图	纸质/1	纸质/1	纸质或电子版/1	电子版/1	
15	转辙机运用及备用台账	纸质/1	纸质和电子版/1	纸质和电子版/1	纸质和电子版/1	
16	计算机联锁特殊设计说明	纸质/1	纸质/1	纸质和电子版/2	纸质和电子版/1	
17	计算机设备网络拓扑图	纸质/1	纸质/1	纸质或电子版/2	电子版/1	
18	信号设备台账	纸质/1	纸质/1	纸质或电子版/2	电子版/1	
19	信号设备建筑限界测量记录	纸质/1	纸质/1	纸质或电子版/2	纸质和电子版/1	
20	信号显示检查记录	纸质/1	纸质和电子版/1	纸质或电子版/2	纸质和电子版/1	
21	信号联锁台账	纸质/1	纸质和电子版/1	纸质或电子版/2	电子版/1	
22	分路不良台账	纸质/1	电子版/1	电子版/1	电子版/1	
23	自动闭塞台账			电子版/1	电子版/1	
24	电码化台账			电子版/1	电子版/1	
25	GYK基础数据台账	纸质/1	纸质和电子版/1	纸质和电子版/1	纸质和电子版/1	
26	器具和应急备用设备、器材台账		纸质和电子版/1	纸质和电子版/1	纸质和电子版/1	

4. 生产技术科电务信号专业应开展日常以下工作：

（1）每月召开本专业月度会议，总结上月布置工作的完成进度和质量，分析存在的倾向性问题和风险要素，并确定解决方案；对相关车间提出考核建议；根据公司要求、结合季节变化和倾向性问题，有针对性地布置下月工作。

（2）掌握全段信号设备维修及重点工作完成情况，每月汇总上月工作完成情况，安排下月工作计划。

（3）每周根据现场车间提报的天窗修计划，结合运输段安排和相关车间需利用天窗作业的计划申请，由生产技术科电务负责人审核并向生产调度室提报天窗修周计划。天窗时间内无法完成的作业，应列入月度施工方案计划。

（4）每月组织完成管内重点施工和天窗修作业，及时发现生产过程中存在的问题，并制定相应的解决方案。

（5）定期组织抽查验收，每季对各车间组织一次设备联合检查，每年对各班组组织一次设备检查，及时总结、交流维护经验，提高设备运用质量和业务管理水平。

（6）对信号故障及时进行分析，制定针对性控制措施并组织实施。掌握每月故障情况，对惯性和倾向性问题制定整改措施。

（7）每月组织对天窗兑现率、利用率、作业组织、作业质量和作业制度落实情况进行专项分析，对天窗修工作中存在的问题纳入整改和考核。

（8）每月对返所（返厂）器材进行质量分析，形成分析报告。

5. 运输段组织开展的各项工作，在安排布置的同时，必须明确该项工作的技术要求、完成方法、存在的风险要素和控制措施，以及验收要求等，必要时采取先小范围试点、再召开现场会、最后全面实施的方案。

6. 材料计划：由车间或生产技术科电务主管根据需求编制材料计划，标明材料规格、尺寸、性能等。车间上报的材料计划须经生产技术科电务负责人审查签认，电务主管段长批准同意后，由公司物资管理部负责采购。

第 11 条　车间管理：

1. 车间是负责信号设备维修工作的基层生产管理组织，有权对车间人员进行内部调整和优化组合。

2. 车间应建立以下管理资料：

（1）车间安全生产逐级考核规则。

（2）车间天窗修管理制度（不含检修车间）。

（3）车间例会制度。

（4）车间全覆盖检查制度（不含检修车间）。

（5）车间横向联系沟通制度。

（6）车间各项应急预案。

（7）车间劳动安全管理制度。

（8）车间安全信息反馈制度。

（9）各项作业安全控制措施。

（10）年度信号维修（轮修）工作计划。

（11）车间年度重点工作计划。

（12）车间年度培训计划及培训内容。

3. 车间应备有以下资料：

（1）规章及上级文电。

（2）段细、车间设备管辖概况。

（3）信号故障记录、分析及措施。

（4）信号设备履历簿、设备专项整治台账。

（5）信号设备季节性工作及秋鉴资料。

（6）天窗修计划及兑现情况分析资料。

（7）信号联锁变更、联锁设备修改台账及联锁试验资料。

（8）工电联合检查及整治记录。

（9）车间设备联检记录。

（10）问题闭环管理记录及问题库。

（11）施工例会记录。

（12）"三新"人员人身、防火安全培训档案。

（13）车间安全风险卡控表。

（14）季度职工技术业务学习考核资料。

（15）车间月度考核资料。

（16）其他技术资料及图表见表1-1。

4. 车间日常应开展以下工作：

（1）每月末召开车间月度工作例会，总结当月布置工作的完成进度和质量；分析车间当月安全情况、存在的倾向性问题和风险要素，并确定解决方案；对工区和车间干部做出考核；根据上级要求、结合季节变化和倾向性问题，有针对性地安排下月工作，明确工作项目、标准方法、负责人和完成时限。

（2）每月由车间副主任审核、车间主任批准工区月度维修及重点工作计划，掌握完成情况并组织抽查验收；每周对车间生产任务情况、工区月度维修及重点工作计划表进行汇总；每月汇总上月工作完成情况，安排下月工作计划，并于30日前上报运输段生产技术科。

（3）每周对工区提报的天窗修计划审查把关，结合车间重点整治计划，向运输段生产技术科信号专业提报天窗修周计划。天窗时间内无法完成的作业，应申请列入月度施工方案计划。

（4）每月参加管内施工，组织天窗修作业，及时发现生产过程中存在的问题，并制定相应的解决方案。

（5）每日掌握各工区所有作业情况、月度检修及重点工作进度完成情况并建立记录。

（6）车间主任每日要掌控车间干部动向及天窗修组织实施情况，并在车间工作日志中记录。

（7）实时掌握设备故障情况并及时向运输段汇报。

（8）每月组织完成管内测试和分析工作，对工区测试、管理工作进行检查、指导；每天对各站报警信息进行浏览分析；每三天对各站电气特性进行一次浏览分析；每月对工区信号集中监测浏览情况进行全覆盖检查；每季对设备电气特性定量分析工作进行汇总并上报。

（9）每季组织车间管内设备联检，及时总结交流设备维护经验，提高设备运用质量和专业管理水平。

（10）信号检修车间每月组织完成修前检测问题分析和返所（厂）修问题分析，形成质量分析报告并上报。

（11）每月由车间主任审阅月度总结和质量分析并写出评语，将车间的月度总结和质量分析报主管段长审阅。

第 12 条　工区管理：

1. 在车间的组织指导下，开展设备日常维护管理；落实各项规章制度，预防设备故障和人身安全；控制安全风险点，处理应急故障；组织开展职工技术业务学习，抓好职工日常考核。

信号工区应备有以下管理资料：

（1）技术规章及上级文电。

（2）工区安全风险卡控表。

（3）维修（轮修）及重点工作计划表。

（4）工电联合整治记录。

（5）问题库及闭环管理记录。

（6）工区设备分工包保表。

（7）信号图纸和技术说明书（应齐全完整、集中存放，统一管理）。

（8）信号机械室必备以下图表图板：

① 信号平面布置图及组合位置图。

② 分线盘端子配线表，电缆贯通图。

③ 电源防雷箱、UPS、电源屏三者连接后的接线示意图。

④ 微机联锁原理框图。

⑤ 安全基本作业制度。

⑥ 机械室防火制度。

（9）应急备品备件台账（台账应齐全，维护良好、账物相符）。

（10）信号检修工区应存放所有器材信息（录入微机，实现全控到位）。

（11）其他技术资料及图表见表 1-1。

2. 工区日常应开展以下工作：

（1）每月召开工区月度会议。总结上月布置工作的完成进度和质量；分析存在的问题和风险要素，并确定解决方案；对工区成员做出考核；根据上级要求、结合季节变化和倾向性问题，有针对性地布置下月工作。

（2）每月由工长编制月度维修及重点工作计划表，经车间审批后实施。月度维修工作量应结合天窗计划每周均衡安排。

（3）工区工长每周根据维修工作计划、重点工作安排及人员和设备实际情况，制定隔周天窗修作业计划表报车间。

（4）组织完成月度维修及重点工作计划项目、临时性工作以及I级测试工作。

（5）工区每日对信号微机监测信息进行浏览、分析，对电气特性超标等问题及时制定解决方案并组织处理。

（6）工长对正线进路设备每月全覆盖检查一次。

3. 工作日志管理。工作日志是现场工区和专业工区维修生产工作的真实记录，应包含以下内容：封面、工区出勤表、信号检修及重点工作进度表、作业安全风险提示、工作记录、月度安全生产月度例会记录、特殊记事、材料使用登记、交接班记录。工作日志填写要求如下：

（1）工作日志必须由工长亲自填记（工长休息时由副工长填写），严禁其他人代写。应如实填写工区人员出勤情况、班前预想、工区工作内容、月度安全工作总结、各种通知要求及会议记录等。

（2）工区出勤表：工区日班按法定出勤时间填写，特殊情况按人事部门要求填写。

（3）月度维修及重点工作进度表：该表一式两份，由工长每月25日前将下月工作计划一式两份报车间，由车间副主任审核、车间主任签字批准，严禁盖章或代签。计划表一份由车间留存，一份返回工区粘在工作日志处，工区按实际完成情况填写并随当月工作日志一同保存。车间每周核对工区完成情况并填写车间保存的进度表，月末汇总报段信号生产技术科。

（4）作业安全风险提示：各种预想项目由各运输段自定，应保证内容周密、切实可行。

（5）工作记录：内容要求如下。

① 每天记录一页。

② 安全预想栏：填记班前安全预想教育,结合现场实际工作提出具体要求及风险提示。

③ 工作地点栏：填写作业站（场）或站内上行咽喉、下行咽喉、机械室、运转室、区间等。

④ 检修人栏：填写对应工作项目的作业人员姓名，如工区人数较多可用替代的字母填写。

⑤ 工作项目栏：填写检修工作的具体内容，如"转辙机执表检修"等。工区生产会议、技术学习等其他工作也要在此栏中填写。

⑥ 设备名称栏：按照技术图纸格式，填写设备的具体名称号码，如"D1、D3 信号机""1DG、3DG 轨道电路"等。只有当检修某一区域的全部设备时，才可以简写，如"下行咽喉全部××台转辙机"等。

（6）月度安全生产例会记录：记录车间和工区组织的安全生产工作总结内容，包括设备存在问题、整治方法和计划等。

（7）特殊记事表：记录各种会议通知、要求及会议记录等。

4. 信号设备放置卡片说明及放置明细（见附件3、附件4）。

（1）道岔：

① ZYJ7 道岔各牵引点的放置《ZYJ 型电液转辙机测试记录卡》。② ZD6 道岔各牵引

点的放置《ZD6 型电动转辙机测试记录卡》。

（2）轨道电路：

① 站内轨道电路在接收箱和发送箱放置《测试记录卡》。

② ZPW—2000 轨道电路在发送和接收端调谐单元箱放置《测试记录卡》。

（3）信号机：

① 进站信号机机构中放置《测试记录卡》。

② 通过信号机机构中放置《测试记录卡》。

③ 矮型出站信号机红灯机构中放置《测试记录卡》。

④ 高柱出站信号机机构中放置《测试记录卡》。

⑤ 矮型调车及复示信号机机构中放置《测试记录卡》。

⑥ 高柱调车及复示信号机机构中放置《测试记录卡》。

（4）方向电缆盒：

HF-4、HF-7 及中间电缆盒每个电缆盒中放置《检修卡》。

（5）室内设备：

① 控制台、人解盘、电源防雷箱、分线盘、综合架、微机联锁设备各放置一张《检修卡》。

② 组合架每排放置一张《检修卡》。

③ 室内测试记录本定置放入文件盒内。

（6）信号微机监测机柜内及终端设备工控机处，放置一张《检修卡》。

（7）要求：

① 未注明的特殊设备参照同类型设备和有关规定执行。

② 卡片中检查人、检修人及跟表人栏必须写完整姓名。

③ 设置的卡片为设备检修、测试、验收记录。在单位栏填写设备所属班组名称，设备名称应填写设备编号全称，检修周期填写公司规定执行的检修周期，每次检修、测试、验收记录一行。换卡时应将上次记录在卡片底部规定位置。

④ 用来记录段、车间、工区各级人员检查情况，在检查项目栏填写检查的内容，例如填写"春检检查""车间联检""设备鉴定"等。

第三章　检查与考核

第 13 条　检查与考核评价是促进管理责任落实的有效手段，贯穿于质量管理的全过程。定期进行质量检查和质量分析是保证设备质量、工作质量、运用质量稳定受控、不断提高设备质量、工作质量和运用质量的重要手段。

第 14 条　检查：

1. 静态检查。

（1）公司运输管理部工电科每年完成现场车间和班组的管理、设备、专项整治等检查工作，做到公司所管干线检查工作全覆盖。管内设备验收检查每季一次。

（2）运输段应每年组织开展春季设备检查和秋季设备质量鉴定工作。春检要突出春融季节性整治，保证设备在春融期间箱盒、机柱、安装稳固不倾斜、机械强度达标、电气特性稳定，通过对上一年秋鉴确定的设备问题开展全面整治，确保设备可靠工作；秋鉴要突出设备整治和质量鉴定，通过鉴定摸清设备底数，确定次年工作重点，为第二年的设备整治提供依据。

（3）运输段主管领导每季对管内线路四分之一站（工区）的管理、设备、专项整治等工作检查一次；每年对全段现场车间、班组管理、设备、专项整治等工作检查一次，做到领导干部检查全覆盖。

（4）运输段机关专业技术干部每半年对全段现场车间、班组管理、设备、专项整治等工作检查一次，做到机关技术干部检查全覆盖。

（5）车间干部对管内正线进路设备每月全覆盖检查一次；对电缆盒、调车信号机每半年全覆盖检查一次；其他设备每季全覆盖检查一次。

（6）信号工区工长对正线进路设备每月全覆盖检查一次；对管内电缆盒、调车信号机每季全覆盖检查一次；对其他所有设备每季度全覆盖检查一次。联锁道岔设备不能当日跟表检查的，要及时调整在最近天窗内完成。

（7）运输段、车间应有计划地开展设备质量互检活动。运输段每季检查一次。

（8）运输段每季、车间每月对信号机、联锁道岔、轨道电路、电缆线路和信息设备等主要行车设备的运用质量、工作质量进行全面检查。

（9）运输段、车间应有计划地开展跟表作业，掌握现场作业真实情况，段、车间技术干部每人每月参加巡检和检修作业，由运输段按本规则制定具体量化标准。

（10）运输段应建立设备监测信息浏览分析制度，加强监测信息分析，实时掌握设备运用状态，及时解决存在的问题。

2. 动态检查。

（1）运输管理部、运输段应定期进行机车添乘，重点检查信号显示情况、车载设备运用情况、电缆径路是否存在外界妨害、各种信号标志是否齐全等。要求工长每月对管内进行一次徒步检查；车间干部每月对管内进行一次添乘检查；段生产技术科电务主管或工程师、安全管理科电务主管每月至少添乘检查一次管内；运输段主管领导每季至少添乘检查一次；运输管理部技术干部每半年至少添乘检查一次。

（2）工程施工开通当日，运输段应安排专业技术人员按要求对首趟列车进行添乘检查；运输段生产调度室人员通过微机监测进行 24 h 盯控。

第 15 条 设备巡视制度：

1. 巡视周期（特殊规定的执行信号维修规则中关于设备维修周期工作内容表规定）。

（1）站内信号设备：室内设备巡视每日早晚各一次；室外设备：车站信号设备每月至少两次。

（2）自动闭塞区间设备每月至少巡视两次。

（3）无人值守站每半月至少一次。

2. 工作要求。

（1）巡视设备时必须正确着装，所带工具、材料齐全。

（2）各工区根据站场情况绘制巡视路线图，巡视时按路线图作业，并认真执行巡视作业内容及标准。

（3）工区必须保证巡视人员的作业时间，巡视人员在未完成巡视工作的情况下有权拒绝进行与巡视无关的工作。

（4）交班时必须将巡视情况交接清楚，接班后如出现因交班人巡视不细造成的设备故障，定为交班人的责任。

（5）巡视中发现设备缺点要及时克服。如巡视人员不能现场克服，应立即报告工长，由工长组织处理。发现危及行车安全的设备隐患且不能立即修复时，应立即登记停用，并上报段生产调度室。

（6）积极处理信号微机监测设备巡测中发现的电特性超标及报警信息。

（7）车间干部按包保分工，每季对管内设备巡视检查不少于两次。

第 16 条　质量分析：

1. 运输管理部每年对全公司信号设备质量进行分析，运输段每半年对全段信号设备质量进行分析。

2. 运输段生产技术科（电务）、车间每月写出工作总结和质量分析，报上级领导审核评定。主要项目如下：

（1）上级部门布置工作完成情况。

（2）本部门布置工作完成情况。

（3）个人主管工作开展情况。

（4）设备质量分析及倾向性问题控制措施。

（5）下月工作计划。

第 17 条　质量评定：

年度设备质量鉴定是对信号维护工作进行综合评定的主要手段，是制定信号设备大、中、维修计划和专项整治的重要依据。质量鉴定有关规定如下：

1. 运输段应按照设备技术标准和"信号设备质量鉴定细目表"（电信鉴表）规定的项目，从设备质量、运用质量、工作质量三个方面考核信号设备维护质量。

2. 质量评定规则：以单项设备为单位，按电信鉴表内容逐条对标，不符合标准的填入扣分项，按扣分总数给出单项设备质量评语。累计扣分零分的为良好；累计扣分小于等于9 分（联锁道岔小于等于 14 分）的为合格；累计扣分大于等于 10 分（联锁道岔大于等于15 分）的为不合格。

3. 质量鉴定综合评价按信号维护工作指标体系表中的公式计算。

4. 运输段信号设备质量鉴定每年组织进行一次。鉴定结束后，对鉴定结果进行汇总分析，填写信号设备质量鉴定报告表（《维规》（业务管理）中电信统表 1）、信号联锁关系试验报告表（《铁路信号维护规则》，以下简称《维规》（业务管理）中电信统表 2）及信号显示报告表（《维规》（业务管理）中电信统表 3-1 和 3-2），于 11 月 15 日前报运输管理部。

第18条　问题管理：

1. 运输段、车间、工区应分别建立《问题库》《问题库闭环管理记录》。

2. 各级检查的所有问题均应纳入工区《问题库闭环管理记录》，工区无力解决的问题上报车间，纳入车间《问题闭环管理记录》；车间无力解决的问题上报段解决，纳入段《问题闭环管理记录》和车间《问题库》。

3. 运输段要建立问题跟踪复查制度和隐患控制机制，通过各级干部包保和全覆盖检查等多种形式，使问题得到及时解决，达到问题闭环管理。

第19条　各运输段要实施逐级负责制考核。运输段应建立对各层面的逐级考核制度。依据岗位、职务、风险以及设备数量多少、运输繁忙程度确定考核内容，通过考核调动干部职工工作积极性。

第四章　安全风险预防措施

第20条　季节性安全风险预防措施：

1. 春季预防措施。

（1）电缆防沉降。一是在春融解冻期间，对电缆径路进行巡视，对所有箱盒进行开盖检查，重点检查电缆有无沉降变化；二是对电缆全程对地绝缘进行测试，发现接地等问题及时处理。

（2）机柱、基础防倾斜。重点检查春融解冻后机柱、基础是否倾斜，及时采取加固防护措施。

（3）道岔防卡阻。一是根据春融道床变化情况及时对道岔密贴和锁闭进行调整；二是随温度变化及时对道岔进行适应性调整。

（4）防雷设备防失效。一是测试检查各类地线阻值是否达标，不达标的必须整治；二是检查防雷设施是否齐全、安装位置是否正确、外观状态是否良好。

2. 夏季预防措施。

（1）轨道电路防分路不良。重点对长期停留车辆区段进行测试；雨后必须对未登记分路不良区段的分路状态进行检查。

（2）轨道电路防红光带故障。一是要对漏泄超标区段进行适应性调整，必要时可调至标准值的上限，雨天加强测试检查；二是要加强绝缘轨缝检查和钢轨绝缘测试，防止绝缘顶死。

（3）箱盒防水淹。对低洼处所箱盒进行抬高整治，线间排水不良处所箱盒底面要高于轨面，其他低洼处所箱盒要抬高或移设到安全位置，确保箱盒不被淹。

（4）道岔防卡阻。一是加强道岔转辙设备雨后注油和扳动试验；二是落实整治项目，防止机内进水。

（5）防雷设备防失效。一是做好雷雨后设备检查和测试，重点检查防雷元件有无损坏失效，设备电气特性有无异常变化，发现问题及时处理；二是发现雷电计数器数字变化时，必须对防雷设备及电子设备进行全面检查测试。

（6）机械室防漏雨。一是要对车站信号机械室屋顶、门窗进行全面检查，对存在漏雨、进雨问题的处所建档立卡，向综合段责任部门发整改函；二是对存在屋顶漏雨、渗水问题的信号机械室，在没有解决前，要准备足够的塑料布，雨前对关键部位设备采取遮盖防护措施。

（7）空调设备防故障。开展机械室空调专项整治，确保空调内部灰尘、杂物清除干净，电源接线规范，断路器齐全。

3. 秋季预防措施。

（1）转辙机防断表示。加强日常设备维护工作，现场工区要认真执行道岔扳动试验制度，对道岔电气特性和机械特性认真检查、测试分析，发现超标要立即整治，温度突变后要及时调整。

（2）站内轨道电路引接线、接续线防腐蚀。所有引接线不得埋在石碴里，防混电、防浮起措施要可靠，断股超标的要立即更换。

4. 冬季预防措施。

（1）设备防冻害。一是重点检查转辙机下部是否有冻害，硬面化不得接触转辙机底部和安装装置角钢或托板，防止因道床冻害地面硬化隆起，使安装装置受力断裂，机械联锁失效；二是注意冬季道床病害引起的道岔尺寸变化；三是转辙机润滑油改用抗寒机油。

（2）接点防上霜。一是进行转辙机、转换锁闭器密封整治，防护罩、密封条作用要良好，手摇把孔、钥匙孔和放水孔要堵严，投放干燥剂、并联转辙机接点等防寒防霜措施要全部到位；二是接点接触深度和压力要符合标准，防止接点微霜发生接触不良故障；三是液压转辙机油量不足的要立即补充，并进行一次定反位排气，防止发生油缸窜动故障。

（3）雪后防卡阻。一是入冬前必须确保融雪设施完好；二是对外锁闭道岔锁闭沟槽、普通道岔动作杆进行认真检查，及时清除残雪，防止造成表示卡口；三是对道岔运用环境进行检查，及时与有关部门协调清除道岔周围积雪，防止列车运行挟带残雪，造成继发性雪害；四是对道岔运用状态进行全面复查，及时发现道岔除雪过程中造成的转辙机杆件、挤切销、速动爪滚轮变形等机械损伤。

（4）钢轨绝缘防混电。加强巡检，钢轨绝缘轨缝变大要及时测试并联系工务整治，确保绝缘良好。

第21条 设备安全风险预防措施：

1. 道岔故障。风险点是道岔机械卡阻、部件磨耗超限、季节变化影响、接点接触不良、外界作业妨害。

（1）道岔机械卡阻控制措施：

① 发现尖轨反弹、道岔爬行、基本轨肥边必须及时通知工务，进行联合整治。

② 检查道岔转辙部轨腰顶铁是否与尖轨密靠，既要防止不密靠导致杆件受轮对冲击，又要防止顶铁过长影响道岔转换和密贴。

（2）部件磨耗超限控制措施：

① 锁钩铜套磨耗超标的及时更换。

② 锁闭铁磨耗严重出现台阶的及时更换。对锁钩出现台阶的，轻的打磨后使用，严重的进行更换。

③ 锁钩连接轴磨耗严重，出现沟槽旷动的及时更换。

④ 锁钩连接铁磨损严重，眼孔出现椭圆的下道更新。

⑤ 锁闭杆侧面限位槽磨耗严重的及时更换。

（3）接点接触不良控制措施：

① 转辙机防潮整治，防止接点上霜。

② 开盖巡检注意观察接点是否发黑变色。

③ 转辙机检修时加强接点擦拭。

（4）外界作业妨害控制措施：

① 成组更换道岔后 24 h 安排监控。

② 破底清筛后及时扳动道岔进行转换试验。

③ 对转辙机手摇把孔、锁眼进行封堵。

（5）道岔故障预防措施：

① 利用信号微机监测查看道岔曲线，发现异常立即分析处理。

② 转辙机空闲接点并联使用。

③ 转辙机检修时进行动作电流、故障电流、溢流压力、牵引拉力标调，扳动 ZD6 型转辙机转换时看转辙机换向器火花。

④ 对道岔电缆进行对地绝缘测试。雨季每月测试一次。

⑤ 加强断相保护器测试。

⑥ 配线防磨卡检查整治，各部螺栓紧固，补齐开口销。

⑦ 开展好车工电联合整治道岔工作。

2. 轨道电路红光带故障。风险点是绝缘不良、等阻线根部折断、外界妨害、回流不畅。

（1）绝缘不良控制措施：

① 列车进路的绝缘一律采用高强度陶瓷绝缘。

② 保证每组绝缘 2 年内至少分解一次。

③ 分解绝缘时对轨腰涂防锈漆，对轨头进行打磨。

（2）等阻线根部折断控制措施：

① 加强对供货厂家质量监督，保证容易折断的等阻线端头材料厚度不小于 5 mm（或采用双鼻子）。

② 加强日常巡视检查。

（3）回流不畅控制措施：

① 中心连接板接触良好。

② 横向连接线双套化并固定良好。

③ 横向连接线、吸上线接触良好、端子紧固。

④ 使用"两横一纵"时安装牢固、接触良好。

（4）轨道电路红光带防范措施：

① 利用信号微机监测浏览查看轨道电路电压曲线和日报表。

② 等阻线采用防腐防混线。

③ 雨季增加电缆对地绝缘测试密度。

④ 牵引回流检查。

⑤ 过轨引接线采用"M"卡固定。

⑥ 加强备用钢轨与引接线的防护。

⑦ 中心连接板加装绝缘板。

3. 分路不良安全风险预防措施。

分路不良防范注重三个重点：一是任何情况下调整轨道电路电压都必须保证电压不超标和分路状态良好；二是无受电分支轨道电路接触状态必须始终保持良好；三是轨道电路极性交叉作用良好。

4. 轨道电路漏泄安全风险预防措施。

（1）各运输段建立管内轨道电路漏泄大的区段明细表（并注明雨季红光带区段名称、漏泄原因），每年4月10日前以段文件形式上报公司安全监察部、运输管理部，并下发有关车站。

（2）各运输段要积极采取应对措施，制定应急预案，根据天气变化，提前在车站安排足够的人员，利用微机监测设备进行盯控和处理。

（3）由于轨道电路漏泄问题具有随机性和突发性，随雨雪天气范围、大小而变化，涉及范围广，发生故障时对运输生产的影响较大，各运输段要制定具体措施，根据气候变化及时安排电务人员对电气特性进行随时监测，发现电压突降时应立即在《行车设备检查登记簿》登记，及时查明原因，确属漏泄严重时，应调整处理。调整后要明确查看时间，安排人员盯控电压变化，防止造成分路不良问题。

（4）对于道床脏、漏泄严重的轨道电路区段，经积极处理仍不能正常工作时，应登记停用，严禁盲目用提高轨道电路送端电压的方法处理故障。

5. 电源故障。风险点是电源屏运用不稳定，外电网电源质量差。

（1）电源屏运用不稳定控制措施：

① 智能电源屏每年检查一次，其他电源屏每年必须停电检修1次。

② 对各种UPS每年进行4次充放电试验。

（2）外电网电源质量差控制措施：

① 发现电源屏使用某路电源时带载能力差、电压降低时，应及时通知供电部门处理。

② 日常检查或监测发现外电网电压波动时，应及时通知供电部门处理。

③ 外电网停电又恢复供电后，核对相序是否正确。

（3）电源故障防范措施：

① 采用信号微机监测电源输入、输出质量。

② 电源必须满足分级防护原则。

③ 新上道电源屏必须由现场工区会同厂家全面开箱检查试验。

④ 合理调整电源屏输出，保证负载平衡。

6. 光电缆故障。风险点是防断、防火和外界影响。

（1）光电缆防断控制措施：

① 施工前，必须进行"井"字形探挖，确定光电缆径路。

② 主动与施工部门联系，管内有施工必须安排人员全程监控。

③ 监控中，要时刻提醒施工部门注意电缆路径，对桥涵电缆采用水泥砌砖防护。

④ 发现危及光电缆安全、无施工许可证和安全协议的施工，必须立即制止并上报公安部门。

⑤ 加强添乘巡视，发现在光电缆径路附近动土施工的情况，应及时到场监控。

（2）光电缆防火控制措施：

① 对信号电缆与电力电缆交叉、平行处所进行有效隔离。

② 上跨过沟电缆槽管砌砖防护，下穿过沟电缆下落整治。

③ 贯通地缆与光电缆隔离。

④ 隧道电缆沟内的电缆必须填砂隔段防护。

⑤ 贯通地缆不得进入机械室。

（3）光电缆外界影响防范措施：

① 加强电缆全程对地绝缘测试。

② 电缆箱盒密封。

③ 低洼处电缆箱盒抬高。

④ 补齐电缆标桩、警示牌。

⑤ 迁移光电缆不能一次埋设到位时，必须采取加装防护槽管和设警示标志等措施。

7. 机械室火险火灾控制措施：

（1）使用的器材外罩必须是标准阻燃材料。

（2）防火器具必须按要求配齐并按规定周期年检。

（3）器件周围严禁存放易燃物品。

（4）电缆通道进出口采用防火材料封堵。

（5）今后凡更新改造车站进入机械室的电缆必须采用阻燃电缆。

（6）根据机械室面积的大小配备配置消防器材。

（7）电缆间、机械室加装防火报警装置，加强日常监控。

第 22 条　作业安全风险预防措施

1. 联锁失效预防措施。

（1）新更换道岔及线路换轨后，必须检查钢轨除锈情况并进行分路感度试验，确定为分路不良的必须立即登记。

（2）轨道电路电压调整后必须进行分路残压测试。

（3）道岔调整后必须进行密贴检查试验。

（4）动配线作业后必须进行电源接地、混源测试和联锁试验。

2. 作业防刮碰预防措施。

（1）作业时工具、仪表、拆下的设备和配件等物品必须摆放在线路旁安全地点，防止刮碰列车。

（2）作业结束后，必须检查设备固定和加锁是否完好，工具、材料按清单清点收回，采取一人对设备固定加锁、另外一人复检的作业方式，防止漏加锁或加锁不良问题发生。

（3）更换变压器连接线、等阻线、道岔跳线后，必须检查各部是否固定良好，防止浮起。

（4）补偿电容等固定在道心的设备，其固定装置必须保证完好，并作为日常巡视的检查重点。

3. 配合工务作业预防措施。

（1）施工单位在轨道电路区段内扣轨、架设钢梁时，信号人员必须检查绝缘防护措施良好、绝缘强度满足需要。施工期间每日两次测试，发现单边短路应及时查找并处理。

（2）工务部门在线路旁卸轨时，信号人员必须检查卸下的钢轨与在用钢轨可靠分开，无搭接现象，不得与箱盒等信号设备接触，且没有因列车通过时的振动而搭接的可能。

（3）工务在线路旁卸轨时，信号人员必须检查卸下的钢轨是否与等阻线、变压器连接线、回流线及转辙机蛇管等接触，并采取可靠的绝缘防护措施。

（4）配合工务进行钢轨放散等作业后，必须检查并测试相关绝缘良好。

（5）配合工务在道岔转辙部进行起道、拨道、捣固及更换尖轨、基本轨等作业后，必须对道岔进行调整试验，对道岔绝缘进行测试。

（6）配合工务整组更换道岔施工后，24 h 内必须对道岔进行跟踪检查调整，一周内每日至少 2 次检查。

第五章　电务信号设备质量控制

第 23 条　电务信号设备日常检查维修控制：

1. 日常巡视检查。

（1）凡管内各站必须按规定安排专人进行设备日常巡视检查。

（2）在巡视区内设置巡视登记卡，每次巡视发现问题都要进行签记。

（3）巡视作业发现的设备缺点或问题按有关规定积极进行克服和处理。

（4）当时不能克服处理的设备缺点或问题，影响行车安全时要立即登记停用；暂时不影响使用的要在设备缺点记录簿上登记，并纳入整改计划。

通过巡视检查应该杜绝：由于外界影响造成的设备损坏、电缆伤害、绝缘破损、电动（液）转辙机表示杆缺口偏移变化等设备故障。

2. 定期维护保养。

（1）严格执行信号《维规》和公司制定的电务设备维护保养周期、内容、标准和标准化作业程序。

（2）段生产技术科组织制定本段信号设备维护"月度维修计划表""年度维修计划表"和"中修计划表"。

（3）每项设备都要确定设备检修责任人，做到分工明确、责任到人、管理到位、不留死角。

（4）室外进行设备维护保养时，室内要有专人执台负责登记联系、配合作业及有车"三通告"。

（5）信号工长除担当一定的计表任务外，还要对主要信号设备进行跟表，计表期内工长没跟表的设备，在计表完成后的一周内进行复查。

通过定期维护保养，杜绝由于检修不良所造成的责任故障。

第 24 条　电务设备超前控制：

1. 不良设备重点控制。

（1）建立"超期、淘汰、病害、违规、违标"设备台账，下发给有关车间，并进行动态管理。

（2）每年对不良设备台账修订一次。

（3）对不良设备制定安全防护措施并重点检查巡视。

2. 条件变化超前控制。

（1）进行每月安全风险预测时，要重点预测雪灾、雷害、水害、高温、严寒、潮湿，以及外界施工、外部条件变化对行车设备可能造成的影响和损害。

（2）制定季节性重点工作和有针对性的安全防护措施，确保信号设备稳定可靠。

3. 设备变化超前控制。

（1）新技术、新设备要在开通前对维修保养人员进行培训，使之了解和掌握其原理和性能，并能处理常见故障。

（2）新技术、新设备要在开通前准备好有关备品和备件，以应对突发事件的发生。

（3）对新开通的电务信号设备，段生产技术科要制定计划，加大巡检和整治力度，确保在最短时间内使设备达到安全、稳定、可靠。

（4）雷雨过后，要及时对防雷元件及器材进行检查、测试，更换被雷电损坏的防雷元件及器材，防止设备失效。

（5）供电施工方案涉及的信号设备，要提前进行检查和电源转换。

通过超前控制，减少不良设备故障、防止防雷元件和器材失效及由于结合部管理不到位发生的故障。

4. 超限列车超前风险控制。

根据超限货物装载技术条件，及时安排对管内超限货物列车运输径路的设备进行限界检测，并做好数据记录，发现不满足安全限界要求的及时进行整治或进行移设。限界检测资料、整治情况应按时限要求报公司限界主管部门。

第 25 条　电务设备维修质量源头控制：

1. 材料配件把关制度。

控制进料渠道：使用在电务设备上的器材、材料配件必须列入《铁路产品认证采集目录》，取得相应的证书，经专业技术人员审核批准同意后，方可上道使用，所选器材必须与既有器材、配件型号保持一致，严把设备质量源头。

2. 健全批量抽检或全检制度。

信号继电器、变压器、整流器、电动（液）转辙机、挤切销、电机、液压断路器、阻容插件、自闭（电码化）器材、道口信号器材、信号 LED、防雷元件等主要信号器材、材料，使用前要进行入所批量抽检或全检。

3. 使用前的检验责任制度。

各种信号器材、材料配件入所抽查或全检时，经质量验收员检查验收合格后，方可出所在现场安装使用。车间和生产技术科电务主管要对检处所验收工作进行抽验。

4. 电务信号设备召回制度。

（1）召回范围（在合同中予以明确）：

① 新购设备器材经检查测试存在安全隐患的；器材特性、元器件不满足设计标准的；器材材质存在严重质量隐患的；不符合国家铁路局、铁路总公司、国家能源集团、神朔铁路分公司相关规定的。

② 正在使用中、质保期内的设备器材发现质量问题或设计存在缺陷，影响设备可靠运用的。

③ 存在制造缺陷的设备。

（2）召回认定程序：

属运输段购置的，由运输段认定并通知厂方限期召回；属公司物资管理部组织招标的，由运输段提出召回申请报物资管理部，物资管理部认定后通知厂方限期召回；公司物资管理部招标或工程单位采购的，由运输段提出召回申请并上报承办部门，报物资管理部备案签认。

（3）召回费用：

设备器材召回发生的相关费用，由设备器材生产单位承担。

5. 产品质量通报制度。

运输段每月统计分析信号设备、器材质量问题，向运输管理部上报"产品质量统计分析报告"及"电信统表13"。

第26条 电务信号设备使用周期控制：

1. 信号工区、信号车间、检修车间要建立行车设备台账。并进行微机化管理。

2. 行车设备台账要注明设备名称、器材型号、器材编号、使用地点、检修（更换）日期、使用轮修周期、出厂日期、使用年限等。

3. 运输段生产技术科根据行车设备台账安排器材检修和轮修计划，并对达到使用年限的器材进行淘汰更新。

4. 运输段生产技术科要按照信号维修周期规定，按期对信号设备进行提高电气性能和提高机械强度的中修。

5. 根据公司要求，按规定周期对车站信号设备组织或配合大修。

通过设备周期控制，减少信号设备轮修周期内由于器材问题发生的故障。

第27条 信号设备缺点风险控制：

1. 信号工区应立即处理检修和巡视工作中发现的设备缺点。一时无法处理的，要在问题库管理本上登记，并及时处理并销号。

2. 信号设备发生的故障要及时登记在"信号设备故障登记簿"上，纳入月度安全分析并采取针对性措施。

3. 干部检查或上级部门检查发现的设备缺点，须纳入车间微机管理，输入建立的设备缺点问题库，由车间干部或受理者跟踪落实处理情况。

4. 工区、车间、运输段每月要对设备典型问题进行统计，在月度安全例会上进行分析，并积极采取整改措施。

5. 车间每月收集并打印管内"未克服设备缺点统计表"，对设备缺点克服情况进行复查、分析，未及时处理的要追究责任。

6. 电务信号系统各级部门不能解决及短期内不能克服的缺点，要纳入安全生产问题专项管理，并按规定要求上报。

7. 对责任原因造成的设备缺点，必须纳入经济责任制考核、年度评先考核、晋职晋级考核和竞争上岗考核。

第六章　信号设备检修周期规定

第 28 条　道岔集中检修作业数量，由各运输段每月按站场道岔数量均衡安排，确保在天窗内高质量完成检修。

第 29 条　以半年、年为集中检修周期的设备，应结合春检、秋鉴、防洪、防寒等季节性工作或集中修一并实施，尽可能避免重复安排。

第 30 条　室外道岔、轨道电路、信号机、电缆设备的日常养护和设备巡视可合二为一。

1. 转辙设备日常养护和设备巡视重点：密贴、杆件、缺口、外界妨害，以及外锁装置部位的清扫注油。

2. 轨道电路日常养护和设备巡视重点：绝缘、防混、外界妨害。

3. 信号机日常巡视和养护的重点：外观、显示。

4. 电缆设备日常养护和设备巡视重点：径路、标桩、施工妨害等。

第七章　附　则

第 31 条　本规则自发布之日起试行。

第 32 条　本规则由运输管理部负责解释。

附　件

附件 1：信号设备维修工作内容、周期表（电信维表 1～13）

附件 2：信号器材入所修、更换周期及检修工时定额表（电信维表 14）

附件 3：信号设备检修周期表（电信维表 15）

附件 4-1：站内信号设备室内维护记录本（电信维表 16~28）

附件 4-2：室内、室外检修测试记录卡（电信维表 29~41）

附件 4-3：信号设备电气特性测试项目及周期（电信维表 42）

附件 4-4：信号设备电气特性测试记录本（电信维表 43~56）

附件 5：信号设备作业标准（另发）

附件1 信号设备维修工作内容、周期表

附表1-1 色灯信号机维修工作内容、周期表 （电信维表1）

序号	修程	工作内容	单位	周期	备注
1	日常养护	1. 检查机构、机柱外观完好，基础稳固，粉饰良好，限界标记清晰，机构加锁良好	架（高单）	每月2次	
2		2. 标志牌齐全、完好，标示清晰、正确，支架稳固无歪斜。			
3		3. 检查梯子有无损伤			
4		4. 检查箱盒有无损伤、漏水			
5		5. 检查箱盒加锁良好			
6		6. 基础面清扫、保证清洁			
7		7. 更换LED发光盘并记录和试验			
8	集中检修	2. I级测试	架（高单）	每年1次	
9		2. 试验灯泡主、副灯丝转换及报警			
10		3. 螺栓紧固，检查开口销是否齐全，劈开角度是否标准			
11		4. 箱盒、机构内部检查、清扫、防尘、防水是否良好，擦净透镜玻璃，设备外部和基础面清扫、注油			
12		5. 标志牌检查、清洁、整治			
13		6. 测量建筑限界			
14		7. 测试引入线全程对地绝缘			
15		8. 检查、调整信号显示距离			
16		9. 地线测试、整治			
17		10. 检查机构、机柱及梯子机械强度			
18		11. 箱盒、机构外部油饰、书写代号		每两年1次	
19		12. 配合中修		按计划	
20		13. 地面硬化不良整修，基础稳固，机柱整正		每年1次	

附表 1-2　电动（液）道岔转辙设备维修工作内容、周期表　（电信维表 2）

序号	修程	工作内容	单位	周期	备注
1	日常养护	1. 检查道岔密贴和肥边情况，尖轨爬行是否超标记	组	每月 2 次	每月一次道岔缺口及密贴检查
2		2. 检查转辙机及安装装置有无损伤；各种绝缘外观是否良好			
3		3. 检查表示杆缺口标记有无变化			
4		4. 检查设备有无外界干扰，检查加锁装置是否良好			复交加 5 min；双机牵引道岔；每牵引点为 1 组
5		5. 检查电液转辙机外部油路无渗漏，油管无破损、固定、防护良好			
6		6. 检查箱盒有无破损、漏水防尘罩安装良好			
7		7. 检查基础无破损，粉饰良好			
8		8. 检查外部螺栓是否松动，开口销是否齐全、标准蛇管安装良好			
9		9. 基础面、设备外部注油			
10	集中检修	1. 检查转辙机内部机件无松动、断裂、损坏和异状，防尘良好、无漏水情况，各部螺丝紧固	组	每两月 1 次	双机牵引道岔；每牵引点为 1 组；含杆件及安装装置；复交道岔加 60 min
11		2. 检查速动爪和速动片间隙，动接点与静接点座间隙，动静接点片接触深度符合标准			
12		3. 试验观察整机动作有无异状，检查碳刷无松动、无过大火花			
13		4. 检查配线良好，核对标牌、图表齐全、准确			
14		5. 检查表示缺口符合标准，不良调整			
15		6. 机内清扫、注油			
16		7. 扳动试验 2 mm 锁闭、4 mm 不锁闭，确认道岔表示			
17		8. 基础面、设备外部清扫、注油			
18		9. 安装装置及各连接杆绝缘检查测试，不良分解检查、更换			
19		10. 检查移位接触器动作			
20		11. 电液转辙机检查油量及管路			
21		12. 更换挤切销		按周期	
22		13. 配合工务整治道岔		按需要	
23		14. 箱盒、安装装置油饰，书写代号		每两年 1 次	
24		15. 联锁试验		每年 1 次	
25		16. Ⅰ级测试		按周期	
26		17. 配合中修		按计划	

23

附表 1-3　提速道岔道岔转辙设备维修工作内容、周期表　　（电信维表 3）

序号	修程	工 作 内 容	单位	周期	备 注
1	日常养护	1. 设备有无外界干扰和异状，基本轨间无异物，各部件无破损	组	每月 2 次	1. 外锁闭装置上道初期（1 个月左右）应适当增加巡视次数，以克服和预防因道床不稳而造成的早期故障，直至稳定。转辙机上道初期（1 个月内）应适当增加检查次数，检查机内机械工作无异状。检查机内机械工作无异状，液压件无渗漏。 2. 多机每机加 10 min； 3. 访问车务人员，了解转辙设备运用情况； 4. 每月一次道岔缺口及密贴检查
2		2. 道岔密贴状态良好，尖轨、基本轨竖切部分无肥边			
3		3. 尖轨爬行不超标，固定尖轨的防松螺栓齐全、紧固、无松动			
4		4. 道床平整，列车过道时，转换设备上、下起伏不大于 10 mm			
5		5. 安装装置和外锁闭装置的紧固件、开口销、连接销、连接轴压板、表示杆和动作防松螺母，无脱落、不松动			
6		6. 表示杆螺栓紧固、不松动			
7		7. 转辙机（包括第二牵引点）动作杆、表示杆伸出端，外锁闭机构及安装装置的各连接销、摩擦面应油润			
8		8. 锁闭框两侧导向销应有效插入锁闭杆两侧导向槽内，不得脱落			
9		9. 锁钩与锁闭杆接触面及动作范围内无砂石、杂物等			
10		10. 锁钩、锁钩连接轴、锁闭杆及锁闭铁应保持清洁、油润无锈蚀，锁钩与锁钩连接轴横向滑动良好			
11		11. 防尘罩、防跳装置安装良好，检测杆支架安装平顺无磨卡			
12		12. 检查转辙机外部油路无渗漏，油管无破损，固定、防护良好			
13		13. 基础面、设备外部清扫、注油			
14	集中检修	1. 各连接头之间旷量不大于 1 mm	组	每两月 1 次	配合工务整治道岔；双机牵引道岔；每牵引点为 1 组
15		2. 尖轨第一、第二牵引点的开口量和锁闭量应符合提速道岔及转换设备铺设安装验收技术条件的要求，定、反位应均匀，其误差不大于 2 mm			
16		3. 扳动试验 4 mm 不得锁闭，表示接点不得接通			
17		4. 扳动转辙机，在尖轨第一、第二牵引点间任意一处，尖轨与基本轨之间插入 10 mm 厚、20 mm 宽的铁板，不得接通转辙机内的表示接点			
18		5. 机内无积水、无积土、不锈蚀动作灵活、稳定无异状机内配线无破损机内零部件动作正常、无损坏			
19		6. 表示缺口指示标对中，左右偏差小于 0.5 mm			

序号	修程	工作内容	单位	周期	备注
20		7. 液压件无漏现象油箱的油量在标尺上、下刻度内		每两月1次	配合工务整治道岔；双机牵引道岔；每牵引点为1组
21		8. 油管路检查、整修			
22	集中检修	9. 滑动或转动部分适当注油或均匀涂润滑油			
23		10. 电气特性测试			
24		11. 更换锈蚀的紧固件、防护件	组	每年1次	
25		12. 安装装置、外锁闭装置箱、盒除锈、油饰、书写代号		每两年1次	
26		13. 检查、测试钢枕固定螺栓绝缘、外锁闭装置和各种杆件的绝缘性能		每年1次	
27		14. 按工厂保修周期更换到期的易损件和绝缘			
28		15. 配合工务整治道岔		按需	
29		16. 检查各种电气接点接触良好，不旷动，接点无损伤			
30		17. 测试道岔转换力		每三月1次	

附表1-4 站内轨道电路维修工作内容、周期表 （电信维表4）

序号	修程	工作内容	单位	周期	备注
1		1. 检查钢轨绝缘外观良好，轨缝标准	区段	每月2次	
2		2. 轨距杆、道岔连接杆、连接板及安装装置绝缘外观检查	根/处		
3		3. 检查送、受端引线，轨端接续、道岔跳线完好，防混措施良好	区段		
4	日常养护	4. 检查外界对设备的干扰，发现问题及时处理	区段		
5		5. 检查箱盒有无破损、漏水，加锁装置良好	个		
6		6. 检查箱盒外部螺栓良好	个		
7		7. 访问车站值班员，了解运用情况	站		
8		8. 基础面及设备外部清扫、注油	处		
9		9. 更换不良绝缘	处		
10		10. 更换断股导接线、钢丝绳，对缺油钢丝绳补油	个	按需	
11		1. 检查、测试轨道绝缘，更换不良绝缘、导线及部件	组	每半年1次	
12	集中检修	2. 检查、测试轨距杆绝缘，不良更换	根		
13		3. 检查送、受端箱盒通风、防尘状况，不良整修	个		
14		4. 钢丝绳除锈、涂油、整修	区段		
15		5. 检查、补齐、整修引接线、接续线、道岔跳线、扼流变压器中心连接板（线）	区段		

序号	修程	工 作 内 容	单位	周 期	备 注
16	集中检修	6. 基础面及设备外部清扫、注油	处		
17		7. 分路测试试验	区段		
18		8. 测试防雷元件,不良更换	个		
19		9. 极性交叉校核和绝缘破损试验	区段		
20		10. 电化区段扼流变压器开盖检查	个		
21		11. 进行I级测试并记录	区段		
22		12. 箱、盒清扫、油饰、书写代号	个	每两年1次	
23		13. 配合更换器材及试验	区段	每年1次	
24		14. 配合轨道电路标调	区段	每五年1次	更换器材应及时标调
25		15. 检查、更换熔断器,核对容量	个	每三年1次	
26		16. 配合中修	区段	每五年1次	
27		17. 配合工务更换绝缘和不良轨距杆	根	按需	

附表 1-5 高压脉冲轨道电路维修工作内容、周期表　　　　　（电信维表 5）

序号	修程	工 作 内 容	单位	周 期	备 注
1	日常养护	1. 检查钢轨绝缘外观良好,轨缝标准	区段		
2		2. 轨距杆、道岔连接杆、连接板及安装装置绝缘外观检查	区段		
3		3. 检查送、受端引线,轨端接续、道岔跳线完好,防混措施良好	区段		
4		4. 检查外界对设备的干扰,发现问题及时处理	区段	每周1次	
5		5. 检查箱盒有无破损、漏水,加锁装置良好	个		
6		6. 检查箱盒外部螺栓良好	个		
7		7. 访问车站值班员,了解运用情况	站		
8		8. 基础面及设备外部清扫、注油	处		
9		9. 更换不良绝缘	处		
10		10. 更换断股导接线、钢丝绳,对缺油钢丝绳补油	个	需要	
11		11. 补偿电容外观检查	处	每月1次	
12	集中检修	1. 按照电气特性测试项目做好测试	区段	每年2次	
13		2. 检查、测试轨道绝缘,更换不良绝缘、导线及部件	组		
14		3. 检查、测试轨距杆绝缘,不良更换	根	每年2次	
15		4. 检查送、受端箱盒通风、防尘状况,不良整修	个		
16		5. 钢丝绳除锈、涂油、整修	区段		

序号	修程	工作内容	单位	周期	备 注
17		6. 检查、补齐、整修引接线、接续线、道岔跳线、扼流变压器中心连接板（线）	区段		
18		7. 基础面及设备外部清扫、注油	处		
19		8. 测试防雷元件，不良更换	个	每年2次	
20		9. 极性交叉校核和绝缘破损试验	区段		
21		10. 电化区段扼流变压器开盖检查	个		
22	集中检修	11. 进行I级测试并记录	区段		
23		12. 箱、盒清扫、油饰，书写代号	个	每两年1次	
24		13. 配合更换器材及试验	区段	每年1次	
25		14. 配合轨道电路标调和II级测试	区段	每五年1次	更换器材应及时标调
26		15. 检查、更换熔断器，核对容量	个	每两年1次	
27		16. 配合中修	区段	每五年1次	
28		17. 配合工务更换绝缘和不良轨距杆	根	需要	
29		18. 补偿电容检查测试	处	每年1次	

附表 1-6　电缆线路维修工作内容、周期表　　　　　（电信维表 6）

序号	修程	工作内容	单位	周期	备 注
1		1. 电缆经路及电缆盒外观检查（重点检查电缆径路电缆标、地下接头标、警示牌，过桥、过涵电缆防护、施工及其他外界干扰）			
2	日常养护	2. 检查箱盒有无破损，基础有无破损、裂纹			25组及以上联锁道岔的车站为大站；区间自闭电缆线路每月至少两次
3		3. 检查电缆埋设标是否齐全完好	站	每旬1次	
4		4. 外部安装螺栓检查紧固			
5		5. 基础面、箱盒外部清扫			
6		6. 室内电缆沟（槽）封堵检查			
7		1. 箱盒、基础整修	个		
8		2. 检查、核对各种标牌、图表齐全正确	个		
9		3. 闭塞线环阻测试	区间	每年1次	
10	集中检修	4. 各种箱盒开盖检查，检查、整修箱盒内部配线防尘、防潮良好	个		
11		5. 电缆盒油饰、书写代号	处	每两年1次	
12		6. 配合中修	个	每五年1次	
13		7. 电缆绝缘不良查找及处理	处	按需	
14		8. 电气特性测试	条	每年1次	
15		9. 补齐电缆埋设标	处	按需	

27

附表 1-7　电源屏维修工作内容、周期表　　　　　　　　（电信维表 7）

序号	修程	工作内容	单位	周期	备注
1	日常养护	1. 智能电源屏监测信息检查分析	站	每周1次	无人值班车站每月不少于3次
2		2. 定期切换主（A）、备（B）屏运用		每月1次	单月主（A）屏，双月备（B）屏；"N+1"系统定期进行切换试验
3	集中检修	1. 屏内各部检查，紧固配线端子	站	每年1次	智能电源屏每两年一次
4		2. 主、副屏倒机试验，两路电源的相序检查			
5		3. 检查、测试地线及防雷元件，不良整修或更换			
6		4. 检查并按周期更换屏内熔断器			
7		5. 屏内、外部及电源线沟槽清扫，检查防鼠措施			
8		6. 更换不良电源屏模块及仪表校核			
9		7. 屏内主要元器件检查测试，不良更换			
10		8. 电气特性测试			

附表 1-8　控制台（鼠标操纵台）、人解盘维修工作内容、周期表　　　　（电信维表 8）

序号	修程	工作内容	单位	周期	备注
1	日常养护	1. 检查鼠标，显示器显示	台	每日1次	无人值班车站每次
2		2. 访问车站值班员，了解设备运用情况。			
3	集中检修	1. 检查清扫配线，紧固端子螺丝	台	每年1次	
4		2. 检查、整修防尘、防鼠设施			
5		3. 检查清扫显示器，机柜内部检查			
6		4. 联锁试验	进路		

附表 1-9　机械室组合架、综合架、分线盘工作内容、周期表　　　　（电信维表 9）

序号	修程	工作内容	单位	周期	备注
1	日常养护	1. 观察检查各种器材运用状态，无异常现象，器材安装牢固，插接良好	站	每日1次	无人值班车站每周2次
2		2. 检查各种断路器、阻容元件、防雷元件无过热现象			
3		3. 各种标牌齐全，防松措施良好			
4		4. 室内环境卫生清扫			
5	集中检修	1. 逐台检查各种器材类型是否正确，有无超期，内部有无异物，继电器接点状态是否良好	架	每年1次	
6		2. 检查清扫组合架、综合架、走线架、分线盘及电缆沟槽	架		
7		3. 检查测试地线，不良整修	架		

序号	修程	工 作 内 容	单位	周期	备注
8	集中检修	4. 检查测试防雷单元，不良更换	个		
9		5. 检查整修防尘、防鼠设施	站		
10		6. 阻容元件、二极管检查、测试，不良更换	站		
11		7. 液压断路器报警试验熔丝容量核对，插座检查	个		
12		8. 绝缘不良查找及处理	站	按需	
13		9. 按周期更换器材	站	按周期	

附表 1-10　地线维修工作内容、周期表　　　　　　（电信维表 10）

序号	修程	工 作 内 容	单位	周 期	备 注
1	日常养护	检查地线与设备的连接处，应连接牢固，接触良好	处	每半年 1 次	
2	集中检修	1. 测试地线电阻并做记录	处	每年 1 次	
3		2. 整修不合标准的地线（按需）			
4		3. 地线的地面部分防腐涂油			

附表 1-11　计算机联锁设备维修工作内容、周期表　　　　　　（电信维表 11）

序号	修程	工 作 内 容	单位	周期	备 注
1	日常维护	1. 检查系统主机（机柜上的各种运行指示灯显示状态）、各种电路板及接插件、熔断器插接状态、电源、控制台（显示器）工作状态，无异常现象	站	值班点：每日 1 次；非值班点：每月 2 次	将采集信息、工作状态报警、通信、同步、接收、发送等显示状态全部对位列表，放于显著位置，作为日巡视必须检查核对的内容
2		2. 检查室内继电器件工作状态，无异常现象			
3		3. 检查风扇运行情况，保持机箱通风良好			
4		4. 检查维护机有关报警信息，无异常现象			
5	集中检修	1. 设备清扫，接插件及各部螺丝检查、紧固	站	每年 1 次	系统能自动进行时钟精度校核时，不再做人工校核
6		2. 清理计算机、UPS 通风防尘网			
7		3. 设备地线、防雷地线、防雷单元测试，各部配线检查			
8		4. 电源设备检查测试			
9		5. 阻容元件、二极管检查、测试，不良更换			
10		6. 时钟精度校核			
11		7. 双机热备系统定期切换主（A）、备（B）机（含电源）运用		每月 1 次	单月使用主(A)机，双月备（B）机切换手柄或按钮平时应处于"自动切换"位

序号	修程	工作内容	单位	周期	备注
12	集中检修	8. 定期进行系统复位重启,并进行联锁机通信板至维修机的通信口切换和联锁机主、备用电源板、CPU 板、采集板、驱动板切换	站		
13		9. 检查整修防尘、防鼠设施			
14		10. 进行 I 级测试并做记录			
15		11. 断路器容量核对、测试、检查、整修、按周期更换。		每两年 1 次	
16		12. 按周期更换轮修器材		按周期	
17		13. 不良器材更换		按需要	

附表 1-12 ZPW-2000A 维修工作内容、周期表 （电信维表 12）

序号	修程	工作内容	单位	周期	标准
1	日常维护	1. 检查调谐区 BA、BP 及平衡线圈的钢包铜引接线完好		每月 2 次	站内每旬 1 次
2		2. 检查补偿电容及卡具完好			
3		3. 检查防护盒外观及加锁完好			
4		4. 检查钢轨接续线完好。补齐缺损的接续线			
5		5.检查轨道电路有无受外界干扰			
6	集中检修	1. 同日常维护内容	闭塞分区	每年 2 次	
7		2. 检查钢包铜引接线的安装及固定是否符合要求,不良整治:			
8		A. 引接线采用长度分别为 2 200 mm、4 000 mm、截面 95 mm^2 的钢包铜注油线,线两端分别连有 ϕ12 mm 的冷压铜端头（注锡）,并压接良好（或轨道端为塞钉头,线头连接良好）; B. 塞钉帽与钢轨应紧密接触; C. 铜端头平面侧朝轨腰并与塞钉紧密固定,塞钉两端为防松铜螺帽;钢轨两侧的铜端头应朝向一致且与轨面水平,在离塞钉 15 cm 左右引接线用卡具固定且向下弯曲,并与水平成 45～60°; D. 引接线采用专用轨枕卡具或水泥方枕固定,靠轨枕侧,走线平直,略低于道心轨枕面。外轨侧的两引接线应并行直走线,用尼龙拉扣等间距绑扎。在钢包铜引入防护盒的分支处用水泥方枕固定			

序号	修程	工作内容	单位	周期	标准
9	集中检修	3. 检查塞钉头上的固定螺帽是否松动，冷压铜端头与轨面间接触电阻是否超标，冷压铜端头根部是否有裂纹，不良整治或更换	闭塞分区	每年2次	冷压铜端头与轨面间电压≤1 mV
10		4. 防护盒开盖检查、内部清扫、端子螺丝紧固、不良设备整修。电缆固定牢固			A. 调谐单元、匹配单元、平衡线圈固定良好； B. 各部螺丝紧固，无锈蚀，备帽齐全，中止漆完好； C. 防雷单元劣化指示窗正常为绿色，变红说明已失效需更换
11	集中检修	5. 检查补偿电容的安装和固定是否符合要求，不良整治	分区	每年2次	标准： A. 补偿电容应装在专用轨枕护板内； B. 连接电容引接线的塞钉，应从钢轨外侧打入，与塞钉孔紧密接触，塞钉头露出轨腰1~4 mm并用油漆封堵； C. 两塞钉头引线的卡具应安装牢固，在离塞钉头15 cm左右将引线压于钢轨底部的上斜面
12		6. 检查电容引线断股是否超标			断股<1/5
13		7. 检查钢轨接续线是否符合要求，不良更换或整修			平、紧、直，双导接线齐全
14	集中检修	8. 轨道电路送受电端调谐区设备电气特性在线测试并记录	闭塞分区	半年1次	
15		9. 补偿电容阻抗在线测试并记录			
16		10. 绝缘轨距杆漏电流阻抗测试			
17		11. 对轨道电路分路残压测试			
18		12. 防护盒防水整修：设备基础桩油漆、扶正；硬面化修补（两年）			
19		13. 对防护盒上字迹不清的名称及电容防护罩上自己不清的编号用白色调和漆重新刷写		一年1次	名称、频率、编号采用直体字，防护盒上的规格为30×20 mm

序号	修程	工作内容	单位	周期	标准
20		14. 各箱盒地线测试，不良整治			地线电阻≤1 Ω
21		15. 防护盒界限测量： A. 防护盒顶距轨面≤200 mm； B. 防护盒内侧边缘距最近钢轨外沿≥1 500 mm，特殊情况下≥900 mm			
22		16. 线路道床检查			
23		（1）全程钢轨扣件的绝缘完整，发现损坏及缺少应做记录，并向工务反映			
24	集中检修	（2）全程钢轨轨底不与石碴相碰	闭塞分区	半年1次	
25		（3）隧道内轨枕及宽轨枕板表面不得有浮土覆盖，更不得有泥土板结			
26		（4）工务大修清筛道床后，严格防止石碴在钢轨边堆积，不得与钢轨相碰			
27		（5）护轮轨不得经扣件与基本轨相通。护轮轨绝缘良好			
28		17. 主接入电压、调接入电压分析：在正常晴好干燥及冬季冰冻条件下，若发现主接入电压值明显小于调整表数值、调接入电压值不在750～850 mV 范围内，应进行原因分析，消除轨道电路病害；对于固定的因素，必要时可在运输段生产技术科电务主管的指导下，修正主接入、调接入接收电压值		每月1次	
29	日常维护				信号机机柱离线路中心大于或等于2 900 mm，离发送盒中心1000$^{+200}_{-0}$ mm 时下灯位中心距轨面大于或等于4 500 mm，数字信号电缆余量不能成"0"型闭合状
30	集中维修	信号机、电缆箱盒及电缆线路内容同站内信号机、电缆线路（附表1-1、附表1-6）		同附表1-1、附表1-6	
31		1. 器材无过热现象。日常测试			
32	室内日常维护	2. 检查温控单元是否设定在规定范围内，散热单元、温控单元是否正常工作	处	每日1次	
33		3. 观察2 000 A 维护机告警、预警信息			
34		4. 检查站内防雷元件、区间防雷元件劣化窗显示绿色			

序号	修程	工 作 内 容	单位	周期	标 准
35	室内集中检修	1. 同日常维护内容	处	一年	
36		2. 检查贯通地线，不良整修			地线电阻<1 Ω
37		3. 发送器、功放器、发送器（站内）、站内功放器电气参数在线测试并记录		每月2次	
38					
39		4. 接收器轨道继电器电压测试			
40		5. 电缆模拟单元电气参数在线测试并记录		半年1次	
41		6. 衰耗滤波器电气参数在线测试并记录			
42		7. 电缆绝缘测试		每季1次	数字电缆与普通电缆的全程绝缘均要求>1 MΩ。雨季加测
43		8. 其他内容同原室内设备要求一致			

附表 1-13　信号微机监测设备维护工作内容、周期表　　　　（电信维表 13）

序号	修程	工作内容	单位	周期	所属部门
1	日常维护	1. 巡视检查信号微机监测系统主机、采集机、板卡及附属设备工作状态有无异常现象	站	每日1次	信号工区
2		2. 检查站场表示、联网状态、报警信息、电源、时钟	站	每日2次	信号工区
3		3. 网络工作状态检查	管内	每日2次	微机监测工区
4		4. 服务器时钟检查	管内	每日1次	微机监测工区
5	集中检修	1. 信号微机监测设备清扫，主机、UPS 防尘网清洁	站	每月1次	信号工区
6		2. 网管设备检查	管内	每月1次	微机监测工区
7		3. 电源设备检查测试（包括 UPS 充放电）	站	每季度1次	信号工区
8		4. 信号集中监测系统插接件及各部螺丝检查、紧固	站	每半年1次	信号工区
9		5. 各部配线、设备和防雷地线、防雷元件及熔断装置测试、检查、整修	站	每半年1次	信号工区
10					
11		6. 机柜风扇检查，工作电源测试	站	每半年1次	信号工区
12		7. 开关量采集信息校核	站	每半年1次	信号工区
13		8. 模拟量测试数据精度校核并记录	站	每半年1次	微机监测工区组织完成
14		9. 模拟量上下限检查并设置、记录	站	需要时	现场车间提报，微机监测工区审批后实施；如需更新服务器，由微机监测工区完成

序号	修程	工作内容	单位	周期	所属部门
15		10. 站机、终端机、服务器等计算机开盖检查，机内除尘	台	每半年1次	信号工区负责站机、车间机，微机监测工区负责段机
16		11. 配合更新杀毒软件	管内	需要时	微机监测工区
17		12. 存储文件整理，释放存储空间；配置文件、数据备份检查清理	台	每半年1次	微机监测工区
18	集中检修	13. 信号微机监测功能检查试验	站	每年1次	信号工区、微机监测工区
19		14. 采集机、电路板、传感器等各类集中监测（含网络）设备用途名牌检查核对补齐	站	每年1次	信号工区
20		15. 配合通信工区进行通道引入线测试	站	需要时	信号工区
21		16. 信号集中监测备品检查试验	站	每年1次	信号工区、微机监测工区
22		17. 图纸、技术资料及台账整理	站	每年1次	信号工区、微机监测工区
23		18. 不良器材更换	站		信号工区、微机监测工区

附件2　信号器材入所修、更换周期及检修工时定额表

（电信维表14）

序号	设备名称	器材名称	型号及其他	周期/年	寿命管理/年	工时定额（工）	
						每工数量/台	每台工日
1		无极继电器	JWXC	故障修	15	4	0.25
2		偏极继电器	JPXC	故障修	15	4	0.25
3		整流继电器	JZXC	故障修	15	3	0.33
4	继电器	无极加强继电器	JWJXC	3	15	3	0.33
5		极性保持加强接点继电器	JYJXC	3	15	2	0.5
6		时间继电器	JSBXC-850	3	15	2	0.5
7		极性保持继电器	JYXC	5	15	3	0.33
8		发送盘		故障修	15	1	1
9	ZPW-2000A	接收盘		故障修	15	1	1
10		检测盘		故障修	15	1	1

序号	设备名称	器材名称	型号及其他	周期/年	寿命管理/年	工时定额（工）每工数量/台	工时定额（工）每台工日
11	ZPW-2000A	电缆模拟单元		故障修	15	1	1
12		调谐、匹配单元		故障修	15	1	1
13		空心线圈		故障修	15	1	1
14	转辙机	电动转辙机	ZD6系列	1.每月平均动作1 000次以下，按正线5年、侧线8年轮修掌握	15	4/月	5.5
15				2.每月平均动作1 000～2 000次，按5年轮修掌握			
16				3.每月平均动作2 000次以上，按3年轮修掌握			
17		电液转辙机	ZYJ7、SH6	故障修	15	4/月	5.5
18		动作杆	ZD6-E	更换	10		
19	电源屏	智能电源屏模块		故障修	15	1	1
20		电源屏其他器材		故障修	15	2	0.5
21	25 Hz	二元二位继电器		3	15	2	0.5
22		防护盒	HF系列	5	15	2	0.5
23		其他25 Hz专用器材		故障修	15	2	0.5
24	计算机联锁及电子器材	计算机联锁专用器材		故障修	10		
25		计算机系统及网络设备		故障修	10		
26		防错半波整流器		故障更换	15		
27		提速道岔用断相保护器	DBQ	故障修	10	3	0.33
28		断路器		故障更换	15		
29		阻容插接件		故障修（换）			
30		信号其他电子设备		故障修（换）	10		
31		防雷元器件检查测试	串联型	故障更换	15		
32			并联型	1	15		
33	其他	工日		故障更换	10		
34		整流器		故障修	15	1	1
35		变压器		故障修	15	2	0.5
36		正线转辙机挤切销主销	3t	0.5			
37		正线转辙机挤切销副销	3t	不良更换			
38		其他转辙机挤切销主销	3t	1			
39		其他转辙机挤切销副销	3t	不良更换			
40		连接销	5t、9t	入所换			

附件3 信号设备检修周期表

序号	项 目		周期	时间	单位	工时定额（人分）	备 注
1	道岔	ZD6	两月	单月	组	90	检修后次月开盖检查
2		ZYJ7 电液道岔				130	
3	轨道	站内轨电	半年	自定	区段	50	
4		ZPW-2000A				80	
5	信号机	高柱	半	自定	架	40	带引导、容许信号、进路表示器及多机构的信号机工时定额分别增加20%
7		矮柱	年	自定		30	
9	电缆盒	站内含盒	年	6月	个	20	雨季开盖、通风去潮
10		区间含盒		8月			
11	电气集中控制台（含人解盘）		年	1月	台	180	
12	电气集中组合架、分线盘		年	1月	架	30	
13	智能电源屏		年	1月	面	60	
14	微机联锁设备		年	1月	站	180	
15	微机监测设备		年	1月	站	180	
16	地 线		年	4月	处	60	
17	站内及区间液压断路器容量检查、试验		半年	1、7月	架	30	
18	计算机联锁 UPS 电源充放电试验、养护		季	1、4、7、10月	台	120	
19	道岔挤切销更换		半年	3、9月	组	15	可以结合道岔检修
20	道岔年整治		年	7、8、9月	组	120	
21	轨道电路年整治		年	6月	区段	60	
22	轨道电路核查、标调		年	4月	区段	60	
23	轨道绝缘分解更换不良更换		年	4、5、6月	区段	30	
24	信号机年整治		年	6月	架	30	
25	信号显示不良调整		年	6月	架	15	
26	站内	电缆盒年整治	年	7月	个	30	
27	区间			9月		30	
28	站内	电缆径路年整治	年	7月	站	5个工	
29	区间			9月	区间	5个工	
30	区间轨道设备 +1 试验		半年	6、12月	区段	结合计表	

36

序号	项 目		周期	时 间	单位	工时定额（人分）	备 注
31	区间电路倒方向试验、数据测试		半年	6、12月	方向	结合计表	
32	区间电容、调谐、空心线圈参数测试		年	6、7月	区段	结合计表	
33	信号设备	春融检查整治	年	3月		5个工	
34		防洪检查整治	年	4月	管内	7个工	
35		防寒检查整治	年	10月		5个工	
36		秋季设备鉴定	年	9、10月		20个工	
37		绝缘遥测、不良克服	季	1、4、7、10月		1个工	
38		联锁关系校核	年	3、4月		20个工	

附件 4-1

站内信号设备室内维护记录本

_____年_____月

_____站

神朔铁路分公司_____运输段

室内设备日常检查说明

一、日常养护周期

室内设备、铅封、计数器检查每日早晚各一次。无信号人员值班的车站每周日常养护一次。车间、工区可根据实际情况增加测试次数。

二、日常养护项目、标准

1. 行车室电务设备（含控制台、人解盘、显示器打印机手摇把箱等）

（1）检查铅封、计数器号码变化并登记，检查破封登记情况，及时补封。

（2）检查鼠标、显示器显示。

（3）访问车站值班员，了解设备运用情况。

（4）微机联锁车站每年对微机联锁设备时钟与调监时钟进行核对，误差不得大于 30 s，大于 30 s 时对微机联锁时钟在天窗点内进行人工调整。

2. 电源屏

（1）检查屏内熔断器、电源线、变压器、继电器、各种模块等器材安装状态，有无过热现象、不正常噪音及异味。

（2）监控单元显示状态检查。

（3）智能电源屏监测信息检查分析。

3. 组合架、综合架、分线盘

（1）观察检查各种器材运用状态，无异常现象，器材安装牢固，插接良好。

（2）检查各种断路器、阻容元件、防雷元件无过热现象。

（3）标牌齐全无差错，防松措施良好。

4. 计算机联锁设备

（1）检查系统主机（机柜上的各种运行指示灯显示状态）、各种电路板及插接件、电容器插接状态、电源、UPS、显示器工作状态，无异常现象。

（2）检查室内继电器件工作状态，无异常现象。

（3）检查风扇运行情况，保持机箱通风良好。

（4）检查维修机有关报警信息，及时处理，无异常现象。

5. 微机监测、专家系统、道岔缺口等设备

（1）检查 UPS 电源、显示器、打印机、路由器、调制解调器工作状态，无异常现象。

（2）检查风扇运行情况，保持机箱通风良好。

（3）各种电路板及插接件、熔断器插接状态、工作状态、无异常现象。

（4）各种配线整齐，走线平顺，绑扎良好。

6. 防雷设施

（1）检查各种防雷元件是否过热、显示窗口变色、声光报警，记录防雷计数器显示。

（2）站场打雷后，及时（不超过1h）检查防雷保安器、记录防雷计数器显示。

7. 测　试

（1）为保证设备和人员的技术状态，即使有信号集中监测设备站的测试项目，日常测试也应人工测试，同时对照微机监测进行查看分析。

（2）雷雨天、雨雪天增加雨前、雨中、雨后轨道电路微机监测查看分析，发现问题，及时处理。

8. 监测分析

（1）每日按照电气特性测试分析要求对信号集中监测信息分析项目及周期表中的规定，按周期对相应数据及曲线进行查看分析。将每日分析处理情况在本内进行登记。

（2）每日巡查站机，发现站机系统时间误差，立即调整，以联锁机时间为准进行校对，以确保微机监测设备与联锁系统时间误差不大于30秒。

（3）报警分析及上报制度：

报警分类：报警分为四级，分别是一、二、三级报警及预警。

一、二级报警信息处理规定：工区每日分析1次，及时处理消除报警。有问题上报。

三级报警信息处理规定：工区每日分析1次，48h内处理消除报警。车间督促工区处理。

预警信息处理规定：工区每日分析1次，72h内处理消除报警。车间督促工区处理。

对于报警信息及数据特性、曲线异常的情况，属于设备问题的，工区要积极组织处理。属于系统问题或者工区无法处理的问题，工区要及时上报车间组织处理，车间无法处理的，要按照分类上报段生产科室。

9. 其　他

各站其他电务设备日常养护检查及临时工作安排。

10. 室内设备环境卫生清扫

说明：

（1）该测试记录本为每站每月使用 1 本。

（2）测试本内有 7 种表格：

- 室内轨道测试盘测试记录表（电信维表 16）（每周一）
- 室内高压脉冲轨道测试盘测试记录表（电信维表 17）（每日）
- 站内电源屏运行日志（电信维表 18～20）（每周一）
- 区间电源屏运行日志（电信维表 21）（每周一）
- 室内信号设备日常维护记录（电信维表 22）（每日）
- 计算机联锁设备维护记录（电信维表 23）（每日）
- 道岔缺口监测维护记录（电信维表 24）（每日）

室内轨道测试盘测试记录表

（电信维表 16）

日期	天气	电压/V	相位/°	电压/V	相位/°	电压/V	相位/°	电压/V	相位/°	电压/V	相位/°	电压/V	相位/°	电压/V	相位/°	电压/V	相位/°	电压/V	相位/°	电压/V	相位/°	电压/V	相位/°	测试人

说明：该表每周测试 1 次（每周一），有电子显示盘的站填写相位。

　　1. 电压：18～24 V。

　　2. 相位：79°～95°。

室内高压脉冲轨道测试盘测试记录表

（电信维表 17）

日期	天气	头部	尾部	头部	尾部	头部	尾部	头部	尾部	头部	尾部	头部	尾部	头部	尾部	头部	尾部	头部	尾部	头部	尾部	头部	尾部	测试人

说明：1. 该表每日测试 1 次。

　　　2. 脉冲电压记录最高值，头部电压≥27 V，尾部电压≥19 V。

站内电源屏运行日志（一）

（电信维表 18）

日期	Ⅰ路输入电源						Ⅱ路输入电源						输出电源						直流转辙机		站间联系			
	A		B		C		A		B		C		A		B		C		电源		电源1		电源2	
	电压V	电流A	电压V	电流A	电压V	电流A	电压V	电流A	电压V	电流A	电压V	电流A	电压V	电流A	电压V	电流A	电压V	电流A	V/A	对地电压	V/A	对地电压	V/A	对地电压

说明：表中电压、电流（每周一）记录一次，对地电压每月 1 次，显示屏记录即可，每月的月初使用仪表人工实际测试。

站内电源屏运行日志（二）

（电信维表 19）

闭塞(场间联系)				继电器		计算机联锁		25 Hz 轨道										25 Hz 局部				微机监测	
电源1		电源2		电源		电源1		电源2		1 路		2 路		3 路		4 路		5 路		1 路		2 路		电源	
V/A	对地电压	V/A	对地电压	V/A	对地电压	V/A	对地电压	V/A	对地电压	V/A	对地电压	V/A	对地电压	V/A	对地电压	V/A	对地电压	V/A	对地电压	V/A	对地电压	V/A	对地电压

站内电源屏运行日志（三）

（电信维表 20）

信号点灯电源								稳压备用		道岔表示		三相转辙机						灯丝报警1		灯丝报警2		测试人
1路		2路		3路		4路		电源		电源		A相		B相		C相		电源		电源		
V/A	对地电压	V/A	对地电压	V/A	对地电压	V/A	对地电压	V/A	对地电压	V/A	对地电压	V/A	对地电压	V/A	对地电压	V/A	对地电压	V/A	对地电压	V/A	对地电压	

区间电源屏运行日志

（电信维表 21）

区间轨道								电码化								区间继电器		灯丝报警		稳压备用		测试人	备注
电源1		电源2		电源3		电源4		电源1		电源2		电源3		电源4		电源		电源		电源			
V/A	对地电压	V/A	对地电压	V/A	对地电压	V/A	对地电压	V/A	对地电压	V/A	对地电压	V/A	对地电压	V/A	对地电压	V/A	对地电压	V/A	对地电压	V/A	对地电压		

说明：表中的内容每周一记录一次，在电源屏工控机显示器中查看就可，每月的月初使用仪表进行实际测试。

室内信号设备日常维护记录

日期：   记录人：

项　　目	维护内容及设备状态	备　注
站内电源屏运行		
区间屏运行		
电源引入、防雷等设备		
调监、信监运用		
控制台、人解盘		
微机监测系统运行状态		
6502 及计算机联锁各设备运行状态良好，无错误显示、报警等异状		
区间各设备运行状态良好，无错误显示、报警等异状		
各项测试工作完成		
电缆、走线通道防鼠、整洁等措施良好		
机房内揭挂、标识，环境、防火、防盗、防尘等措施良好		
其他维护内容		
机　房　备　品　柜	状　　态	
仪器、仪表及存放工具状态良好		
设备图纸及资料完好		
备品柜内物品摆放整齐、清洁、状态良好		

说明：日常巡视的内容及完成其他特殊的工作内容必须记录备查。

计算机联锁设备维护记录

日期：   记录人：

维护项目	维护内容及设备状态	备　注
UPS 运行状态、指示灯正常		
监控机、维修机工作正常、各部风扇良好		
联锁机各板工作指示灯正常，无故障显示		
I/O 电源工作灯正常		
车务监视器上无与联锁系统有关的设备故障		
了解、检查计算机联锁系统工作状态及机房环境状态		
检查报警信息有无错误、异常		
报警信息、故障处理记录		
其他维护内容		
微监、调监设备维护记录		
维护项目	维护内容及设备状态	备　注
系统及附属设备工作正常、状态良好		
报警信息查看、处理		
数据查看、分析，不良记录处理		
其他维护内容		
系统、设备、数据等维护（由设备维护人员填写）		

说明：日常巡视的内容及完成其他特殊的工作内容必须记录备查。

道岔缺口监测维护记录

日期：   记录人：

维护项目	维护内容及设备状态	备 注
设备工作正常、状态良好，系统运行稳定，分机通信良好		
设备预警信息记录、处理情况		
设备报警信息记录、处理情况		
设备预、报警信息短信发送是否正常		
检查预、报警信息有无错误、异常		
其他维护内容		
设备预、报警标准（特别说明：设备检维修标准必须按照《信号维护规则》标准执行）： 1. E 型机—预警：1.0～2.3 mm；报警：0.8～2.5 mm； 2. J 型机—预警：3.0～7.0 mm；报警：2.5～7.5 mm； 3. D、F、G 型机—预警：1.0～2.3 mm；报警：0.8～2.5 mm； 4. ZYJ7—预警：1.3～2.7 mm；报警：1.0～3.0 mm； 5. SH6—预警：2.5～5.5 mm；报警：2.0～6.0 mm		

信号智能系统维护记录

维护项目	维护内容及设备状态	备 注
设备工作正常、状态良好，系统运行稳定		
"报警处理"、"分析报告"数据查看、分析，不良处理情况。（包括：时间、设备名称、报警信息、原因分析、处理结果）		
分路不良报警、不开放信号调车报警情况		
系统误报警情况		

要求：

1. "天窗"必须在系统"天窗点设置"中进行设置，方法：Ctrl+Shift+T；

2. "报警处理"中的所有报警必须在"检查结果"或"备注"中填写原因并保存。

ZPW-2000A 自动闭塞室内维护记录本

_____年_____月

_____站

神朔铁路分公司_____运输段

说明：

（1）该测试记录本为每站每月使用 1 本。

（2）测试本内有四种表格，要求如下：

- 每月测试（月初）（电信维表 25）
- 半年测试（1 月、7 月）（电信维表 26）
- 每日测试（电信维表 27）
- 每日测试（电信维表 28）

（3）在倒方向试验中所测的各项数据测试也必须在每日测试记录中。

（4）该记录本在使用中若发现存在不足之处，请将修改意见返回生产技术科，以便下年度改进。

ZPW-2000A 室内测试表格 1

（电信维表 25）

区段名称：_____ 本区段频率：_____ Hz 测试人：_____ 测试日期：_____

测试内容		测量值	备　注
发送模拟网络	室内设备侧电压/V		与发送功出同
	防雷变压器电压/V		高于发送功出
	室外电缆侧电压/V		经模拟网络衰减低于功出电压
接收模拟网络	室内设备侧电压/V	—	数百毫伏
	防雷变压器电压/V	—	高于设备侧电压值
	室外电缆侧电压/V	—	未经模拟网络衰减高于防雷电压
衰耗盘	发送电源电压（23.5～24.5 V）		功出电压（1 电平：161～170 V、2 电平：146～154 V、3 电平：128～135 V、4 电平：104.5～110.5 V、5 电平：75～79.5 V）
	接收电源电压（23.5～24.5 V）		
	功出电压/V		功出电流（1 700 Hz：253～348 mA、2 000 Hz：150～359 mA、2 300 Hz：230～391 mA、2 600 Hz：253～432 mA）
	功出电流/A		
	GJ（Z）/XGJ（Z）	—	两个值　直流≥20 V
	GJ（B）/XGJ（B）	—	
	GJ/XGJ	—	

区段名称：_____ 本区段频率：_____ Hz 测试人：_____ 测试日期：_____

测试内容		测量值	备　注
发送模拟网络	室内设备侧电压/V		与发送功出同
	防雷变压器电压/V		高于发送功出
	室外电缆侧电压/V		经模拟网络衰减低于功出电压
接收模拟网络	室内设备侧电压/V	—	与衰耗器输入电压同
	防雷变压器电压/V	—	高于设备侧电压值
	室外电缆侧电压/V	—	未经模拟网络衰减高于防雷电压
衰耗盘	发送电源电压（23.5～24.5 V）		功出电压（1 电平：161～170 V、2 电平：146～154 V、3 电平：128～135 V、4 电平：104.5～110.5 V、5 电平：75～79.5 V）
	接收电源电压（23.5～24.5 V）		
	功出电压/V		功出电流（1 700 Hz：253～348 mA、2 000 Hz：150～359 mA、2 300 Hz：230～391 mA、2 600 Hz：253～432 mA）
	功出电流/A		
	GJ（Z）/XGJ（Z）	—	两个值　直流≥20 V
	GJ（B）/XGJ（B）	—	
	GJ/XGJ	—	

ZPW-2000A 室内测试表格 2

（电信维表 26）

站名：_____　　　　测试人：_____　　　　测试日期：_____

测试内容		测量值/V	备　注
站间联系（S）	DJ（邻）		≥20 V
	XGJ（邻）		
	GJ（邻）		
	反向 XGJ（邻）		
站间联系（SN）	DJ（邻）		≥20 V
	XGJ（邻）		
	GJ（邻）		
	反向 XGJ（邻）		
站间联系（X）	DJ（邻）		≥20 V
	XGJ（邻）		
	GJ（邻）		
	反向 XGJ（邻）		
站间联系（XN）	DJ（邻）		≥20 V
	XGJ（邻）		
	GJ（邻）		
	反向 XGJ（邻）		
区间+1	（S）区间+1 电源/功出	—	
	（X）区间+1 电源/功出	—	
站内电码化	站内电码化+1 电源/功出	—	电源：23.5～24.5 V 功出电压： 1 电平：161～170 V 2 电平：146～154 V 3 电平：128～135 V 4 电平：104.5～110.5 V 5 电平：75～79.5 V
	站内电码化 1FS 电源/功出	—	
	站内电码化 2FS 电源/功出	—	
	站内电码化 3FS 电源/功出	—	
	站内电码化 4FS 电源/功出	—	
	站内电码化 5FS 电源/功出	—	
	站内电码化 6FS 电源/功出	—	
	站内电码化 7FS 电源/功出	—	
	站内电码化 8FS 电源/功出	—	
	站内电码化 9FS 电源/功出	—	
	站内电码化 10FS 电源/功出	—	
	站内电码化 11FS 电源/功出	—	
	站内电码化 12FS 电源/功出	—	
	站内电码化 13FS 电源/功出	—	
	站内电码化 14FS 电源/功出	—	
	站内电码化 15FS 电源/功出	—	
	站内电码化 16FS 电源/功出	—	

说明：该表半年测一次，1月、7月初测试。

ZPW-2000A 室内测试表格 3

（电信维表 27）

区段名称：＿＿＿＿＿＿＿　主轨频率：＿＿＿＿＿＿＿Hz　小轨频率：＿＿＿＿＿＿＿Hz

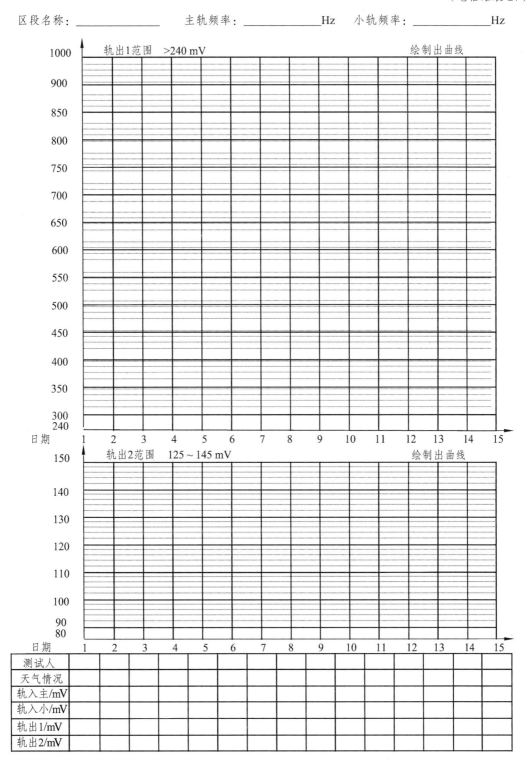

日期	1	2	3	4	5	6	7	8	9	10	11	12	13	14	15
测试人															
天气情况															
轨入主/mV															
轨入小/mV															
轨出1/mV															
轨出2/mV															

ZPW-2000A 室内测试表格 4

（电信维表 28）

区段名称：＿＿＿＿＿＿＿＿＿　　主轨频率：＿＿＿＿＿＿＿Hz　　小轨频率：＿＿＿＿＿＿＿Hz

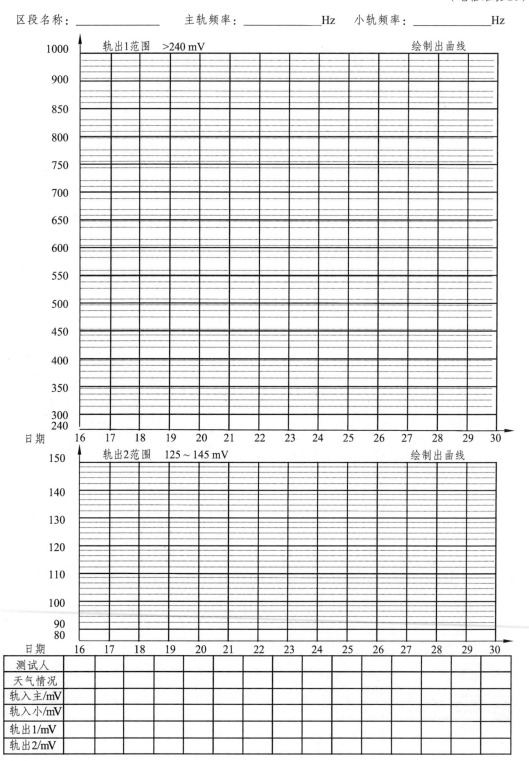

日期	16	17	18	19	20	21	22	23	24	25	26	27	28	29	30
测试人															
天气情况															
轨入主/mV															
轨入小/mV															
轨出1/mV															
轨出2/mV															

附件 4-2

电动转辙机维护测试记录卡

_____运输段 _____站 _____道岔（型号）____动 _____年 （电信维表 29）

日期	工作电压/V		工作电流/A		摩擦电流/A		2/4 mm 检查		6 mm 检查		主销更换/副销检查	测试人	备注
	定位	反位	定位	反位	定位	反位	定位	反位	定位	反位			

各项测试标准：

1. 测试周期以年度生产计划为准，更换器材时加测。

2. 摩擦电流：ZD6 型 D、F、G 型单机使用时为 2.3～2.9 A；ZD6 型 E、J 型联机使用时为 2.0～2.5 A。

3. 工作电压：DC160～220 V，工作电流：≤2.0 A。

4. 主机试验 2/4 mm，副机试验 6 mm，良好划"√"。

5. 挤切销检查更换：主销更换，副销检查，良好划"√"。

电液转辙机测试记录卡（正面）

_____运输段 _____站 _____道岔（型号） _____年 （电信维表 30）

日期	位置	工作电压/V			动作压力/MPa	溢流压力/MPa	2/4 mm 检查	6 mm 检查	油量（35~55 mm）	同步检查	测试人	备注
		AB	BC	AC								
	定											
	反											
	定											
	反											
	定											
	反											
	定											
	反											
	定											
	反											
	定											
	反											

电液转辙机测试记录卡（反面）

_____运输段 _____站 _____道岔（型号） _____年 （电信维表 31）

日期	位置	工作电压/V			动作压力/MPa	溢流压力/MPa	2/4 mm 检查	6 mm 检查	油量（35~55 mm）	同步检查	测试人	备注
		AB	BC	AC								
	定											
	反											
	定											
	反											
	定											
	反											
	定											
	反											

注：1. 测试周期以年度生产计划为准，更换器材时加测。

2. 工作电压：AC 380×（1±10%）V。

3. ZYJ7 型工作压力≤9.5 MPa；溢流压力≤14 MPa。

4. 2/4/6 mm 试验：第一牵引点（主机）2/4 mm 试验；其他牵引点 6 mm 试验。

5. 2/4/6 mm 试验、同步检查及油量检查合格后划"√"。

54

25 Hz 轨道电路维护测试记录卡（送端）

_____运输段　站名：_____　区段名称：_____　_____年　（电信维表 32）

日期	天气	电源电压/V	送电端电压/V										分路残压/V	入口电流/mA	极性交叉	绝缘检查	测试人
			变压器		限流电阻/v	扼流变		轨面	匹配盒		谐振盒	适配器					
			I 次	II 次		信号圈	轨道圈		1-2	3-4							

注：1. 设备更换后加测，一送多受轨道区段受电端分别记录。

2. 机车信号入口电流 ZPW-2000A 制式：2 600 Hz 入口电流≥450 mA，其余≥500 mA；25 Hz 轨道电路分路残压测试≤7.4 V。

3. 测试表格放在变压器箱内，极性交叉、绝缘检查在相应表格内打"√"。

25 Hz 轨道电路维护测试记录卡（受端）

_____运输段　站名：_____　区段名称：_____　_____年　（电信维表 33）

日期	天气	受电端电压/V											分路残压/V	入口电流/mA	极性交叉	绝缘检查	测试人
		轨面	适配器	匹配盒		谐振盒	扼流变		限流电阻	变压器		3 V 化调相器					
				1-2	3-4		信号圈	轨道圈		II 次	I 次						

注：1. 设备更换后加测，一送多受轨道区段受电端分别记录。

2. 机车信号入口电流 ZPW-2000A 电码化叠加制式：2 600 Hz 入口电流≥450 mA，其余≥500 mA；25 Hz 轨道电路分路残压测试≤7.4 V。

3. 测试表格放在变压器箱内，极性交叉、绝缘检查在相应表格内打"√"。

高压脉冲轨道电路送端维护测试记录卡（正面）

日期	轨道电源电压/V	发码变压器电压/V			发码盒电压/V			限流电阻电压 Ⅰ1-Ⅰ2 /V	扼流变压器		轨面电压/V	分路残压/V	入口电流	极性交叉	绝缘检查	测试人
		Ⅰ1-Ⅰ4	Ⅱ1-Ⅱ2	Ⅲ1-Ⅲ2	输入轨道电压 1-3	工作电压 4-5	脉冲电压 6-8		信号圈电压/V	轨道圈电压/V						

注：1. 绝缘检查良好后打"√"。

2. 高压脉冲区段头部残压≤13.5 V，尾部残压≤10 V。

3. 极性交叉测试正确，在相应表格内打"√"。

高压脉冲轨道电路受端维护测试记录卡（反面）

日期	轨面电压/V	扼流变压器		四腿电容器		分路残压/V	入口电流	极性交叉	绝缘检查	测试人
		轨道圈电压/V	信号圈电压/V	扼流变侧电压/V	电缆侧电压/V					

注：1. 绝缘检查良好后打"√"。

2. 高压脉冲区段头部残压≤13.5 V，尾部残压≤10 V。

3. 极性交叉测试正确，在相应表格内打"√"。

ZPW-2000A 轨道电路维护测试记录卡

_____ 运输段 _____ 站名　区段名称：_____　频率：_____　_____ 年　　（电信维表 36）

日期	发送端				接收端			分路电压/mV	入口电流/mA	测试人
	匹配变压器/V		调谐单元/V	轨面电压/V	轨面电压（V/mV）	匹配变压器（V/mV）				
	E1-E2	V1-V2				V1-V2	E1-E2			

注：1. 分路电压、入口电流为年测试项。

　　2. 接收端斜线上方为主轨数据（V），下方为小轨数据（mV）。

信号机维护测试记录卡

_____ 运输段　站/区间：_____　信号机名称：_____　_____ 年　（电信维表 37）

日期	维护、更换灯位记录									点灯单元			灯端电压/V	报警试验	备注	测试人
	黄	绿	红	黄（下）	月白	蓝	出站及进站复示			Ⅰ次电压/V	Ⅱ次					
							左/A	中/B	右/C		主丝电压/V	副丝电压/V				

注：1. LED 发光盘检修时，灯位显示在条件许可的情况下逐个开放，进行测试。

　　2. 更换发光盘，进行该灯位测试。

　　3. 区间 LED 发光盘的灯端电压为（46±2）V，站内 LED 发光盘的灯端电压为（12±0.5）V。

　　4. 测试表格放置：高柱在变压器箱，矮柱在机构。

电缆盒维修记录卡

_____运输段　　　站名/区间：_____　　　设备名称：_____　　（电信维表38）

序号	维 修 项 目	检修	动态变化		
1	电缆盒及基础外观状态良好				
2	电缆盒周围无干扰，径路良好				
3	电缆盒外部号码标记清楚、正确				
4	电缆盒通风孔填堵良好				
5	电缆盒防尘、密封良好				
6	电缆盒无返潮、进水现象				
7	接线端子上使用电缆没有压线皮、线环现象				
8	接线端子上使用电缆没有长线脖子现象				
9	两个垫片间只能有一根电缆线				
10	电缆线环方向正确，螺丝紧固，主副电缆应在直线上				
11	电缆走向名牌完整、正确				
12	配线整齐、美观，端子固定、地线等状态良好				
13	电缆绝缘测试、不良处理				
14	其 他				
	维 修 日 期				
	维 修 人 员				

设备运用质量检查巡视卡

_____运输段　　　_____站　　　_____年　　　（电信维表39）

检查日期	发现问题及措施	检查人员	克服情况	
			日期	克服人

ZPW-2000A 电气参数测试记录卡片（正面）

站_____ 区段名称_____ 区段长度_____米 电容数_____个 频率_____ （电信维表 40）

日期	调谐单元/Ω		空心线圈/Ω		匹配单元/Ω			测试人
	极阻抗	零阻抗	SVA	SVA*	Z_{TE}	Z_L	Z_G	
	每年 1 次							

日期	电容测试/μF（每年 1 次）							测试人
	C_1	C_2	C_3	C_4	C_5	C_6	C_7	
	C_8	C_9	C_{10}	C_{11}	C_{12}	C_{13}	C_{14}	
	C_{15}	C_{16}	C_{17}	C_{18}	C_{19}	C_{20}	C_{21}	

注：1. SVA 为空心线圈阻抗，SVA* 为机械绝缘节空心线圈阻抗，Z_{TE} 为 TAD 的 E1、E2 端阻抗（发送），Z_L 为 E1、E2 端阻抗（接收），Z_G 为 V1、V2 端阻抗（发送、接收）。

2. 表格放置在接收端盒内。

测试标准（反面）

（电信维表 41）

设备及条件		模值指标	1 700 Hz	2 000 Hz	2 300 Hz	2 600 Hz
调谐单元（BA）	极阻抗	最小	0.342 3	0.396 5	0.447 6	0.493 8
		中值	0.364 4	0.424 6	0.484 2	0.542 8
		最大	0.386 4	0.450 7	0.520 9	0.591 8
	零阻抗	最小	0.030 4	0.034 2	0.017 6	0.22 2
		中值	0.045 9	0.054 1	0.041 5	0.050 7
		最大	0.061 7	0.075 3	0.065 3	0.079 1
空心线圈（SVA）		最小	0.347 4	0.408 6	0.469 8	0.531 1
		中值	0.352 8	0.413 7	0.474 4	0.534 7
		最大	0.369 3	0.434 2	0.499 1	0.564 1
机械绝缘节空心线圈（SVA*）		最小	0.297 5	0.348 0	0.398 1	0.448 8
		中值	0.306 9	0.359 0	0.410 7	0.462 9
		最大	0.316 4	0.369 9	0.423 2	0.477 0
匹配单元（TAD）	Z_{TE}（E1、E2 端 TAD 输入阻抗）	最小	98.5	115.3	133.3	134.4
		最大	139.8	159.9	175.8	194.4
	Z_L（E1、E2 端电缆输入阻抗，室内为接收）	最小	466	468	472	455
		中值	486	489	484	473
		最大	514	520	521	507
	Z_G（V1、V2 端轨道电路输出阻抗）	最小	0.74	0.77	0.84	0.70
		最大	1.02	1.03	1.1	1.13

附件 4-3

信号设备电气特性测试项目及周期表

序号	设备名称	测试项目	级别	测试周期 I级	测试周期 II级	备注
1	色灯信号机	1. 点灯单元I、II次侧电压	I级	LED型发光盘：1次/年	抽测	
		2. 主灯丝点灯端电压	I级			
		3. 副灯丝点灯端电压	I级			
		4. 灯丝继电器交、直流电压、电流及隔离变压器I、II次电压	I级			
2	电动转辙机	1. 工作电流	I级	1次/2月	抽测	
		2. 摩擦电流	I级			
		3. 动作电压	I级			
		4. 道岔表示继电器交、直流电压及变压器I、II次电压	I级	1次/年		
3	电液转辙机	1. 工作压力	I级	1次/2月	抽测	
		2. 溢流压力	I级			
		3. 动作电压	I级			
		4. 道岔表示继电器交、直流电压变压器I、II次电压	I级	1次/半年		
4	25 Hz 相敏轨道电路	1. 继电器轨道线圈端电压	I级	值班点：1次/日，非值班点：1次/周	抽测	
		2. 电源电压及送、受电变压器I、II次电压	I级	1次/半年		
		3. 送、受端隔离盒、谐振盒电压、限流器电压降	I级			
		4. 送、受端扼流变压器轨道圈、信号圈电压	I级			
		5. 送、受端轨面电压	I级			
		6. 分路残压、电码化区段入口电流测量	I级			
		7. 极性交叉检查及电码化测试校验	I级	1次/年		
		8. 轨道与局部相位角测试	I级			
		9. 标调	II级		次/5 年	

60

序号	设备名称	测试项目	级别	测试周期 I级	测试周期 II级	备注
5	高压脉冲轨道电路	1. 差动继电器头、尾线圈电压	I级	值班点：1次/日，非值班点：1次/周		
		2. 发码变压器 I、II、III 次电压	I级	1次/半年	抽测	
		3. 发码盒输出脉冲电压、输入轨道电压、工作电压、限流器电压	I级			
		4. 送、受扼流变压器信号圈、轨道圈电压	I级			
		5. 轨道电源电压	I级			
		6. 送、受端轨面电压	I级			
		7. 电码化区段送、受隔离盒 I、II 次脉冲电压	I级			
		8. 抑制器脉冲电压 四腿电容器脉冲电压	I级			
		9. 译码器输入脉冲电压、输出整流电压	I级			
		10. 极性交叉检查、电码化入口电流	I级			
		11. 送、受端分路残压	I级			
		12. 标调	II级		次\5 年	
6	电源屏	1. 交流输入电压、电流	I级	值班点：1次/日，非值班点：1次/周	抽测	
		2. 各路电源输出电压、电流	I级			
		3. 各种电源接地电压测试	I级	1次/月		
		4. 自动稳压精度（6%）	I级	年检时测试		
		5. 温升检查	I级			
		6. 轨道与局部电源相位角测试	I级			
		7. UPS（含其他电源设备）放电时间测试	I级			
7	3 V 化轨道电路	1. 继电器轨道线圈端电压	I级	值班点：1次/日，非值班点：1次/周	抽测	
		2. 送、受端隔离及变压器 I、II 次电压	I级	1次/半年		
		3. 送、受端轨面及限流器电压	I级			
		4. 送、受端扼流变压器信号圈、轨道圈电压	I级			
		5. 分路残压	I级			
		6. 极性交叉检查、电码化区段入口电流	I级	1次/年		
		7. 轨道与局部相位角测试	I级			
		8. 标调	II级		次/5 年	

序号	设备名称	测试项目	级别	测试周期 I级	测试周期 II级	备注
8	ZPW-2000 轨道电路	1. 接收器主轨入、轨出1、轨出2电压	I级	1次/日	抽测	
		2. 接收、发送器电源电压，发送器功出电压	I级	1次/月		
		3. 送、受端模拟网络设备、防雷、电缆侧电压	I级			
		4. 衰耗盘GJ（Z）、GJ（B）、XGJ（Z）、XGJ（B）、GJ、XGJ	I级			
		5. 轨道继电器端电压	I级			
		6. 主轨、小轨载频	I级	1次/半年		
		7. 发送、接收端匹配变压器 E1、E2，V1、V2 电压	I级			
		8. 发送、接收端轨面电压	I级			
		9. 发送端调谐单元BA端电压	I级			
		10. 发送、接收端分路电压	I级			
		11. 入口电流	I级			
		12. 调谐单元、空心线圈、匹配变压器阻抗	I级	1次/年		
		13. 补偿电容在线测试	I级			
		14. 标调	I级		1次/5年	
9	电缆	1. 全程对地绝缘电阻	I级	1次/季（人工）；1次/月（微机监测）		第1项抽测，第2、3项大修及更新时测
		2. 芯线间绝缘电阻	II级	根据情况按需		
		3. 芯线对地绝缘电阻	II级			
		4. 备用芯线环阻测试	I级	1次/年		
10	轮修器材	1. 继电器	I级	使用前全部入所测试	按检修入所数量抽测1%~3%	河西检修车间负责
		2. 变压器	I级			
		3. 电动转辙机	I级			
		4. 点灯单元、信号灯泡	I级			
		5. 轮修和新上道器材等	I级			
11	地线及防雷元件	1. 地线接地电阻	I级	1次/年，4月底前并联型防雷元件每年1次，按产品标准测试项目全测，串联型不测		带劣化指示的防雷元件不测试
		2. 直流放电电压	I级			
		3. 直流点火电压	I级			
		4. 反向击穿电压	I级			
		5. 反向漏电流	I级			
		6. 标称电压	I级			

序号	设备名称	测试项目	级别	测试周期		备注
				Ⅰ级	Ⅱ级	
12	轨道电路参数	1. 钢轨阻抗、抗角	Ⅱ级		按需	
		2. 道床电阻	Ⅱ级			
13	机车信号	1. 出库、入库环线测试	Ⅰ级	出入库	抽测	
		2. 库修交车测试	Ⅰ级	交车		
		3. 地面码型测试	Ⅰ级	按需		
		4. 机车登乘测试	Ⅰ级			
14	CTC、TDCS、计算机联锁	1. 电源输入、输出电压	Ⅰ级	值班点：1次/日，非值班点：1次/周	按需	测试项目不具备时不执行
		2. 电源输入、输出电流	Ⅰ级			
		3. 信息数据校核	Ⅰ级	1次/半年		
		4. 芯线线间、对地绝缘测试	Ⅰ级			
		5. UPS放电时间测试	Ⅰ级	1次/季		
		6. 电源接地测试	Ⅰ级	1次/年		
		7. 系统设备对通信2M通道测试	Ⅱ级			
15	动态检测（电务检测车）	1. 机车信号灵敏度	动态检测	按需	按需	测试项目不具备时不执行
		2. 机车信号频率特性				
		3. 信号显示距离				
		4. 轨道电路特性状态				
		5. 补偿电容测试				
16	半自动闭塞	1. 发送电压	Ⅰ级	1次/年	按需	通信机房二次测试
		2. 接收电压	Ⅰ级			
		3. 环阻	Ⅰ级			
		4. 对地绝缘	Ⅰ级	1次/季		
17	电码化匹配变压器	Ⅰ、Ⅱ、Ⅲ次对地绝缘	Ⅰ级	1次/年	按需	
18	GYK设备	1. Ⅰ级修测试	Ⅰ级	第1、3、4项Ⅰ级修全部测试，第2项按交、验车测试		
		2. 交车测试	Ⅰ级			
		3. 地面码型测试	Ⅰ级			
		4. 轨道车登乘测试	Ⅰ级			
19	电缆模拟网络	1. 送端对地绝缘	Ⅰ级	1次/季	按需	
		2. 受端对地绝缘	Ⅰ级			
20	站内正线移频发送盒	低频测试	Ⅰ级	1次/年	按需	

信号设备电气特性测试记录本

（＿＿＿＿年）

＿＿＿＿＿＿＿车间＿＿＿＿＿＿＿站

＿＿＿＿＿＿＿运输段

电缆绝缘测试记录

（——年）

——车间——站

——运输段

电缆绝缘测试记录表

（电信维表 43）

运输段 _____ 站 _____

序号	站内/区间	电缆编号	芯线编号	分线盘位置	用途	测试值/MΩ（季度）			
						一	二	三	四
1									
2									
3									
4									
5									
6									
7									
8									
9									
10									
11									
12									
13									
14									
15									
16									
17									
18									
19									
20									

序号	站内/区间	电缆编号	芯线编号	分线盘位置	用途	测试值/MΩ（季度）			
						一	二	三	四
21									
22									
23									
24									
25									
26									
27									
28									
29									
30									
31									
32									
33									
34									
35									
36									
37									
38									
39									
40									

一季度测试人：_____ 测试日期：_____ 年 月 日
二季度测试人：_____ 测试日期：_____ 年 月 日
三季度测试人：_____ 测试日期：_____ 年 月 日
四季度测试人：_____ 测试日期：_____ 年 月 日

电缆绝缘不良汇总表

运输段＿＿＿＿＿＿＿　站＿＿＿＿＿＿＿　年

序号	日期	站内/区间	电缆编号	芯线编号	分线盘位置	用途	测试值	测试人	处理情况

备用、贯通芯线线间绝缘、环阻测试记录表

运输段 _____ 站 _____ 年 _____

序号	站内/区间	电缆名称	芯线编号	线间绝缘	线间环阻	是否达标	序号	站内/区间	电缆名称	芯线编号	线间绝缘	线间环阻	是否达标	序号	站内/区间	电缆名称	芯线编号	线间绝缘	线间环阻	是否达标
1							21							41						
2							22							42						
3							23							43						
4							24							44						
5							25							45						
6							26							46						
7							27							47						
8							28							48						
9							29							49						
10							30							50						
11							31							51						
12							32							52						
13							33							53						
14							34							54						
15							35							55						
16							36							56						
17							37							57						
18							38							58						
19							39							59						
20							40							60						

测试人: _____   测试日期: _____

室内设备电气特性测试记录

（——年）

车间 _____ 站

运 输 段 _____

信号机室内测试记录表

运输段 ＿＿＿＿ 站

序号	处所	灯丝继电器				隔离变压器	
		继电器电压/V		电流/mA	型号	电压/V	
		交流	直流			I 次	II 次
1							
2							
3							
4							
5							
6							
7							
8							
9							
10							
11							
12							
13							
14							
15							
16							
17							
18							
19							
20							

测试人：

测试日期：

70

道岔表示变压器、继电器测试记录表

（电信维表 47）

运输段_____ 站_____ 测试日期_____ 测试人：_____

| 序号 | 处所 | 道岔表示 | | | | 序号 | 处所 | 道岔表示 | | | | 序号 | 处所 | 道岔表示 | | | |
| | | 变压器 | | 继电器 | | | | 变压器 | | 继电器 | | | | 变压器 | | 继电器 | |
		I次/V	II次/V	交流/V	直流/V			I次/V	II次/V	交流/V	直流/V			I次/V	II次/V	交流/V	直流/V
1						18						35					
2						19						36					
3						20						37					
4						21						38					
5						22						39					
6						23						40					
7						24						41					
8						25						42					
9						26						43					
10						27						44					
11						28						45					
12						29						46					
13						30						47					
14						31						48					
15						32						49					
16						33						50					
17						34						51					

模拟网络设备侧对地绝缘测试记录

运输段 _____ 站 _____

（电信维表 48）

测试项目 区段名称									
送端对地									
受端对地									
测试项目 区段名称									
送端对地									
受端对地									
测试项目 区段名称									
送端对地									
受端对地									
测试项目 区段名称									
送端对地									
受端对地									

测试人： 测试日期：

72

电码化防雷匹配变压器对地绝缘测试记录表

运输段＿＿＿＿＿　站＿＿＿＿＿

序号	设备名称	测试位置	对地绝缘/MΩ	序号	设备名称	测试位置	对地绝缘/MΩ
1		I 次		13		I 次	
2		II 次		14		II 次	
3		III 次		15		III 次	
4		I 次		16		I 次	
5		II 次		17		II 次	
6		III 次		18		III 次	
7		I 次		19		I 次	
8		II 次		20		II 次	
9		III 次		21		III 次	
10		I 次		22		I 次	
11		II 次		23		II 次	
12		III 次		24		III 次	

测试日期：＿＿＿＿年＿＿月＿＿日　　测试人：＿＿＿＿＿

周期：＿＿＿＿年

测试说明：

1. 人工测试发送调整器各线圈对地绝缘需使用 500 V 兆欧表，在天窗点内进行。
2. 发送高速线圈 I、II、III 次线圈回路对地应为 ∞。
3. 测试位置示意图如下：

发送器 —— 室内调整器 01-2 —— 室内调整器 III、01-4、II —— 室内隔离盒

室内调整器 I、II、III 回路绝缘测试

73

半自动闭塞电气测试表

运输段 _____ 站 _____

（电信维表 50）

测试日期		月 日	月 日	月 日	月 日	月 日	月 日	备 注
闭塞方向								
发送电压/V								
接收电压/V								
信号分线盘端子	环阻/Ω							
	对地绝缘							
主备通道切换办理闭塞试验								

试验人：

注：闭塞外线电阻为 28.5 Ω/km。

74

防雷设备台账及测试记录

（_____年）

_____车间_____站

_____运输段

说　明

本台账包括综合防雷的地网（含地线）、贯通地缆、地线、防雷元器件的设备台账及测试记录。

1. 测试周期

1.1　年度测试：每年对地网（含地线）、贯通地缆电阻测试记录一次。每年 3 月底前对防雷型元器件测试一次，不合格的更换。无法单独测试压敏电阻及放电管的测试导通电压；带劣化指示及串联型防雷元件不进行测试，检查后建立台账。不带劣化指示的防雷元件（压敏电阻及放电管）必须进行测试，测试合格后（粘贴标签）方可上道使用。元件每年每年测试一次。大修改造及更新更换的防雷元件每年更新测试记录。

1.2　日常巡检：每日对防雷元器件进行检查，发现窗口变化及时更换。

1.3　雷雨加强巡：雷雨后加强防雷元器件的检查，发现窗口变化及时更换。

2. 测试标准

2.1　接地电阻：

2.1.1　综合接地体地线：不大于 1 Ω。

2.1.2　分散接地体地线：不大于 10 Ω；计算机保护地线不大于 4 Ω。

2.1.3　信号接地体间距离及通信信号接地接地体间距离不少于 15 m。

2.2　防雷元件：

2.2.1　压敏电阻：压敏电压值 ±10%，漏电流（压敏电压 275 V 以下为 15 μA；275 V（含 275 V）以上为 20 μA）。

2.2.2　放电管：放电电压值 ±20%。

3. 测试方法

3.1　地阻电阻测试应测试到每一个设备终端的地线阻值。例如：分线盘地线阻值，电源防雷箱箱地线阻值，区间柜、组合架、电源屏的接地阻值。

3.2　接地电阻测试测试端子与接地体（插棒）必须相距 10 m。

4. 其他

4.1　本台账包括使用说明、地线台账及测试记录、防雷元器件台账、防雷元器件测试记录。

4.2　各车间以此为样本，建立车站、车间两级综合综合防雷台账及测试记录表。

4.3　防雷地线、元器件数量发生变化后，及时更新台账并汇总报车间、生产技术科（可报电子版）。

76

地线维护测试记录

运输段 _____ 站 _____ 年 _____   （电信维表 51）

序号	设备名称	阻值	综合防雷地网 地线位置	阻值	设备类型 接地体类型	分散地线 位置	阻值
1							
2							
3							
4							
5							
6							
7							
8							
9							
10							
11							
12							
13							
14							
15							
16							
17							
18							
19							
20							
21							
22							
23							
24							
25							
26							
27							
28							
29							
30							
31							
32							
33							
34							
35							
36							
37							
38							
39							
40							

测试人：_____

测试日期：_____

防雷元器件台账

运输段＿＿＿＿＿＿　　　　　　　　　　　　　　　＿＿＿＿＿年

序号	站名	名称	编号	型号/规格	用途	数量	生产厂家	安装位置	更换记录	备注
1										
2										
3										
4										
5										
6										
7										
8										
9										
10										
11										
12										
13										
14										
15										
16										

轨道电路电气特性记录本

（_____年）

_____车间_____站

_____运输段

说　明

记录轨道电路年度、月度及碾压、换轨等临时性感度试验（分路不良）测试。

1. 测试周期

1.1 年度测试：每年结合轨道电路检修进行两次分路测试。

1.2 月度测试：每月对分路不良区段、技术整治区段进行感度试验。

1.3 临时测试：车辆碾压、更换钢轨、调整电压等时及时进行感度试验。

2. 测试方法

2.1 感度试验应使用定压分路灵敏度测试仪（最高压力 24.5 kN/9.3 kN），不同类型的轨道电路应使用相应的标准分路电阻线。

2.2 测试点应选在轨道电路分路区段分路最不利处；道岔区段应按直股、弯股区段，无受电分支末端分别测试。

3. 判断标准

检测轨道电路分路不良应使用定压分路灵敏度测试仪和实际压车测试（可通过微机监测查看）两种手段进行，两种测试方法中有一个残压高于《铁路信号维护规则》规定标准的，即判定该区段为分路不良区段。

4. 其他

4.1 整治方案：系指采用碾压、堆焊、除锈、喷涂、计轴、3 V 化、监控盒、高压脉冲等技术手段消除分路不良。

4.2 登记：分下行咽喉、股道、上行咽喉，按照阿拉伯数字、英文字母（1DG、3-5DG、D1G、6G、2-6DG、4DG）顺序登记。

4.3 自然残压达标的区段不测试除锈残压。

4.4 安全线、避难线、未开通线路（含开通后停用、封闭线路）、长期钉固道道岔（不行车部分）轨道电路区段，均按分路不良区段掌握，不再进行分路不良登记和测试，但涉及延续进路的安全线的分路不良区段，信号工区虽不再登记，但仍按分路不良区段进行管理、测试。

4.5 采用喷涂、监控盒、3 V 化方案等技术手段消除的分路不良区段，自使用时起每间隔一个月测试一次。

80

分路不良区段统计明细表

运输段 _____ _____年 （电信维表 53）

站名	区段名称	调整电压/V	分路残压/V	列车进路	调车进路	是否长期不走车区段	是否是安全线、避难线	分路不良处所（长度）是否小于 18 km	分路不良原因	采用何种手段整治分路不良	测试时间	测试人

车间主任： _____ 审核人： _____ 建账人： _____ 建账日期： _____ 年 _____ 月 _____ 日

轨道电路分路残压测试汇总表

（电信维表 54）

序号	站名	设备名称	制式	线别	长度/m	测试处所	自然分路残压/V	列车进路	调车进路	是否达标	测试时间	测试人	备注

注：线别填写正/侧线、安全线、避难线等，分路不良地点直股、侧股等，测试处所按最不利处测试。

电码化入口电流测试汇总表

（电信维表 55）

运输段 _____   站 _____

序号	区段名称	入口电流/mA	测试人	测试日期	序号	区段名称	入口电流/mA	测试人	测试日期	序号	区段名称	入口电流/mA	测试人	测试日期
1					19					37				
2					20					38				
3					21					39				
4					22					40				
5					23					41				
6					24					42				
7					25					43				
8					26					44				
9					27					45				
10					28					46				
11					29					47				
12					30					48				
13					31					49				
14					32					50				
15					33					51				
16					34					52				
17					35					53				
18					36					54				

注：电码化入口电流每年测试一次，在轨道电路测试时一并统计备查。

站内正线移频发送盒低频测试记录表

（电信维表 56）

运输段 _____   站 _____

序号	发送点名称	U	L	U2	HU	UU	序号	发送点名称	U	L	U2	HU	UU	
1							18							
2							19							
3							20							
4							21							
5							22							
6							23							
7							24							
8							25							
9							26							
10							27							
11							28							
12							29							
13							30							
14							31							
15							32							
16							33							
17							34							

测试人： _____   测试日期： _____

第二编　信号设备大修及更新改造管理规则

第一章　总　则

第1条　为进一步加强和规范（以下简称公司）信号设备大修及更新改造管理工作，保障信号设备性能、状态完好，更好地为铁路运输安全生产提供技术保障，根据国家法律法规、集团公司、公司有关规定，参照铁路总公司信号设备大修及更新改造技术管理规则、结合我公司实际情况，特制定本规则。

第2条　为恢复、改善和提高信号设备质量，保证既有设备安全、可靠地正常使用，保证运输生产的正常进行，有计划地对相关设备进行大修和更新改造。

第3条　信号设备大修、更新改造周期及条件根据《铁路信号维护规则》规定执行。

第4条　信号设备大修和更新改造在公司统一下达的计划投资和财务支出预算下，由项目负责完成单位具体实施，运输管理部负责专业归口管理。

第5条　更新改造计划与年度大修计划是实施更新改造及信号设备大修的主要依据。运输段按照运输需要、设备耗损规律和实际质量状况，编制年度更新改造建议计划和年度大修计划，公司优先考虑、综合平衡、统筹安排。

第6条　信号设备大修、更新改造工程的设计必须严格执行国家、铁路公司颁布的行业标准及有关规定，并参照铁路总公司行业技术标准、落实有关大修更新改造技术措施和技术标准。

第7条　电务信号技术装备要遵循"统一规划、统一标准、统一软件、统一资源、统一管理"的原则，公司运输管理部对信号专业工程的建设全过程进行指导和监督。

第8条　严格信号更新改造和大修工程环节的技术把关和安全卡控的管理工作，主要包括对电务信号工程项目进行的预可行性研究、可行性研究、初步设计、施工图设计、设备选型、施工质量、联调联试、竣工验收及开通运营等各阶段的相关工作要求。从源头抓起，重点抓好设计审查、联锁图表和信号物资设备技术规格书的审核，设备器材选型以及施工质量考核、安全过程卡控。

第9条　信号设备大修、更新改造工程质量评定与检查标准执行国家铁路局、铁路总公司、公司有关规定，并经专业技术审核同意批准后执行。

第10条　信号设备大修及更新改造应以不断提高系统、设备可靠性和安全性等技术指标为目的，积极采用新技术、新器材、新工艺。

第二章　大修、更新改造工作范围

第11条　信号设备大修工作范围：

1. 为恢复系统功能而更换达到大修期的部件和器材。

2. 更换其他地面不良信号设备部件。

3. 设备在使用中磨耗、老化已不能保证行车安全和正常使用时，可以提前进行大修。

4. 中修工作内容。

5. 其他信号检测、工装及动力设备。

第12条 信号设备更新改造工作范围：

1. 更新已到寿命周期的铁路信号系统设备。

2. 为提升整体系统功能和性能的设备更换。

3. 遇下列情况之一，可提前进行更新改造：

（1）系统不能满足运输扩能和安全保证需求时；

（2）属于淘汰的系统设备、器材或维修配件没有供应来源，不能保证使用时。

4. 增加检修能力的改、扩建。

5. 国家铁路局、总公司、公司确定的重点行车安全项目。

6. 符合固定资产投资的其他项目。

第三章 大修、更新改造工作程序

第13条 信号设备大修、更新改造工作执行以下程序：

1. 提报计划。根据公司要求每年由运输段按轻重缓急排序，分别编制次年度更新改造建议计划、大修预算支出建议，并经单位第一管理者签字、加盖公章后上报公司计划发展部、财务部和运输管理部。计划发展部根据运输段提报的建议计划，结合信号设备更新改造评估情况，统筹考虑，编制信号系统建议计划，经公司总办会同意批准后，报国家能源集团业务主管部门审核、批准。

2. 计划下达。信号设备大修由公司财务部下达年度大修支出预算，更新改造由公司计划发展部下达年度更新改造计划。

自行安排项目是根据公司在大修支出预算中下达的设备大修自行安排额度、由运输段自主安排本单位大修支出项目。各运输段要根据运输生产设备使用状态和项目需要，遵循"认真调研核实、区分轻重缓急、分期分批实施"的原则，优先将影响行车安全、作业安全、设备安全的项目自行安排大修，拟定并提报具体大修项目及支出预算，经运输管理部及财务部审核批准后实施。

3. 可行性研究报告及批复。对于投入较大（项目支出超过50万元）、技术较为复杂的大修项目，应由计划发展部委托具备相应资质的设计院（所）提出可行性研究报告，并牵头，会同运输管理部等有关部门组织批复，设计部门必须采用国家铁路规定的标准电路图，并符合铁路远期发展规划。

对工程规模较小、技术相对简单的更新改造项目可直接编制可行性研究报告。可行性研究阶段由公司计划发展部会同有关部门，按规定择优选择勘察设计单位开展设计、审查、批复工作。项目可行性研究报告批复后，直接进行施工图设计。

纯设备购置项目、土建工程 30 万元以下（不含）的零小工程更新改造项目，各运输段按照项目提报设备购置申请报告》，并履行相关程序，经批复后的设备购置项目按照公司相关规定组织招标采购，工程类项目按规定程序组织实施。

4. 设计文件审查及工程概（预）算审批。设计单位按照已批复的可行性研究报告的规模和技术标准进行工程设计、编制概（预）算。大修项目由运输管理部牵头组织对其工程设计文件的技术部分进行审查，财务部负责工程概（预）算审批，并依此进行大修支出预算的安排和调整。公司计划发展部负责组织对更新改造项目的设计文件审查和概（预）算审批及调整。

5. 项目实施。扩能指挥部应按照经批复的可行性研究报告和工程设计文件审查及工程概（预）算审批意见，组织完成工程项目。

大修项目（费用低于 50 万元以下）首先立足于运输段自主完成，受相关资质、工程技术、设备能力、施工人员及其他因素限制，无法自行完成的大修工程项目，运输段应按照相关规定通过招投标方式确定施工单位，选择和确定具有相应资质等级和施工能力的单位完成，规避安全风险。工程合同应按公司合同管理规则的规定，履行联签审查手续。更新改造项目由运输段按照建设管理程序组织实施，工程招标后，运输段应及时将招标结果及合同抄送公司运输管理部备案。

6. 竣工验收。项目完工后，由扩能指挥部会同公司财务、计划、运输管理部等相关部门组织施工、设计、运输段等单位，按照设计文件和工程技术标准对工程数量、工程质量、竣工文件进行验收。规模较小的工程及单项设备更换由运输段组织验收。

第四章　工程施工组织

第 14 条　设计技术交底。对于规模较大、技术较为复杂的项目，工程开工前，运输管理部组织有关单位和部门进行技术交底。规模较小的工程及单项设备更换等项目由运输段组织，主要对工程特点、设计意图、技术标准、选型设备质量标准和要求等内容交底。

第 15 条　施工方案编制与审查。施工方案由施工单位制定，提报的施工方案应包括：施工项目及负责人、作业内容、地点和时间、影响及限速范围、设备变化、施工方式及流程、施工过渡方案、施工组织、施工安全和质量的保障措施、施工防护规则、列车运行条件、应急预案、验收安排等基本内容。公司运输管理部组织相关单位和部门召开施工方案审查会，并形成会议纪要。

第 16 条　签订营业线施工安全协议及办理营业线施工审批手续。施工方案审查通过后，施工单位应与设备管理单位和行车组织单位签订营业线施工安全协议，并办理营业线施工审批手续。

第 17 条　施工质量管理：

1. 施工质量必须符合国家、铁路总公司、公司颁布的技术标准、规定及设计文件要求等，开工前，运输段应与施工单位签订工程质量技术标准协议，成立施工组织（配合）机构，精心组织、积极配合，对施工质量进行全过程检查、监督。

2. 施工单位应按照标准施工并做好工程自检、自验工作。对电缆敷设等隐蔽工程应做好影像记录，隐蔽工程由运输段随工检查签认，并留存影像资料和径路示意图。施工单位在进行电缆敷设、防护等隐蔽工程48 h前通知运输段，运输段及时派员检查验收，对符合要求的给予签认，并做好随工验收记录。

3. 严格设备、器材的采购。大修、更新改造项目物资应按国家、铁路总公司、公司规定进行采购和验收。属于铁路建设项目甲供物资设备目录内和纳入公司物资设备集中采购范围的设备应按照集中采购办理，凡采购的关键现场设备必须经过行政许可和CRCC强制认证，严禁使用非标器材、设备，运输段编制物资设备技术规格书，报运输管理部审核，办理审批手续后提交物资管理中心。运输段应对工程所有设备、器材及材料建立采购台账。

4. 结合中修、维修和专项整治等重点工作，确保施工质量一次到位。大修、更新改造工程宜与中修、维修和整治等重点工作相结合，避免重复施工给运输生产、安全带来影响，造成人力、物力、财力的浪费。

5. 建立健全工程质量责任制。施工单位应对工程施工质量负责，及时解决施工质量问题。运输段应加强工程质量监督、检查，对于质量不合格的工程项目，应责令施工单位返工，对于未达到工程质量验收标准的项目不予验收通过。运输管理部、基建工程部、运输段参照国家、铁路总公司、公司关于铁路建设项目施工企业信用评价工作要求，逐步建立施工单位信用评价体系。对检查中发现的问题，认为符合不良行为认定条件的，在发现问题2日内书面通知施工单位，并做好不良行为记录。对较大、重大不良行为按照国家、铁路总公司、公司有关规定执行。

第18条　施工安全管理：

1. 施工单位要认真贯彻"安全第一，预防为主"的方针，建立完整的施工安全保证体系，做到施工安全、有序可控。运输段要成立相应的施工领导小组，按有关规定落实施工领导小组的职责，维护施工期间的运输秩序和施工秩序，及时解决相关单位之间遇到的问题。

2. 施工单位必须与相关单位签订施工安全协议。施工安全协议的签订要严格执行国家、铁路总公司、公司有关铁路营业线施工安全管理规定，明确安全责任。

3. 施工单位在安全管理中要做到逐级负责、责任明确，施工中做到施工预想到位、准备工作到位、技术力量到位、施工措施到位、施工负责人到位，确保施工安全。

4. 施工单位和运输段应严格执行国家、铁路总公司、公司有关施工安全管理文件规定，加强施工安全管理。运输段应根据工程规模、安全协议中职责内容安排足够人员配合、监护，及时制止超范围、无计划的施工作业，杜绝违章蛮干，确保设备、行车绝对安全。

5. 公司运输管理部、运输段对施工方案及施工安全措施按规定组织严格审查，包括施工过渡方案。凡不符合有关规定的，不得通过审查。涉及联锁修改的大修、改造过渡施工，按公司信号联锁管理有关规定执行。

6. 施工中，严禁擅自变动运用中的设备。如需变动，设计或施工单位需提出施工方案和安全措施，经审查批准后方可进行施工。

第五章 工程验收及交接

第 19 条 大修、更新改造工程完工后，施工单位必须确认工程已按设计工作量完成，质量符合规定的技术标准，并提供完整的竣工文件，经施工单位自验、运输段初验后，由运输段向公司提出请验报告。

第 20 条 公司收到请验报告后，由公司扩能指挥部会同有关部门组织施工、设计、运输段等有关单位对工程质量进行全面的检查和验收，规模较小的工程及单项设备更换由运输段组织验收。

第 21 条 电气集中、自动闭塞、集中监测、TDCS/CTC 等项目开通前，运输段应组织对单项设备进行电气特性测试，对联锁、TDCS/CTC 等设备进行试验。

第 22 条 信号大修、更新改造项目采用新技术、新设备时，开通前，运输段应组织对电务维修及相关人员培训。

第 23 条 工程开通后 48 h 内，施工单位和主要设备厂家必须派人值守，并按设计文件或合同规定将器材备品、备件移交运输段。

第 24 条 建立工程档案和设备台账。大修、更新改造项目竣工验收后，运输段应按照设计、施工单位所提交的该项目有关资料，包括工程设计文件、竣工资料等，建立相应工程档案，及时修改设备台账，形成全面完整的基础管理资料。工程竣工文件内容应符合《铁路信号维护规则》要求，其他资料参照以下内容建立：

1. 可行性研究及批复。
2. 施工设计及审查会议纪要。
3. 施工组织设计（施工方案）及审查会议纪要。
4. 施工安全配合协议。
5. 技术质量标准协议。
6. 营业线施工审批表。
7. 施工配合组织（运输段）。
8. 技术交底会议纪要。
9. 开通施工方案及审查会议纪要。
10. 配合施工开通方案、联锁试验方案。
11. 验收记录。
12. 工程遗留问题及措施。

第六章 管理职责

第 25 条 公司运输管理部职责：
1. 认真执行国家、国家能源集团有关大修、更新改造管理有关规定和规则。
2. 参照铁路总公司行业技术标准。制定公司信号大修及更新改造管理规则，并监督实施。

3. 牵头组织信号设备更新改造评估工作。

4. 审核、汇总本系统大修及更新改造中长期发展规划、计划建议，并按轻重缓急分类排序；提报本系统年度大修支出预算建议和更新改造计划。

5. 对于规模较大、技术较为复杂的项目，工程开工前，运输管理部组织有关单位和部门进行技术交底。

6. 会同公司相关部门对施工单位（运输段）编制的施工方案审查。

第 26 条 运输段管理职责：

1. 运输段作为信号大修、更新改造工程项目完成单位，应成立相应的施工领导小组，按有关规定落实施工领导小组的职责。加强施工组织管理，强化安全监管作用，确保工程安全和施工质量 。

2. 制定信号设备更新改造评估实施细则，组织开展单项信号设备更新改造评估工作。

3. 收集、掌握本段管辖范围内运输生产、设备等基础资料，建立健全基础资料台账。

4. 根据技术发展和设备现状提报信号设备长远规划和年度计划，包括编制次年度更新改造建议计划、大修预算支出建议。

5. 按专业化管理要求，对大修、更新改造项目进行管理，负责组织实施下达给本段的大修、更新改造工程项目。协调施工进度，监督检查施工安全、质量。

6. 对规模较小的工程及单项设备更换等项目，组织施工及相关单位进行施工技术交底。

7. 对工程施工安全、质量、进度负有管理、检查、监督责任。

8. 组织研究和制定工程开通方案或配合开通方案。

9. 负责工程开通前的检查、试验。开通前对单项设备进行电气特性测试、对联锁、TDCS/CTC 设备进行试验并形成记录。

10. 负责规模较小的工程及单项设备更换等验收工作，对工程项目中防火封堵、综合防雷等检查验收并形成专项验收报告。

11. 负责按规定进行采购和验收工程所需物资设备，属于集中采购范围内的设备按规定提报集中采购计划申请。

12. 编制或审核施工单位的工程验工计价，并上报公司业务主管部门。

13. 建立工程档案和设备台账。

第七章　检查与考核

第 27 条 电务部门各级检查人员对工程中的安全、质量、进度等进行全面检查，发现施工质量不合格及安全隐患，责令施工单位立即纠正，危及行车安全时，有权责令其停止施工。因施工造成影响正线行车的设备故障，按安监部门核定的影响时间，追究施工单位违约赔偿责任，扣罚标准按公司规定执行。施工中发生的事故，须按事故处理的有关规定分析定责和处理。

第 28 条 运输段要按照责、权、利相统一的原则，建立考核奖励机制，加强施工组织、监护和监督检查。对保证施工安全做出突出贡献的人员进行奖励，因配合施工或施工监护不到位发生责任事故、影响行车的问题及严重隐患时，按公司有关施工考核和安全奖惩制度进行考核。

第八章　附　则

第 29 条　本规则由公司运输管理部负责解释，自发布之日起施行。

第三编　信号中修管理规则

第一章　总　则

第 1 条　依据《铁路信号维护规则》之规定，信号设备中修是信号维护工作的重要修程，应坚持"整修、补强、恢复、改善"的原则。通过中修，使现场信号设备电气特性和机械特性强度符合技术标准，安全可靠地使用到下一轮中修或大修。

第 2 条　信号中修应针对设备薄弱环节，积极采用"五防"（防松、防锈、防断、防卡、防雷）和"三新一化"（新技术、新器材、新工艺及冗余化）等措施，提高信号设备的可靠性。

第 3 条　信号中修应统筹安排，与国家能源集团、重点整修项目相结合，与基建、更新改造工程相结合，与更换淘汰设备和器材相结合，与创建信号标准站相结合，并根据不同等级设备实际状况，确定具体的中修项目和内容。

第 4 条　信号中修工作实行运输管理部、运输段分级管理，应设专职或兼职人员主管信号中修工作。

第 5 条　中修工作范围：

1. 更换到期的轮修设备和器材，更换淘汰的设备。

2. 整修轨道电路、更换各种不良引接线（跳线、连接线）、电容。

3. 更换或整修强度不足的道岔转换设备、安装装置、外锁装置及各种杆件。

4. 修理、补强或更换信号机（标志牌）及其部件。

5. 更换腐蚀、不良的箱盒及损伤的基础，整理、更换箱盒内部配线。

6. 整修控制台、组合架（柜）、电源屏、分线盘、人工解锁盘以及更换不良配件。

7. 更换室内不良显示器、不间断电源（UPS）、电池组（电源模块）及其他计算机输入输出设备、关键板件等。

8. 更换整治强度不足的道岔连接杆、销轴等部件。

9. 电缆径路、标桩、警示牌整治。

10. 综合防雷系统、地线等修理、补强整治。

11. 在"五防"的基础上，根据需要采取防盗、防尘、防寒、防蚁、防鼠等措施。

12. 整治设备、器材铭牌标识，信号设备油饰及书写代号。

13. 整治其他不符合标准的信号设备，积极推广使用"三新一化"项目。

14. 更换性能不良的信号电缆及各种引入线。

第 6 条　信号设备中修应按周期进行，中修周期为：

1. 车站、区间信号设备中修在每个大修周期内进行一次，中修周期为 5 年。

2. 集中监测系统设备中修周期为 5 年。

第二章 中修组织和岗位职责

第 7 条 运输管理部工电科负责全公司信号中修管理工作。

第 8 条 运输段生产技术科设主管信号中修的电务主管或工程师，负责全段中修管理工作。

第 9 条 运输段设置信号中修队，中修队设中修队长、副队长、工程师（技术员）、材料员；根据需要设置若干工区。信号中修队受运输段段长领导，业务上受生产技术科电务主管指导。

信号中修队承担车站、区间等信号设备的中修任务；配合完成段管内大修项目；集中修时配合工务部门成段更换钢轨、大机清筛、大机捣固、换枕和成组更换道岔。

第 10 条 运输管理部工电科基本职责：

1. 负责全公司信号中修管理工作。

2. 按国家能源集团、有关中修工作规定，参照行业标准，拟定中修作业标准、工艺标准和中修管理规则，提出年度中修工作重点，审核运输段信号中修工作计划和中修预算，指导运输段中修工作。

3. 检查中修采用新技术、新器材、新工艺和冗余技术落实情况，促进中修水平的提高。

4. 抽查中修施工，掌握中修进度，监督中修质量，组织解决重点技术问题，提出中修工作整改意见。

5. 组织中修检查、交流、评比工作，提出下年度中修重点工作建议。

第 11 条 运输段生产技术科基本职责：

1. 负责全段中修管理工作。

2. 贯彻落实国家能源集团、有关信号中修的规定和要求，结合管内实际，制定中修管理规则实施细则，编制信号中修周期计划表，建立健全中修管理资料及台账，对中修队进行技术业务指导。

3. 按国家能源集团、有关信号中修工作的规定，结合公司年度重点工作安排，制订运输段信号年度中修工作重点、信号中修工作计划及中修预算。

4. 明确现场车间、中修队管理职责。

5. 组织中修调查，审查中修队编制的中修预算。

6. 审查中修施工安全措施，参加中修施工，掌握进度。

7. 制订设备中修作业标准、工艺标准，并组织贯彻执行。抽查信号中修设备质量，组织解决重点技术问题，提出中修工作整改要求。

8. 组织中修质量验收、等级评定和资料汇总工作。

9. 每月 25 日前向业务主管部门，报月度信号设备中修进度；每年 12 月 25 日前报年度中修工作总结并提出下年度中修重点工作计划。

第12条 中修队长基本职责：在运输段段长领导下和生产技术科信号专业指导下，负责中修队的全面工作。

1. 参加段组织的中修调查，制定并提报中修计划，按照中修计划组织施工，负责组织完成全年中修生产任务。

2. 负责中修队安全管理，严格执行信号中修有关规定，制订并落实中修施工安全措施，按期组织召开安全分析会，及时总结经验，分析安全风险，制定预防措施，保证安全生产。

3. 根据中修任务，编制中修预算和材料计划，严格中修费用管理，节约支出，奖罚分明。

4. 组织和参加中修施工，检查中修施工质量，及时组织处理施工中的质量问题，搞好联劳协作。

5. 每月组织中修自验，参加段组织的验收交接工作。

6. 教育职工严格执行安全操作规程和安全生产有关规定，杜绝违章作业，防止行车、人身伤亡事故。

7. 组织职工技术业务学习，开展岗位练兵和技术比武活动，不断提高职工技术水平和生产技能。

8. 负责中修队全面质量管理和技术革新工作，搞好内、外生产协作。

第13条 中修队工程师（技术员）基本职责：在中修队队长领导下，负责中修队技术管理工作。

1. 负责中修调查，确定中修工作量并编制中修工作计划。

2. 负责中修施工方案和措施的制定。

3. 参加中修施工，协助中修队队长定期分析中修施工质量，针对存在的问题提出改进措施，并组织实施。

4. 监督检查有关技术标准、作业标准、工艺标准执行情况。

5. 负责全面质量管理和技术革新工作，组织技术业务学习，交流施工经验，针对施工中疑难问题，开展技术革新和攻关活动。

6. 参加中修的自验和验收交接工作。

7. 负责中修站的竣工资料整理。

第14条 材料员基本职责：在中修队队长领导及工程师（技术员）指导下，负责车间材料管理工作。

1. 按照全年工作计划和中修调查内容，做好材料计划、申报、领取、发放工作，保证中修用料按时到位。

2. 做到账物相符。材料账目准确、清楚，各种票据齐全；材料入出库记载准确。

3. 负责材料库管理。保持材料库清洁，材料摆放整齐，新旧料分类存放，各种材料分类摆放，材料管理符合消防安全。

第三章　业务管理

第 15 条　计划管理：

1. 运输段应按规定的中修周期，结合管内设备质量状态和运输生产的需要，编制车站、区间信号设备中修计划表（电信中表 1）；根据中修周期计划表编制年（月）度信号中修工作计划表（电信中表 2、电信中表 4），经生产技术科电务负责人审核、电务主管副段长同意并签认，段长批准后执行；根据年度信号中修工作计划表和信号中修工作量调查表、重点工作编制中修预算、信号中修工作明细表（电信中表 3）。

2. 中修年度计划由运输段生产技术科电务主管负责编制，电务主管副段长同意并签认，段长审核后报运输管理部，由运输管理部审批后执行。

3. 编制中修年度计划时，应按以下原则编制：

（1）50 组道岔及以下的车站，以站、场为单位；50 组道岔以上的车站，以咽喉区或实际中修作业区为单位；区间设备按站间/区间为单位；控制设备按台为单位，并统一折合成换算道岔组数统计。

（2）考虑采用"五防"、"三新一化"项目和重点整治要求。

（3）均衡中修任务量。

（4）原则上应逐步实行成段安排中修。

4. 中修年度计划批准后，应积极组织实施，不得任意更改。需要变更时，应上报公司运输管理部批准，运输段方可按变更后的计划实施。

5. 运输段根据批准的中修年度计划，由生产技术科电务主管组织中修队及有关信号车间，按照规定的中修范围及项目，对各项设备进行调查，并填写中修工作量调查细目表，确定中修工作量。

6. 中修预算按下列要求编制：

（1）中修预算应按站（场）、区间分别编制并汇总（电信中表 6），并附编制说明。

（2）按中修调查细目表编制。

（3）材料费标准按公司及生产厂家现行目录价格执行，询估价格应在预算中注明。

7. 中修预算由运输段业务主管科室审核，电务主管副段长同意并签认，段长批准后，一式三份报路公司运输管理部，经批准后方可实施。

第 16 条　中修费用管理：

1. 信号中修费用是指中修所需的材料费和设备的修理费用。信号中修费用属于专项资金，必须专款专用，费用支出不得列支与中修无关项目。

2. 编制中修预算时，用于落实中修各项技措的费用不得低于当年中修费用的 70%。中修预算由运输段生产技术科电务信号专业编制，电务主管副段长同意并签认，段长审核批准签认字，报公司运输管理部批准后方可实施。

3. 信号中修费用应严格按照公司下达的费用计划和中修工作量执行，未经有关部门批准，不得随意超支、挤占、变更中修费用。

第 17 条 质量管理：

1. 通过中修的信号设备，电气特性和机械强度必须达到相关技术标准的规定。

2. 为保证中修施工质量，对需要更换的设备部件、配线等实行预制、预配、预验施工方法，尽可能减少现场作业环节。

3. 设备质量评定项目包括：信号机、道岔转换设备、轨道电路、机械室、控制台、电缆线路、闭塞等设备。

4. 中修车站（场）、区间质量验收评语分为：优质、合格。验收中发现不合格的设备必须返工整修，直至合格。

（1）优质：道岔转换设备、轨道电路、信号机良好率不低于80%，其他设备良好率不低于70%。

（2）合格：合格率达到100%。

（3）中修优质车站（区间）数量不得少于当年中修车站（区间）总数的80%。

（4）隐蔽工程应在中修车站（区间）所在信号工区配合下进行随工验收，并办理质量签认手续，其质量在验交后半年内由担当中修任务的中修队负责。

（5）中修后的车站（区间）应及时修改各种图纸、标识和建筑接近限界，做到正确、清晰、完整，与实际相符。

5. 中修队应建立以车站（场）、区间为单位的中修技术档案。技术档案应包括：调查记录、中修预算、施工方案、安全措施、验收报告、竣工资料等，并保管至下一轮中修。

6. 公司每年对中修工作进行检查、评比，总结推广中修先进经验。

第 18 条 安全管理：

1. 安全管理是信号中修施工的关键环节，在中修工作中必须严格执行"三不动""三不离""三不放过""三级施工安全措施"及国家能源集团关于营业线施工安全管理规定和铁路电务安全规则相关规定。

2. 中修施工必须建立安全责任制。运输段应制订中修施工和验交的安全管理规则，明确中修队和现场信号工区的安全责任。

3. 中修队在提报月度施工计划时，必须将施工安全措施报运输段有关科室审核，经段长批准后，在中修施工中组织实施。

4. 中修施工时，所在信号工区必须设专人配合，负责与车站联系和登销记以及现场防护。现场作业时，必须按人身安全的要求和规定，在各作业点安排专职防护员进行防护。防护员按规定着装、携带防护用具。

5. 车站信号设备在中修施工期间，信号工区应按计划检修。中修施工过的设备安全，信号工区检修前由中修队负责，信号工区检修后由信号工区负责。中修验交后的设备由信号工区负责。

第 19 条 施工管理：

1. 根据年月表、段临时增加或调整的计划安排，及时编制、提报月度营业线施工计划、邻近营业线施工计划及施工日计划。

2. 根据公司月度施工计划公布的天窗日期，提前收集、汇总，分Ⅰ、Ⅱ级整理出天窗维修作业计划，编制好周维修作业计划。

3. 中修队制定的施工措施必须经运输段生产技术科电务负责人审核同意后，方可组织施工。Ⅰ级维修负责人由中修队长（副）担当（Ⅰ级维修较多时，中修队长须委托车间干部担当），Ⅱ级维修负责人由工（班）长担当。

4. 作业负责人施工前要组织全体施工人员召开预备会，施工完毕后召开总结会。按照规定参加车站组织的施工预备会、总结会。

5. 作业中使用的工具、材料不得侵入限界，各种作业要做到工完料清。

第20条 技术管理：

1. 认真执行技术政策，严肃技术纪律。凡变更设备现状（包括结构、电路、性能、安装方式等）以及进行新电路、新器材的试验时均应报公司运输管理部审核，经批准后方可执行。

2. 中修后的车站（区间），其设备图纸、电缆径路图、电缆贯通图、建筑接近限界要及时修订，于1个月内交现场车间。室外箱盒配齐接配线图，做到准确、清晰、完整，图实相符。每年中修结束后有关技术资料统一归档。

3. 中修队须有以下技术资料和规章制度：《铁路技术管理规程》《铁路交通事故调查处理规则》《行车组织规则》《铁路信号设计规范》《铁路信号施工标准》、《普速铁路信号维护规则》以及设备安装图纸、图册和上级颁发的规章制度、命令、标准及其他技术资料。

4. 中修队应积极组织职工学习技术业务，并将技术学习纳入年度培训计划，组织实施。

第四章 验收规则

第21条 信号中修验收包括：中修站质量和重点整治项目的验收和中修管理工作验收。中修实行三级验收制度，即中修队对中修设备质量进行全面自验；运输段组织中修队和相关车间进行全面验收交接；公司运输管理部对运输段中修工作进行检查抽验，每年对运输段中修工作进行一次检查、评比，及时总结好的经验、做法并在全公司进行推广，对在中修工作中存在的问题，要制定措施及时修正，确保中修工作不断深入开展。

1. 中修站（区间）、重点整治项目完成后，经中修队自验，确认具备全面验收条件时，向运输段提出验收报告。报告内容包括：中修验收报告表、工时与工作量对照表、材料消耗表、财务分析统计表、隐蔽工程施工记录、施工图纸和设备器材回收清单等。

2. 运输段组织对中修队自验合格的中修车站（区间）、重点整治项目以及中修队进行全面验收，并填写中修验收报告表（电信中表7）上报公司运输管理部申请验收。

3. 公司运输管理部检查运输段中修管理工作，抽验中修站质量，抽验的数量不少于当年中修车站（场）数量的1/5。

4. 中修队应对验收中发现的不合格设备和问题及时组织返工、整改。

第22条 中修车站验交后，由中修队提供中修竣工资料一式三份，现场工区、中修队、段生产技术科各一份。中修竣工资料应包括：联锁试验检查表、电气特性测试表、建筑限界、以及新增或变更部分的图纸、验收资料。

第五章　附　则

第 23 条　各运输段应结合实际，制定和完善本单位的信号中修管理实施细则。

第 24 条　信号设备中修项目及要求执行《铁路信号维护规则》中关于集中联锁设备中修内容及标准。

第 25 条　本规则由公司运输管理部负责解释。自发布之日起施行。

第四编 联锁管理规则

第一章 总 则

第 1 条 信号联锁设备是保证行车安全，提高运输效率的基础设施。联锁错误或失效直接危及行车安全。为规范信号联锁管理，加强信号联锁管理的各项工作，确保联锁设备正常运用，依据《车站联锁设备维护管理规则》（铁总运〔2014〕355 号）、《铁路信号联锁试验暂行规则》（铁运〔2010〕149 号）以及《机车信号信息定义及分配》（TB/T 3060—2016）等有关行业规定，结合神朔铁路分公司管内实际情况，特制定本规则。

第 2 条 本规则适用于神朔铁路运输段电务信号专业管理及受运输段委托管理的铁路车站集中联锁设备维护管理。包括继电联锁和计算机联锁。涵盖信号设计、制造、施工、科技创新、运用维护的联锁管理、联锁试验工作各环节。

第 3 条 联锁是通过技术方法，使信号、道岔和进路必须按照一定程序并满足一定条件，才能动作或建立起来的相互关系。联锁不仅是信号电路上的相互制约关系，还包括机械强度和电气特性等方面。

联锁设备包括：车站、区间、驼峰、机车信号、道口信号设备以及行车指挥系统、列车控制系统等。确保联锁关系正确是信号设计、制造、施工、维护应遵循的基本原则。信号设备机械强度和电气特性是保证联锁关系正确的基本条件。

第 4 条 信号联锁维护管理是信号技术管理的重要内容，贯穿于信号大修、中修、维修及基建、更新改造工作的全过程之中。各级电务部门、干部、职工必须高度重视联锁管理工作，牢固树立"联锁无小事"和"安全第一"的思想，不断增强法制观念和安全责任意识，认真落实联锁管理逐级负责制，严格执行联锁纪律，杜绝违章指挥，杜绝黑施工、杜绝违章封连电气接点等破坏联锁关系的行为。

第 5 条 联锁设备的各种联锁电路均必须符合"故障－安全"的原则。联锁关系必须满足《普速铁路技术管理规程》《铁路信号设计规范》以及《铁路车站计算机联锁技术条件》等铁路行业有关标准要求。各种监测、检验、报警电路均必须与联锁电路安全隔离，不得影响设备正常使用。未经批准，不得借用联锁条件。

第 6 条 联锁设备维护管理工作主要包括：日常联锁管理、工程验交管理、联锁关系（电路）变更、联锁软件变更以及科研项目试验的联锁管理等。

第 7 条 维修、工程及故障处理不得改变联锁关系，联锁关系需变更时，应按规定手续报批；科技创新项目上道使用，必须经电务专业专题技术会议审查通过并同意后有方可执行，且不得影响联锁关系正确。

第 8 条 联锁设备维护管理实行分公司、运输段、信号车间、信号工区四级管理，神朔铁路分公司运输管理部应设联锁主管，运输段电务专业应设联锁主任、电务车间设专职或兼职联锁工程师。信号工区设联锁员，由信号工长或能胜任的信号工（经神朔铁路分公司联锁试验资格培训合格）担任，实行岗位负责制。

第 9 条　严格执行联锁试验人员准入制度，各级联锁管理、试验人员必须经联锁专职试验等级脱产培训并取得联锁试验资格证后方可持证上岗。方可按等级执行相应的联锁试验工作。联锁试验资格证由高到低分为 I 、II 、III 级，低级不可代替高级进行联锁试验工作。运输段生产技术科电务专业负责信号维修、大中修的工程技术人员、安全管理部主管电务人员须具备信号联锁试验 I 级资质，车间主管联锁人员须具备 II 级联锁试验资质，信号工区联锁试验人员须具备 III 级联锁试验资质。培训证书由神朔铁路分公司专业专职管理部门颁发。运输管理部联锁主管由国家能源集团培训，国家能源集团业务主管职能部门发证。

第 10 条　神朔铁路分公司每两年组织进行一次运输段电务专业联锁管理人员、联锁试验人员业务培训，培训考试合格后在《神朔分公司联锁试验资格证》"验证盖章复审记录"栏目进行签认，验证复审有效期两年。验证复审不合格人员以及虽经过培训、考试、考核但培训考试成绩未通过人员，不得继续担任相应岗位的联锁试验工作。各单位要建立健全联锁试验人员管理台账，按时参加培训，联锁培训试卷至少保存 5 年以上。

第 11 条　各运输段要高度重视段、车间联锁工程师队伍建设。运输段生产技术科电务专业应设联锁主任一名，联锁工程师不少于两名，车间须设联锁工程师或兼职联锁工程师。提高联锁主任的劳动待遇，按照公司人力资源部文件执行；提高联锁工程师和其他联锁试验人员的劳动待遇，奖励规则由运输段自行制定。要提高联锁主任、联锁工程师和其他联锁试验人员的劳动待遇，奖励规则由运输段自行制定。保证联锁试验持证上岗制度的实施，达到责权利相结合，调动联锁试验人员的积极性，建立一支懂业务、守纪律，稳定可靠的联锁队伍，更好地做好运输段联锁工作。

第 12 条　信号施工设计必须由具有相应设计资质的单位承担，并根据已批准的计划任务书或可行性研究报告进行。设计文件须经有关部门审查或鉴定，充分吸取施工、维修、使用单位的意见，并按规定的审批程序批准。

第 13 条　凡由于基建、更改、大修、施工（含过渡工程）引起的设备联锁电路改变时，必须由具有相应设计资质的设计单位按规定标准进行设计，保证联锁关系正确，联锁电路稳定可靠。设计单位在交付设计文件时，必须提供特殊电路设计等有关具体说明。严禁无证、越级承担设计任务。

第 14 条　信号工程施工应由具备相应资质的施工单位严格按照设计进行施工。施工单位必须严格执行《铁路通信、信号、电力、电力牵引供电工程施工安全技术规程》（TB 10306—2009）等有关行业规定，在工程开通前按照《铁路运输信号工程施工质量验收标准》等规定进行完整、彻底的仿真试验、模拟试验、单项导通试验、开通试验，并按要求填写试验记录和提供相关试验报告。

第 15 条　信联闭过渡工程施工后的联锁试验或信联闭工程正式开通的联锁试验必须按《神朔铁路营业线施工安全管理实施细则》（神朔运管字〔2014〕27 号）第四十七条、第四十八条执行，必须封锁进行全面的联锁试验，确认联锁关系无误后方可开通使用，涉及列车进路使用的设备严禁利用列车间隔进行联锁试验。

第 16 条 计算机联锁设备供应商必须落实编制、复核及仿真试验验收程序，并与施工单位、设备管理单位共同出具书面试验大纲（含试验项目、内容、范围及试验方法等），与施工单位、设备管理单位共同进行计算机联锁设备软件仿真（模拟）试验，三方签字确认，保证联锁关系正确无误。同时，严格联锁软件版本管理，确保现场运用版本与模拟试验最终版本一致。在新软件应用前，运输段电务专业主管该项目的联锁主任进行审查核对，经电务主管副段长审核批准同意后，方可投入运用。

第 17 条 现场运用的联锁等设备软件进行升级或数据变更时，须由设备供应商提供修改申请，并提出修改方案，说明修改原因、修改内容、影响范围、联锁试验要求等，经运输段电务专业审核、批准后方可实施，并报运输管理部备案。

第 18 条 运输段电务专业应建立联锁档案，涉及联锁关系变化的档案应及时进行修订。计算机联锁设备供应商（简称联锁供应商）也应建立相应的联锁档案。

第 19 条 运输管理部施工科在批复施工计划以及运输段在组织施工时，必须保证电务联锁试验时间，车务部门按要求预先清空停留车辆，确保联锁试验全面彻底。

第 20 条 联锁试验由联锁试验负责人实行单一指挥，严格执行联锁纪律，联锁试验不彻底，严禁交付使用。任何单位或个人不得在联锁试验时间内干扰和影响联锁试验工作。

第 21 条 配合工务更换道岔、钢轨或配合大型机械作业时，在工务施工开通点内，必须安排电务调整、试验时间，严禁电务联锁试验不彻底开通设备。电务调整试验时应在工务道岔、钢轨各部件全部安装完毕、作业车出清作业区段后方可进行，严禁未达到联锁试验条件时进行试验。

第 22 条 更换道岔、钢轨等施工，如轨面锈蚀严重，施工单位必须预先进行打磨处理，必要时应安排工程车或单机轧道，电务部门经感度试验、轨道电路分路残压测试合格后方可开通，否则电务部门必须按分路不良进行登记，行车部门按分路不良区段行车作业规则进行作业卡控。

第 23 条 年度联锁关系检查试验必须按信号I级维修项目办理，必须在天窗内进行。

第 24 条 新建、改建及大修后的 ZPW—2000A 自动闭塞设备在交付运用前，必须依据设计单位提供并经严格审核正确的联锁图表，按本规则附件 5 中（联锁-BS1、联锁-BS2、联锁-BS3）表中的全部内容进行试验并认真填写试验记录。

第 25 条 新建、改建、大修、局部改造、中修、单项设备整治、处理故障，以及工程开通后第一次年度联锁试验的原始记录表格及有关资料应保存一个大修周期。

第 26 条 电务部门要建立日常联锁检查分析制度，结合实际情况制定日常联锁检查记录表，明确检查周期、项目和内容，确保日常联锁分析、检查、管理落到实处。

第二章　组织及岗位职责

第 27 条 运输段联锁主任：具备工程师或高级技师及以上职称，从事信号专业工作满六年，工作责任心强，熟悉管内信号设备并掌握各项联锁设备的试验项目、内容、方法，年龄在 30 周岁至 45 周岁以内，经分公司联锁专项培训考试合格的人员。

第 28 条 联锁工程师：具备助理工程师或高级技师及以上职称，从事信号专业工作满六年，工作责任心强，熟悉管内信号设备并掌握各项联锁设备的试验项目、内容、方法，年龄在 30 周岁至 45 周岁以内，经分公司联锁专项培训考试合格的人员。

第 29 条 车间联锁工程师：具备技术员或技师及以上职称，从事信号专业工作满四年，工作责任心强，熟悉管内信号设备并掌握各项联锁设备的试验项目、内容、方法，年龄在 35 周岁至 45 周岁以内，经分公司联锁专项培训考试合格的人员。

第 30 条 工区联锁试验员：具备信号中级工及以上职称，从事信号专业工作满三年，工作责任心强，熟悉管内信号设备并掌握各项联锁设备的试验项目、内容、方法，年龄在 25 周岁至 50 周岁以内，经分公司联锁专项培训考试合格的人员。

第 31 条 联锁试验资格证的管理：

1. 联锁试验资格证实行年审验证盖章制度。分公司管内联锁试验资格证由电务专业培训机构职能部门审核，并加盖发证部门公章进行确认。每两年一次，年审培训考试成绩不合格的，取消其联锁试验资格，注销其联锁试验资格证。

2. 联锁试验资格证实行定置管理，运输段、车间、工区的联锁试验资格证必须统一集中存放在联锁管理资料盒。

第 32 条 运输管理部联锁主管职责：

1. 负责神朔铁路分公司信号联锁管理工作。

2. 贯彻执行国家铁路局、铁路总公司、国家能源集团联锁管理有关规定，指导和检查运输段联锁管理工作。

3. 负责拟定神朔铁路分公司联锁管理规章制度，监督检查贯彻执行情况，及时解决联锁管理中存在的问题。

4. 有重点地参加基建、更改、大修工程联锁试验方案审查和联锁关系检查试验。

5. 了解和掌握分公司信号联锁设备运用状态；提出联锁设备更新改造、大修及重点整治建议。

6. 参加涉及联锁关系的信号事故及故障分析，解决联锁中存在的问题。

7. 按规定程序和权限审核信号联锁软件、硬件变更及信号联锁关系和电路图的变更。

8. 负责科研项目试验有关联锁内容的审查。

9. 统计分析分公司联锁试验报表。

第 33 条 运输段联锁主任职责：

1. 贯彻执行国家铁路局、铁路总公司、神朔铁路分公司联锁管理有关规定，指导检查车间联锁管理工作。

2. 负责运输段电务专业联锁管理工作。

3. 负责制定运输段电务专业联锁管理细化措施，监督检查执行情况。

4. 按规定的程序和权限审核联锁设备软、硬件修改申请，提出联锁电路变更申请。

5. 审核管内施工联锁关系检查试验方案。负责组织工程施工联锁试验，有重点参加运输段电务专业组织施工的联锁关系检查试验；组织车间联锁工程师进行年度联锁关系检查试验工作，审核车间联锁试验检查表，参加大修改造、新开通站的首次年度联锁关系检查试验。

6. 了解和掌握管内联锁设备运用状态，处理联锁电路疑难故障，及时反映和解决联锁中存在的问题；参加涉及联锁关系的事故及故障分析。

7. 负责组织信号设备电路图、配线图核对工作，并及时修订，做到图实相符。

8. 及时向上级报告联锁管理中存在的问题，提出联锁电路修改方案，按批准的方案组织实施。

9. 完成上级下达的联锁电路修改任务。

10. 统计分析全段联锁试验报表，提出联锁试验总结。

第 34 条 运输段联锁工程师职责：

1. 协助联锁主任负责运输段信号联锁管理工作。

2. 贯彻执行国家铁路局、铁路总公司、神朔铁路分公司联锁管理有关规定，熟悉管内信号联锁电路技术条件，严格遵守《普速铁路技术管理规程》《车站联锁设备维护管理规则》《铁路信号联锁试验暂行规则》《铁路信号设计规范》《信号维修规则》《行车组织规则》等有关规定。指导检查车间联锁管理工作。

3. 负责拟定运输段联锁管理实施细则，监督检查执行情况。

4. 负责组织年度信号联锁关系检查试验工作。审核车间联锁试验检查表，有重点的参加年度联锁关系检查试验，参加试验车站数量全覆盖。

5. 负责组织并参加基建、更改、大修工程以及运输段组织施工的联锁关系检查试验。

6. 了解和掌握管内信号联锁设备运用状态，处理信号联锁电路疑难故障，及时反映和解决联锁中存在的问题。

7. 参加涉及信号联锁关系的事故及故障分析。

8. 及时向上级报告联锁管理中存在的问题，提出联锁电路修改方案，按批准的方案组织实施。

9. 完成上级下达的联锁电路修改任务。

10. 监督、检查信号联锁电路的技术图纸、资料的准确、清楚、完整，负责组织、指导管内信号设备电路图、配线图核对工作，做到图实相符，不符合时及时进行纠正。

第 35 条 车间联锁工程师职责：

1. 业务上受生产技术科联锁主任、联锁工程师指导，负责车间信号联锁管理工作。

2. 贯彻执行上级联锁管理有关规定，监督检查执行情况。

3. 负责管内各站（场）年度联锁关系检查试验工作。

4. 负责车间组织的施工联锁关系检查试验。参加车间管内基建、更改、大修、中修工程联锁关系检查试验工作。

5. 了解和掌握管内信号联锁设备运用状态，参加信号联锁电路疑难故障处理，及时反映联锁中存在的问题。

6. 完成上级下达的联锁电路修改任务。

7. 负责管内信号设备电路图、配线图核对工作。

8. 提出车间年度联锁试验总结报告。

第36条 信号工长及信号工区联锁员职责：

1. 负责日常维修工作中的联锁试验。

2. 参加年度联锁关系检查试验和各类工程施工的联锁试验。

3. 负责工区管内联锁图纸及资料的完整。

4. 经常访问使用人员，发现问题及时登记并上报。

第37条 信号设备联锁关系试验持证上岗制度：

1. 认真落实联锁关系检查试验持证上岗制度，联锁关系试验人员必须由具备相应资格的人员承担。

2. 低级联锁试验资格证书人员不得代替高级联锁试验资格证书人员所进行的联锁试验。

3. 运输段Ⅱ级、Ⅲ级施工的联锁试验，由车间联锁工程师负责、监护、指挥联锁试验。

第38条 计算机联锁供应商对联锁软件的安全性终身负责，保证联锁软件联锁关系正确性，提供完善的售后服务及应急相应。设备供应商、运输段电务专业应及时备份。

第39条 其他：

1. 设计单位对联锁关系设计正确终身负责，凡因设计原因造成的联锁失效，由设计单位承担主要责任；建设单位和设备管理单位负重要责任；施工、监理单位的责任视具体情况确定。

2. 各研制、生产计算机联锁单位，对其研制、生产的计算机联锁设备软、硬件安全、正确承担全部责任。有关部门在与研制生产单位签订购销合同时必须予以明确。

3. 施工单位及施工负责人应对工程的设备质量和联锁电路质量负责。工程开通后，因工程遗留的联锁隐患所造成的后果，由施工单位承担主要责任。

4. 计算机软件编制必须符合软件工程管理的各项标准及软件管理规范和软件文档规范。计算机联锁软件研制、生产单位终身负责和包修。

5. 施工单位及施工负责人应对工程的设备质量和联锁电路质量负责。工程开通后，因工程遗留的联锁隐患所造成的后果，由施工单位承担主要责任。

6. 工程开通前按照附件2（"信号联锁关系试验检查表1~14"）和有关联锁试验要求进行联锁检查试验，由于试验不彻底造成联锁问题未发现，遗留联锁隐患造成后果，由维修单位承担责任。

7. 维修单位在设备交付使用后，要加强维护和管理，努力提高设备质量，积极组织力量，对联锁电路进行全面核查，及时发现和解决施工遗留的设备隐患。

第三章 维护管理

第一节 设备管理

第40条 铁路分公司每年召开一次联锁管理会议，研究具有普遍性的联锁问题，交流联锁管理经验，提出对联锁工作的要求。

第41条 分公司业务主管部门每年检查运输段电务专业联锁管理工作一次。运输段电务专业每年检查部室、车间联锁管理工作不少于两次，并形成专题检查报告，报运输管理部工电科。

第42条 运输段电务专业每半年召开一次联锁管理分析会，研究解决联锁问题，总结联锁工作。

第43条 各级管理、维护人员应充分利用电务维修机、CTC/TDCS、信号集中监测、车载设备和车务、机务等部门的日常行车信息，定期进行测试和数据分析，检查联锁关系的正确性。

第44条 计算机联锁设备应按寿命期管理，寿命期规定如表4-1所示。

表 4-1　计算机联锁设备寿命

项　目	设　备	寿命/年
系统设备	安全冗余结构的计算机联锁	15
	双机热备计算机联锁	10
关键部件	UPS 电池	3
	工控机	8
	各类电源	8
	显示器	5
	视频分配/放大器	8
	光电转换器	8
	交换机	8

第45条 备品备件及仪器仪表管理。

1. 关键设备的备品备件应按使用数量的10%配备。

2. 严禁将故障更换后的器材和备用器材混放。

3. 备品备件及仪器仪表应定期进行养护，保证完好。

第46条 调度集中区段的计算机联锁设备应从 CTC 获取时钟信息，并具备自动校时功能；自动校时功能失效时应由人工进行校时。其他区段按照 TDCS 的时钟由人工进行校时。

第47条 计算机联锁机房至行车室控制台应放置显示器、鼠标、音响器等设备备用控制线并标明用途，对单鼠标操作的设备应设置热备鼠标。

第48条 热备鼠标日常由信号工区负责管理，放置在行车室控制台中（放置在鼠标盒或专门放置鼠标的盒内并加封）固定良好，保证其不移动；当主用鼠标故障，不能使用时，由信号人员打开控制台并破封将热备鼠标取出交付行车人员使用。主用鼠标故障恢复后，应及时将热备鼠标加封保管；信号工区每季必须对热备鼠标进行一次检查试验，确保热备鼠标状态良好。

第二节　图纸管理

第 49 条　既有设备改造时，相关图纸必须及时修改，确保图纸正确，图实相符。

第 50 条　对信号电路图进行修改时，应在电路结线图修改处加盖图纸修改专用章，专用章应有"修改文号、修改人、修改日期"等内容，由联锁主任（工程师）填写和签署；在电路配线图修改处加盖修改人手章，确保图纸正确，图实相符。运输段、车间、工区的图纸须同步修改。运输段、车间、工区应建立信号电路图修改台账（长期保存）。

第 51 条　临时竣工图纸管理。工程开通（含过渡）前，建设单位组织施工单位在工程开通 24 h 内，向运输段电务专业提供不少于 1 套完整的临时竣工图，由设备单位联锁试验人员对照实际进行认真的复查、核对，发现的问题必须有详细的记录，由施工单位负责修改，确保正确无误。对于在开通中发现的联锁电路问题，由设计人员出具电路修改书面材料并签字。在工程开通后两日内，由联锁试验人员与施工单位技术人员共同对临时竣工图复核，确保临时竣工图准确无误。

第 52 条　正式竣工图纸的交接管理。在工程开通 3 个月内，建设单位组织施工单位向运输段电务专业提供 6 套完整的纸质正式竣工图和完整的器材产品说明书。建设单位应向运输段电务专业提供 1 套电子版设计图纸。正式竣工图纸移交时，运输段联锁主任（工程师）应及时安排正式竣工图纸的核对工作，发现问题时，有权退回相关施工单位并通知建设单位，1 个月内由施工单位重新核对修改无误后再交付设备单位接收。必须有详细的记录，由施工单位负责修改，确保正确无误。图纸交接必须有交接记录，相关负责人并签字。

第 53 条　计算机联锁设备在投入使用前供应商应向运输段电务专业提供不少于 6 套完整的设备图册和特殊电路驱动逻辑关系说明、6 套设备使用说明书。

第 54 条　各运输段每年 2 月 10 日前，向分公司运输管理部提报 2 套上年度的纸质版信号平面图，要有制图人、联锁主任签任、电务主管段长签署，加盖运输段公章。

第 55 条　各项基建、更新改造、大修等施工引起站场、区间信号平面图发生变化时，各运输段应在工程开通 1 个月内，向运输管理部提报一份核对准确的电子版信号平面图，做到信号平面图的动态更新。

第 56 条　信号联锁电路、技术资料和图纸应有专人管理，经常保持齐全、正确、清楚、完整、无破损并与实际相符，使用完毕应及时归位，保存在图纸柜内。维修人员应保证本管辖范围内信号联锁电路完整并与图纸相符，不得任意改动。运输段电务专业应建立联锁档案，联锁档案须包括联锁电路图、信号显示关系图（包括机车信号显示关系）、联锁进路表、联锁试验记录（工程、年度、日常试验）、软件版本号、联锁修改申请及批复和修改记录台账（包括在联锁设备上增加、修改设备情况）等有关技术资料，以及侵限绝缘、带动道岔、防护道岔、新技术设备等在维护过程中的注意事项、特殊要求等资料。大修、中修、维修、基建、更新改造工作；凡涉及联锁关系，联锁档案应及时进行修订，计算机联锁供应商也应建立相应的联锁档案。

第 57 条　车间应建立联锁修改记录台账，记录管内站场变化、联锁修改以及 CTC/TDCS、信号集中监测、调车监控等在联锁设备上进行的配线增减拆、修改，注明修改原因、增减拆设备情况、设计、施工单位、开通使用时间等项目，每季报运输段生产技术科电务主管。

第58条　信号联锁图纸属保密技术资料，不得擅自外借。分公司管内单位需借阅时由运输段电务专业主管副段长批准，并办理借阅手续；分公司管外单位借阅时，由运输段段我专业报运输管理部批准，并办理借阅手续。

第三节　安全管理

第59条　发现联锁设备失效危及行车安全时，应立即登记停止使用，并采取相应的安全措施。

第60条　更换联锁软、硬件修改的施工，必须停用全站及相关区间信号设备。凡涉及上、下行正线双动道岔的施工，必须同时停用与该道岔有关的上、下行信号。

第61条　防止联锁失效应重点注意：

1. 防止联锁试验不彻底，造成的联锁失效。

2. 防止尚未纳入联锁的设备与既有联锁设备连接，造成的道岔错误转动、信号错误开放。

3. 防止道岔配线错误，造成道岔错误表示。

4. 防止挤切销非正常折断，造成道岔机械锁闭失效。

5. 防止信号电缆绝缘不良，造成接地、混线。

6. 防止室内外设备状态（位置）表示不一致。

7. 防止电源对地漏电流超标。

8. 防止轨道电路调整不当导致分路残压超标。

9. 防止分路不良管理制度不落实，造成联锁失效。

10. 防止软件（数据）版本不一致或错误使用，造成联锁失效。

第62条　运用中的计算机联锁设备（含操作表示机、电务维修机）与其他系统接口应隔离，其光驱、USB口等应予封闭。

第63条　对运用中的信号设备进行拆、改配线作业时，必须遵守下列规定：

1. 一律纳入分公司月度施工计划，作业前必须制定有针对性的施工安全措施。

2. 必须按图施工，配线图必须由有相应资质的设计部门编制，经运输段电务专业审核并履行审批程序、批准后方可实施。

3. 必须由车间及以上技术人员组织参加方可进行，现场工区一律不得擅自组织此类施工作业。

第64条　涉及联锁关系变更的施工，在设备开通后运输段电务专业必须安排专人，分别在现场车站和段调度，利用CTC/TDCS、监测设备，进行12 h以上列车运行和信号显示状态监视，对每一列车和调车作业运行过程中的进路状态、站内及区间红光带显示顺序、信号机显示状态、进路解锁顺序等进行全面监视并做记录。同时，各运输段电务专业要将变更联锁关系的施工提前通知CTC/TDCS维修部门，由CTC/TDCS维修部门安排专人对CTC/TDCS系统进行12 h以上盯控，发现问题及时通报运输段电务调度，确保施工后的列车运行安全。

第 65 条　信号专用计算机系统设备须"自成体系，安全运行"，独立组网，采用专用协议，隔断与外界物理连接。上道使用的计算机联锁设备必须符合国家铁路局或铁路总公司相关规定，通过国家铁路局或铁路总公司技术鉴定或审查。

第 66 条　信号专用计算机系统设备维护单位应加强设备运行环境管理，建立严格的登记管理制度，杜绝非工作人员擅自进入机房，严防"黑客"与"病毒"侵入系统，一旦发现要立即上报主管部门。

第 67 条　运输段段电务专业应建立信号专用计算机系统的光盘、软盘、闪盘驱动器安全使用制度，防止非工作人员接触相关设备，严禁在计算机联锁维修机上使用其他光盘、软盘、闪盘。

第 68 条　对正在使用中的系统外部接口粘贴封口标签，同时对系统未使用的串口、并口、网卡接口与 USB 等外接接口粘贴封口标签进行封闭，增加设备必须使用时，须经分公司业务职能部门批准，运输段电务专业要进行登记。

第 69 条　禁止大功率无线电设备在计算机联锁设备车站机房内使用。

第 70 条　计算机联锁设备开通中进行的联锁试验不得设置软件假条件。设备开通后 24 h 内，施工单位联锁工程师、运输段电务专业联锁人员和联锁设备厂家专业技术人员要联合盯控，及时解决现场出现的联锁问题。

第 71 条　联锁电路检查试验中的安全事项：

1. 联锁检查试验前，要制定安全措施，做到组织周密、分工明确，试验程序严谨明确流程化、试验方法标准得当、试验用语清晰、标准、复诵以及相关安全注意事项。

2. 联锁检查试验开始前，须在《行车设备检查登记簿》内登记，经车站值班员同意并签认后，方可开始工作。

3. 联锁试验要明确试验负责人，严格执行专人指挥、专人操作、专人监督的试验制度。

4. 联锁试验过程中，要听从专人统一指挥，按照分工负责的内容，认真确认，相互间联系要使用规定的标准工作用语。联锁试验告一段落或结束时，按分工负责的设备范围，认真复查确认是否恢复正常状态。

5. 办理由股道发车或调车的联锁试验时，事先须向车站值班员询问股道内有无机车停留，在机车停留的股道需进行有关的试验时，事先征得车站值班员和司机的同意后，方可进行。

6. 严禁利用行车人员办理使用的进路，进行联锁试验。

7. 严禁扳动被列车占用和列车刚出清的轨道区段中的道岔。

8. 不得采用不能反映设备真实情况的方法，进行联锁试验。

第四节　联锁纪律

第 72 条　在信号设备上进行试验或采用革新项目，变更联锁图表、电路图、信号显示方式及器材规格时按下列规定办理：

1. 改变主要器材规格、变更信号显示方式，须经国家能源集团批准。

2. 变更信号设备联锁关系、修改电路图，由铁路分公司批准。

3. 变更接点组（不改变联锁条件）、配线图由运输段电务专业批准。

第73条 信号设备联锁关系临时变更或停止使用，须提报变更方案，经铁路分公司批准。

第74条 各种监测、报警等采集电路必须与联锁电路安全隔离，不得影响联锁设备的正常使用。通过接口方式单向获取计算机联锁信息的设备发生故障，不得影响联锁设备的正常使用。

第75条 未经国家能源集团批准，不得随意借用联锁条件，不得擅自添加联锁设备的功能。

第76条 联锁电路、软件修改的批复和上报资料不能及时送达时，可先将申请和批复传真至有关单位、部门，作为批复和修改的依据。加盖公章的技术资料须在三日内送达。联锁电路、软件修改完毕，运输段三日内将修改完成情况按"联锁修改完成情况报告表"书面报运输管理部。（附件3：联锁—BG3格式）

第77条 运用中发现联锁设备定型电路或电路设计有问题，应及时向设计单位反映，并书面通知设计单位、联锁供应商，同时上报神朔铁路分公司运输管理部，未按规定程序审批不得修改。重大问题运输管理部应及时向国家能源集团报告。

第78条 为确保安全或提高效率，运用单位要求修改非定型联锁电路或修改运用中的联锁电路时，运输段电务专业应出具修改方案，提出《变更联锁报告表》（附件3：联锁—BG1），详细说明存在问题、改进意见、电路变更方案（现状电路图、变更电路图）及电路说明，按规定的审批程序报批，未批复前，严禁修改。

第79条 修改联锁电路时，施工图纸不得用铅笔临时勾画草图，必须晒印正式蓝图或用复印（写）纸复制。施工后，应根据审批的方案，对信号联锁电路图纸及时做相应的修改，并由运输段电务专业联锁主任或联锁工程师对修改处加盖图纸修改专用章签认。专用章应有"修改文号、修改人、修改日期"等内容。不涉及联锁关系变更的修改，如变更使用接点组、监测条件采集等，由运输段生产技术科下发修改通知，车间依据通知进行修改。

第80条 营业线站场改造工程中，由于站场变化引起新增或移设道岔，严禁进路有关道岔（含双动道岔施工中非施工的另一组道岔）未纳入联锁时开放信号，接发列车或调车。凡新接入或移设、未拆除道岔，必须按信号过渡工程设计、施工，将道岔表示纳入车站联锁后方可开放相应的信号机。

第81条 计算机联锁需进行远程诊断时，须经分公司运输管理部工电科同意，运输段电务专业将重要信息记录保存后方可接入，远程诊断后，及时断开，并做好记录。

第82条 运输段电务专业负责的联锁试验，试验方案由运输段联锁主任组织制定，经电务主管副段长组织审核、批准后实施；车间负责的联锁试验，试验方案由车间联锁工程师制定，经运输段联锁主任审批后实施。

第83条 凡涉及联锁修改的大修、改造过渡施工，必须有设计单位主体设计人签认的过渡设计，经建设、监理单位签认，施工前须得到运输段电务专业的审核同意，报运输管理部备案。较复杂的过渡方案设计，在运输段电务专业审核后还需由建设单位组织审查。过渡方案必须有正规具体的电路图、接配线图。

第84条 CTC/TDCS设备必须做到与联锁设备同步开通或提前开通，监测设备应与联锁同步开通并实现联网。部分功能不能同步开通时，必须经运输段电务专业审核同意后报运输管理部批准。

第85条　信号施工、日常维修作业和处理设备故障中严禁下列违反规定的作业：

1. 采用封连线或其他手段封连信号设备电气接点，造成联锁失效。

2. 甩开联锁条件，借用电源动作设备或借用其他条件改变联锁关系。

3. 在轨道电路上拉临时线沟通电路造成死区间，或盲目用提高轨道电路送电端电压的方法处理故障。

4. 色灯信号机灭灯时，用其他光源代替。

5. 采用非正常手段，人为地沟通道岔假表示，更换转辙、转换设备或进行道岔转换试验。

6. 未得到命令、未登记要点，使用道岔手摇把转换道岔。

7. 代替行车人员按压按钮、扳动或转换道岔、检查进路、办理闭塞和开放信号。

8. 未登记要点、"偷点""抢点"作业。

第86条　运输段电务专业 I、II、III 级施工必须由具有联锁试验资格的人员进行试验，并有专人进行监督。所有联锁试验，必须表格化、规范化，所有简化试验程序及项目的技术违章，均列入电务恶性违章范围。

第87条　开通施工期间施工图纸的临时变更，必须由施工单位、运输段联锁主任或联锁工程师签认。涉及设计变更的，设计单位必须签认。所有联锁关系的修改、变更，涉及联锁表内容变化时，应提供给运输段车务站段和分公司运输管理部。

第88条　严禁未按照规定程序，违章拆、改、增配线。机械室内拆、改、增配线作业必须在施工点内或天窗点内进行，必须按审核批准的施工图纸实施，作业前必须进行图纸、设备核对，作业必须由车间或运输段电务专业组织，作业后必须进行联锁试验。

第89条　所有改动配线、电缆的故障处理，设备损坏修复，涉及联锁的必须进行规定的联锁试验，运输段电务调度确认后（调度日志记录，试验人、汇报人），方准销记，现场有试验记录备查。

第90条　供应商对计算机联锁软件维护终身负责，保证软件联锁关系的正确。有关部门在与研制生产单位签订购销合同时必须予以明确。

第91条　计算机联锁设备试验应进行同步故障倒机及人工切换试验。

第92条　供应商、运输段电务专业应同时对开通后的联锁软件进行多种形式的备份。

第93条　施工单位的联锁试验不得代替设备接管单位的联锁试验。

第四章　信号专用计算机系统联锁管理

第一节　软件变更

第94条　计算机联锁设备的资质管理、软件变更按照铁路信号产品运用管理的相关规定执行。

第95条　信号专用计算机系统设备必须符合"故障－安全"的原则，坚持"自成体系，安全运行"，独立组网，采用专用协议，隔断与外界物理连接。各种与联锁电路无关的设备与信号专用计算机系统相连接必须采用安全隔离，不得影响系统的正常使用。

第 96 条 计算机联锁制式应进行软件检测。

第 97 条 运输段电务专业、联锁供应商应分别对现场在用联锁软件（含操作显示机软件、电务维修机软件、配置文件软件等）备份保管，并建立"软件版本信息台账"（附件 3：联锁-RJTZ），实行动态管理，台账和备份软件必须与实际使用的软件一致。

第 98 条 联锁软件变更分为联锁机软件变更、操作显示机软件变更、电务维修机软件变更。联锁机软件变更，联锁供应商应进行全面的仿真联锁试验和测试；设备维护管理单位应在联锁供应商完成仿真试验的基础上开展全面仿真试验，依据联锁供应商提供的影响范围和试验要求进行现场联锁试验。操作显示机、电务维修机软件变更，设备维护管理单位可依据联锁供应商的仿真联锁试验结果，现场更换后核对站场图形和按钮操作试验。

第 99 条 CTC 系统功能升级软件版本变更由国家能源集团批准。其他信号软件的变更（含数据修改），必须经运输管理部工电科批准，未经批准，严禁对信号软件进行变更（含大修、更新改造涉及的软件变更）。

第 100 条 联锁供应商须以文件的形式向铁路分公司提出信号软件修改申请，并填写《信号系统产品软件变更申请表》（附件 3：联锁—RJ1）加盖公章；申请表应按要求明确软件变更的等级、试验要求、影响范围及软件版本号等内容；申请一式三份，供应商、运输管理部工电科、运输段电务专业各存一份。

第 101 条 供应商向铁路分公司提报的软件变更申请应包括以下内容：

1. 变更等级评定报告。

2. 软件变更原因。

3. 软件变更后的影响分析报告。

4. 变更过程的记录文件（如变更评审报告等）。

5. 变更后受影响的系统文件（如用户使用说明书等）。

6. 测试案例充分性说明。

7. 软件更新点、试验及评审结论。

8. 更新版本号。

9. 更新软件的实施范围及实施计划。

10. 实验室仿真测试报告。

11. 单位内部评审报告和运用限制条件。

12. 第三方认证报告或专家组测试、评审报告。

13. 若需现场动态试验的由供应商在申请中明确。

第 102 条 运输管理部工电科收到供应商的软件修改申请后，应首先组织形式审核，根据运输需要安排运输段电务专业进行仿真试验。仿真试验以运输管理部工电科盖章的《仿真试验通知单》（附件 3：联锁—RJ2）为准。

第 103 条 运输段电务专业仿真试验完成后应填写《软件仿真试验报告表》（附件 3：联锁—RJ3）和《变更联锁报告表》（附件 3：联锁—BG1），运输管理部工电科对供应商提供的软件变更申请及运输段电务专业的仿真试验报告（若需现场动态试验还需要有现场动态试验报告）、变更联锁报告表进行审核，确认无误后批准，加盖公章并通知运输段电务专业组织供应商实施软件变更。

第 104 条　未经运输管理部工电科批准，运输段电务专业不得擅自同意未经批准的供应商软件变更要求。

第 105 条　工程中联锁设备软件修改，由施工单位及时与设计单位、供应商联系，设计单位出具修改设计通知单，供应商对联锁软件依据设计进行修改，运输段电务专业对修改后的联锁软件进行全面仿真试验。

第 106 条　软件变更后的试验：

1. 软件修改后设备单位应进行全站（面）仿真试验，并按厂家试验要求对修改所涉及的部分进行联锁试验，认真做好试验记录，试验结果须经供应商和运输段电务专业双方签认。

2. 软件供应商在提报信号软件修改申请和《信号系统产品软件变更申请表》时，应明确软件变更需试验的内容和要求。

3. 软件变更按照分类管理原则，供应商应对所有软件实行版本号规范管理，统一版本号命名法则，统一版本号命名格式，并可检查。

4. 对需要进行的仿真试验，供应商应提供试验大纲、试验平台。

5. 运输段电务专业应对试验大纲认可后进行仿真试验，试验人员对仿真试验结果签字确认。仿真试验未通过，供应商应按照程序重新进行软件的修改、验证确认和发布流程，再向铁路分公司提交软件变更申请，重新组织运输段电务专业进行仿真试验。

6. 更换信号软件及应用数据，运输段电务专业应制定切实可行的试验方案，明确试验项目、内容、方法。试验结果满足规定要求，方可开通使用。涉及备品模块软件更新的应同步完成。

第 107 条　更换软件施工：

1. 现场软件换装工作由运输段电务专业组织，供应商负责软件更换。供应商应确保现场换装软件与发布软件的一致性。

2. 变更软件施工前，运输段电务专业应对更换的软件版本进行确认，更换软件版本号与供应商发布的软件版本号不一致，不得进行更换施工。

3. 一、二类软件变更及较复杂的三类软件变更施工，运输段电务专业须按电务Ⅰ级施工进行组织，由电务主管段长组织制定开通试验、卡控方案，并指定专人进行试验。

4. 软件变更后，试验不彻底或试验结果不满足技术条件，不得开通。

5. 供应商、运输段电务专业均应备份软件并建立软件版本信息台账，实行动态管理；软件变更后，供应商、运输段电务专业应及时更新版本信息台账，台账与备份软件需与现场备份软件一致。

第二节　硬件变更

第 108 条　计算机联锁设备的硬件变更按照铁路信号产品运用管理的相关规定执行。

第 109 条 信号产品硬件变更，是指信号产品的配置、结构、原理、性能参数、使用的关键材料和零部件在铁路现场使用后发生的变更；变更等级和原则按照信号产品运用管理的相关规定执行。

第 110 条 运输管理部工电科审核联锁供应商提供的设备硬件配置变更申请，批准并通知运输段电务专业组织联锁供应商实施硬件变更。运输段电务专业不得擅自同意未经批准的联锁供应商硬件变更要求。

第 111 条 供应商针对变更原因、变更的内容和影响范围提出的变更申请以文件形式上报，并填写《铁路信号产品硬件变更申请表》（附件 3：联锁—RJ4）加盖公章，按管理权限书面报运输管理部工电科。

第 112 条 供应商向铁路分公司提报的硬件变更申请应包括以下内容：

1. 变更等级评定报告。

2. 变更原因。

3. 变更后的影响分析报告。

4. 变更过程的记录文件（如变更评审报告等）。

5. 变更后受影响的系统文件（如用户使用说明书等）。

6. 测试试验及评审结论及实施范围。

7. 实施计划和单位内部评审报告。

8. 第三方认证报告或专家组测试、评审报告。

9. 若需现场动态试验的由供应商在申请中明确。

第 113 条 铁路分公司收到供应商的硬件修改申请后，应对申请材料进行审核，信号硬件更换验证工作包括静态（模拟）试验和必要的动态试验，运输段电务专业应制定试验方案，明确试验项目、内容、方法。试验满足规定要求，方可开通使用，涉及备品备件的应同步完成。

第 114 条 现场硬件变更工作由运输段电务专业组织，列入Ⅰ、Ⅱ级、Ⅲ级施工由运输段电务专业组织，同时要求供应商负责实施或技术支持，现场硬件变更需经运输段电务主管段长批准后纳入施工计划实施。

第 115 条 《设备硬件配置表》在维护终端上可查询，由联锁供应商负责在维护终端上建立设备硬件配置表文档，由设备维护管理单位实时更新。联锁供应商也应有相对应的设备配置文件，应与现场保持一致。运输段电务专业应保存《设备硬件配置表》纸质档案。

第三节 接口管理

第 116 条 计算机联锁系统应具备与其他相关系统的接口能力，其中通过联锁机进行连接的属于安全接口，如联锁系统与相邻联锁系统；通过操作显示机、电务维修机连接的为非安全接口，如联锁系统与 CTC/TDCS、信号集中监测、STP 等。接口应按相关标准执行，确需增加其他接口，须经国家能源集团批准。

第 117 条 接口协议、相关数据码位表应严格进行版本号管理，由接口双方签认，最终版本由联锁供应商、设备维护管理单位存档。联锁设备改造时，若涉及安全接口数据或者协议的变化，施工单位和设备维护管理单位应进行接口的全面仿真试验。

第118条 涉及全程全网设备的接口仿真试验，以全程全网设备供应商测试平台的测试为主体。其测试结果与联锁测试平台的测试应进行比对。设备维护管理单位检查设备供应商测试资料。

第119条 联锁设备与其他系统界面划分如表4-2所示。

表4-2 联锁设备与其他系统界面划分

接口名称	接口安全性	接口位置	接口方式	端口数量	联锁设备管理边界	接口数据表编制
CBI-CBI	安全	联锁机	以太网接入信号安全数据网，双向通信	2×2	安全数据网交换机端口	CBI厂家
CBI-CTC	非安全	操作显示机	RS-422串口光电隔离，双向通信	2×2	操作显示机串行端口	CBI厂家
CBI-TDCS	非安全	操作显示机	RS-422或RS-232串口光电隔离，单向通信	1×2	操作显示机串行端口	CBI厂家
CBI-STP	非安全	操作显示机	RS-422串口光电隔离，单向通信	1×2	操作显示机串行端口	CBI厂家
CBI-信号集中监测	非安全	电务维修机	422串口光电隔离，单向信息	1	电务维修机串行端口	CBI厂家

备注：1. 计算机联锁系统与传统的其他设备或系统通过继电接口方式连接时，按照相关标准和设计图纸进行界面划分。

2. 计算机联锁系统与其他系统通过上述表格之外的通信方式连接时，由铁路分公司根据设备实际连接情况进行界面划分。

第四节 仿真试验平台

第120条 联锁供应商应搭建完整结构的试验平台，其中联锁机和驱采机、相邻联锁等外部接口设备为完整的真实设备，相邻联锁等除接口外的其他设备可为仿真设备，具备系统功能、联锁关系、故障插入及压力测试等试验测试能力。

第121条 联锁供应商的联锁关系仿真试验平台，其数量应满足不同规模的多个车站同时进行联锁关系仿真试验需求。

第122条 联锁供应商负责提供仿真试验的平台软件和特殊电路驱动逻辑关系说明，由验收单位确认；联锁供应商安排专人全程配合测试。

第123条 仿真试验平台应能通过电务维修机查看测试记录、版本号等，能进行测试回放，并可复制。

第五节 技术支持

第 124 条 计算机联锁系统应能通过电务维修机提供远程诊断需要的信息，运输段电务专业应提供远程诊断所需的通道，平时断开；联锁供应商应设置专用计算机，根据需要建立连接。

第 125 条 运输段电务专业及联锁供应商应建立远程诊断的管理制度，明确远程诊断的审批和登录权限，制定实施细则、细化措施。

第 126 条 联锁供应商应建立专线、专号，由具备资质的技术人员进行 24 h 值守；在故障处置时应快速响应、快速出动。

第 127 条 联锁供应商应保证现场运用设备必要的备品备件的储备，设备更新应满足系统兼容性。

第 128 条 由于产品设计缺陷导致的故障，联锁供应商提供免费维修服务，并承担相应责任。

第六节 计算机联锁共同要求

第 129 条 联锁机房的环境、设备、管理、安全和质量应符合国家、行业、国家能源集团有关规定，满足设备可靠稳定运行要求；机房消防设施的配备、使用应符合消防安全相关规定。

第 130 条 防尘、防静电：

1. 机房窗户应密封；联锁机房在进入机房前应设有防尘缓冲带。

2. 机房内的联锁设备应保持清洁干净，无灰尘。设备风扇、过滤网清洁干净。

3. 机房要具备防静电的各种设施，如防静电地板、腕带等。

第 131 条 照明：

1. 机房应采光良好，并具备应急照明或事故照明。灯光照明应保证在任何情况下维护操作所需的照明亮度。

2. 设备应避免阳光直射。

3. 机房窗户应设阻燃的遮光隔热窗帘，整齐美观。

第 132 条 联锁机房地下引入口沟槽盖板需进行防火处理，电缆引入处应采用阻燃材料进行防火封堵。引入或穿越机房的缆线孔应采用不燃性材料进行封堵。

第 133 条 联锁机房内地沟、视野所不能及的地方和检修不方便的地方，严禁放置交直流插座。

第 134 条 联锁机房应设置环境监控系统，对机房的温度、湿度、水浸、烟感、门禁、空调等实时监控。环境监控信息可纳入相应的设备监控系统进行监控。

第 135 条 计算机联锁系统应有完善的防静电措施，有良好的密封、防尘措施；计算机箱、柜应清洁，通风良好。

第 136 条 计算机机房的接地和雷电电磁脉冲防护应符合标准;分散设置的防雷地线、安全地线、屏蔽地线或采用综合接地装置接地体的接地电阻值应符合标准。

第 137 条 接地线布放时应尽量短直，多余的线缆应截断，严禁盘绕。

第 138 条 计算机电源必须由信号电源屏单独一路输出供给（对二乘二取二计算机联锁系统应逐步实现两路独立输出电源分别给两重系统供电），在接入计算机前必须经过净化，并采用不间断电源（UPS）。UPS 应设双套，互为备用。UPS 通电 30S 后，方可加负载。UPS 的容量和时间特性应符合设计要求。UPS 电源的蓄电池应定期进行充放电试验，保证 UPS 电源性能良好。

第 139 条 联锁机房设备安装及布线：

1. 设备机柜摆放的列间距应满足维修作业需要、有利于设备散热，做到安装牢固、排列整齐、颜色协调、高度一致，设备安装加固措施应符合联锁机柜设备安装工程抗震设计规范有关要求。

2. 联锁机房的布线要整齐有序，符合相关安全和设计规范要求。

3. 设备、线缆等应有标签（或标识牌），注明名称、用途、去向、序号等内容，字体清晰、内容准确。

第 140 条 联锁机房应有可闻可视的告警装置，告警装置应始终保持工作正常，禁止关闭可闻可视的告警信息。

第 141 条 联锁机房工作要求：

1. 机房应保持清洁、整齐，不得堆放物品和杂物。

2. 机房内禁止吸烟，严禁存放和使用易燃易爆物品及腐蚀性物品。

3. 遵守安全规定，认真执行用电和防火安全规定，及其安全检查，发现隐患及时处理。

4. 工作人员进入联锁机房时须穿工作服。

5. 插拔电路板应使用防静电手腕套。

6. 不得使用汽油、酒精等易燃物品清洗带电设备。

7. 高处工作时工作梯凳应坚固平稳，不得乱放工具及其他物品。

8. 严禁使用电炉和动用明火。如工作需要，按照相关规定办理手续，并采取必要的安全防护措施。

9. 灭火器材应定置管理，定期检查确保良好；工作人员会熟练使用灭火器材，发现异状及时处置，出现火警应立即报告 119 火警台。

10. 值班人员要加强巡视，尽心尽职随时检查设备运行情况。

第五章 联锁试验

第 142 条 联锁关系试验检查（以下简称联锁试验）分为施工联锁试验、日常维修联锁试验、年度联锁试验；联锁试验应进行详细记录，认真填写信号联锁关系试验检查表。

对运输影响较大、涉及联锁关系变化的Ⅰ级、Ⅱ级及联锁关系较为复杂的Ⅲ级施工，联锁试验由运输段电务专业负责并组织；由运输段联锁主任或联锁工程师主持试验。新开通运用后的首次年度联锁试验由运输段电务专业负责并组织，电务Ⅱ级施工和年度联锁试验由车间组织联锁工程师主持试验；电务Ⅲ级施工及其他日常维修联锁试验由工区或车间负责。重点施工、维修的联锁试验由运输段电务专业参加。

第143条 施工和设备接管单位在提报施工方案计划时应研究制订有针对性的、详细的联锁试验方案，明确开通时联锁试验的项目、试验方法和条件以及进行联锁试验涉及的影响范围，确定必需的联锁试验时间，满足联锁试验条件，确保联锁试验全面彻底。

第144条 计算机联锁与其他系统接口应进行测试、验证，确保通道连接正常，数据传输和系统功能正确。具体试验项目、内容、方法应在联调联试或施工方案中明确。

第145条 各种联锁试验，必须有试验负责人，在联锁试验工作中必须严格执行一人操作、一人监督、一人指挥的试验制度。监督人员要监督操作人员的试验是否彻底，并对联锁关系的正确负有同等责任。

第146条 新建、更新改造和大修工程的信号设备联锁关系，由施工部门按规定的程序进行彻底的检查试验，设备图纸必须与实物相符，联锁关系必须正确。在检查试验过程中，对发现的联锁问题要查明原因，及时解决，并写出联锁试验报告。对危及行车安全的问题，在未解决前不得开通使用。

第147条 新建、改建、大修工程及联锁关系较为复杂的施工联锁试验由联锁主任（工程师）组织进行，由具备Ⅰ级试验资质的人员进行试验。

第148条 联锁试验必须在天窗进行，道岔联锁试验时，正线道岔需对道岔直、曲向与正线位置一致性进行核对。

第149条 试验中发现问题应及时解决，无权处理的问题应及时上报，危及行车安全的应及时采取措施。

第150条 新建、站场改造、成组更换道岔，工务线路到位后，电务部门应根据设计图纸对绝缘节距警冲标位置进行核对并记录。

第151条 故障处理、设备损坏修复、设备冗余补强、新技术设备器材上道使用、单项设备整治更换后，涉及联锁电路的须进行联锁试验，试验应有详细记录。

第152条 年度联锁关系校核试验按Ⅱ级施工对待，由车间主任（队长）组织进行。联锁工程师（技术人员）负责联锁试验。任何单位和个人不得在联锁试验时间内干扰和影响联锁试验。

第153条 年度联锁试验有关规定：

1. 大修、中修、改造设备及新开通设备的首次年度联锁试验由运输段电务专业列出计划组织实施，联锁主任（工程师）负责试验。其他年度联锁试验工作应由各车间列出计划，联锁主任（工程师）审核，经电务主管段长批准后执行，年度联锁关系检查试验按信号Ⅰ级维修项目办理，必须在天窗内进行。

2. 年度联锁试验、检查核对由车间负责，根据设备技术条件和制定的联锁试验方案，按附件2：《年度信号联锁关系试验检查表七、表八》所列项目对管内联锁关系每年进行一次检查试验，并认真做好记录。试验人和复核人要签字确认。试验结果应填入附件2：《信号联锁关系试验报告表》（电信统表 2），年度联锁试验记录资料一式二份，由运输段电务专业、车间统一保管（保留不少于两年）。联锁试验中发现的问题、原因及处理结果，须在《信号试验记录表》（附件 3：联锁—JL）中详细记录。

3. 大站、联锁关系较复杂的车站及一次试验不能完成的联锁试验，可分次进行，试验日期时间填写实际试验时间。其他试验项目应根据试验给点及电路具体情况进行。

4. 年度联锁试验全部完成后，运输段电务专业要写出联锁试验总结，认真总结和分析年度联锁试验、联锁电路及联锁管理存在的问题，提出联锁管理的建议，并填写附件 3：《信号联锁关系试验报告表》（电信统表-2）、《车站信号联锁设备台账》（附件 3：联锁—CZTZ）、《区间信号联锁设备台账》（附件 3：联锁—QJTZ）于每年 11 月 30 日前报分公司运输管理部工电科。

5. 试验检查设备名称及代号按设备及代号填写，试验时按进路方式进行试验（不含单项设备核对）。

6. 年度联锁试验由车间（队长）主任（队长）任施工负责人，负责组织并参加，车间联锁工程师（技术员）负责联锁试验。段联锁主任（工程师）负责检查、监督、指导，并按计划参加重点车站（大站、新大修、改造站、联锁关系较复杂站）的联锁试验工作，参加试验车站数量全覆盖。

7. 区间设备年度联锁试验按附件 2：信号联锁关系试验检查表八（年度-区间）和附件 5：（联锁—BS1/BS2/BS3）确定的区间设备联锁试验内容进行，由所属车间负责进行。

8. 日常运用中的信号设备联锁关系检查，除允许结合列车运行观察记录的项目外，其他试验项目必须按联锁试验的相关规定在天窗内进行。

9. 年度联锁电路检查试验中的安全事项：

（1）联锁检查试验前，要制定组织周密、分工明确的安全措施。

（2）年度联锁检查试验开始前，须在《行车设备检查登记簿》内登记，经车站值班员同意并签认后，方可开始工作。

（3）联锁试验过程中，要听从一人统一指挥，按分工负责的内容，认真确认，互相间联系要使用规定的工作用语。

（4）联锁试验告一段落或结束时，按分工负责的设备范围，认真复查确认是否恢复正常状态。

（5）在信号开放后，停止与本进路有关的试验工作。

（6）办理由股道发车或调车的联锁试验时，事先须向车站值班员询问股道内有无机车停留，在机车停留的股道需进行有关的试验时，事先征得车站值班员和司机的同意后，方可进行。

（7）严禁利用行车人员办理使用的进路，进行联锁试验。

（8）严禁扳动被列车占用和列车刚出清的轨道区段中的道岔。

（9）不得采用不能反映设备真实情况的方法，进行联锁试验。

第 154 条　在施工前，建设单位应组织设计、施工、监理、设备维护单位对施工图纸进行审核，重点核对以下内容：

1. 审核信号设备平面布置图和信号关系显示图，核对信号显示关系、码序是否正确。

2. 审核双线电缆布置图，确认牵引回流设计是否合理。

3. 审核侵限绝缘、防护道岔、带动道岔等特殊设计是否合理。

第155条 施工联锁试验有关规定：

1. 施工单位在室内外设备施工基本完成的情况下，应组织人员全面检查室内

信号设备的全部配线、焊点、端子紧固、器材规格、电气特性，达到标准并图实相符后，方可连接部分室外设备进行导通试验。达到配线与图纸相符，确认联锁关系正确无误后方可交付运输段电务专业复查试验。

2. 工程开通前，施工单位对联锁电路导通后，确认联锁关系正确无误后方可交付运输段复查试验，运输段电务专业要根据施工部门的联锁试验报告，组织专人进行室内外设备图纸与实物的核对工作，图实相符后，方可进行联锁试验核对工作，与设备连接后应进行完整的联锁核对试验。对危及行车安全的问题，在未解决前不得开通使用。

3. 施工联锁试验包括仿真试验、模拟试验、开通联锁试验。计算机联锁在现场模拟联锁试验之前，运输段电务专业应进行全面仿真试验；仿真试验在仿真试验平台上完成，模拟试验、开通联锁试验在现场联锁设备进行。

4. 运输段电务专业在施工单位完成联锁试验的基础上，应进行全面的模拟试验；与设备连接后应进行完整的联锁核对试验。严禁以施工单位的联锁试验代替运输段电务专业的联锁试验。

第156条 联锁试验方法和步骤。

1. 仿真试验。

（1）仿真试验应具备的条件：

① 具有审批后并加盖设计单位专用章的施工图和完整的设计变更资料。

② 施工单位和设备接管单位已完成施工图纸审核，发现问题经设计同意并修改完成。

③ 设计单位已提供特殊联锁电路说明，生产商已提供特殊电路驱动逻辑关系说明。

④ 联锁供应商已提供与站场相关的软件编制技术说明。

⑤ 仿真试验所涉及的试验平台搭建完毕，联锁供应商已完成软件发布。

（2）仿真试验检查核对应重点注意以下内容：

① 核对信号平面图与站场显示的画面是否一致（重点核对道岔开通方向、信号机安装方向、信号机灯光颜色等）。

② 核对厂家的特殊结合是否符合现场要求、是否符合标准。

③ 根据道岔牵引类型，核对应有分表示的道岔是否设置分表示。

④ 依据设计图纸、联锁图表，按信号联锁关系试验检查表项目，逐条进行试验。

⑤ 核对联锁图表、联锁软件、实际进路的一致性，联锁图表未列出的进路不得排出。

⑥ 对各种报警信息进行核对，核对各功能按钮作用是否良好。

⑦ 联锁进路逐条核对试验完毕后，进行防止互相干扰的进路试验。站场最大办理进路数试验，防止因同时办理多条进路后，进路不能选出的问题。

⑧ 认真填写附件 2："信号联锁关系试验检查表一"、"信号联锁关系试验检查表五（计算机联锁功能按钮及显示）"等试验表格。

2. 模拟试验。

（1）模拟试验的要求：

① 施工单位在基本电路导通后，依据设计文件中的联锁图表，进行严谨细致的室内信号设备模拟联锁试验，并填写试验记录表。确认联锁关系无误后，由施工负责人签字盖章后交运输段电务专业；计算机联锁的车站，施工单位在现场模拟试验之前，运输段电务专业应进行全面的联锁仿真试验。工程模拟联锁试验、仿真试验应按附件 2："信号联锁关系试验检查表"（联锁-LS1）规定的项目（闭塞、站内电码化联锁关系检查试验、特殊电路试验等）逐一进行彻底的试验，并认真填写相应的试验表。

② 运输段电务专业在室内工程工作量全部结束后，依据设计文件中的联锁图表，对施工单位提供的"信号联锁关系试验检查表"及区间、特殊电路等试验检查表逐项进行复查核对，同时须填写附件 3：《信号联锁试验记录表》（联锁—JL）和附件 2："信号联锁关系试验检查表"（联锁-LS1-14）及附件 4："单项设备联锁试验表"（道岔、信号机、轨道电路），由试验人员、复核人、联锁主任、电务主管段长签字后存档备查。联锁试验中发现的问题、原因及处理结果，须在附件 3：《信号联锁试验记录表》（联锁—JL）中详细记录。

（2）模拟试验应具备条件：

① 室内配线工作量（以分线盘为分界）全部完成。施工单位应对联锁电路导通试验，达到设备与图纸相符。

② 室内设备安装全部到位，器材安装齐全。

③ 各类电源正常，电源不串电、不混电、不接地，断路器容量和逐级防护符合要求。

④ 模拟盘安装完成（其配线采用专用缆线并与设备配线颜色有明显区分），条件正确，各联系电路全部达到试验要求。

⑤ 模拟试验软件版本须采用仿真试验合格的软件版本。

⑥ 联锁设备与其他系统接口具备测试条件。

3. 单项导通核对试验：

（1）在模拟联锁试验完全正确的基础上，施工单位连接室外信号设备后，核对室内外信号设备状态、位置的一致性，进行实际联锁试验。单独设置启动电路的联动道岔，各独立的表示电路与道岔总表示要逐一核对正确。填写附件 2："信号联锁关系试验检查表"（联锁-LS2、3、4）及附件 4："单项设备联锁试验表"（道岔、信号机、轨道电路），确认无误后，由施工负责人签字盖章后交运输段电务专业。运输段电务专业对施工单位提供的"信号联锁关系试验检查表"及"单项设备联锁试验表"逐项进行复查核对，同时须填写附件 3：《信号联锁试验记录表》（联锁—JL）和"信号联锁关系试验检查表"及"单项设备联锁试验表"，由试验人、复核人、联锁主任、电务主管段长签字后存档备查；

（2）联锁电路设计问题，由施工单位及时与设计单位联系，设计单位出具变更设计通知单，施工单位依据变更设计通知单进行修改后，运输段电务专业应进行复查核对。

4. 开通试验：

（1）施工开通联锁试验要求：

① 在软件仿真试验，现场模拟试验全部完成条件下，开通试验重点完成与室外设备连接（含站间、场间等）后的对位试验，施工单位与设备接管单位可同步分别进行室内外设备的对位试验。

② 应保证联锁试验项目齐全，联锁关系正确，在检查试验过程中，对发现的联锁问题要查明原因，及时解决，并写出附件3："联锁试验记录"（联锁—JL），联锁试验不彻底不得开通使用。

（2）开通联锁试验核对方法。

在施工给点时间内，即各种连接线、连接杆与轨道、转辙设备连接后，必须进行下列核对工作：

① 道岔部分：逐组核对道岔开通方向（站在岔尖处，面对辙叉方向确认开通某股道或某组道岔、某架信号机或某个方面），自动开闭器接点接通位置，2DQJ、定反位表示继电器接点接通位置，控制台道岔表示灯显示状态；道岔密贴检查试验；断道岔定反位启动保险、表示保险、移位接触器、室外安全接点；断道岔定反位表示接点；液压道岔副机被阻、30 s停转试验等。

② 信号机部分：信号机名称和安装方向，进路排列的状况；联锁进路排列的状况；信号机、进路表示器灯位及灯光显示颜色等。

③ 轨道电路部分：送、受电端分别摘线头核对轨道区段、继电器状态、控制台表示；用标准分路电阻线短路轨道电路，观察继电器状态和表示灯显示状况，测试轨道电路可靠分路后轨道继电器残压，不允许超过标准；对轨道绝缘两侧相邻轨道区段均为受电端的轨道区段开、短路试验，同时测量相邻轨道区段继电器线圈电压和核对控制台表示；一送多受区段要核对每个受电端逐一进行开路试验核对；检查相邻轨道电路极性交叉状态等。

④ 区间设备、自动闭塞结合电路的核对试验：核对区间信号机名称和安装方向；核对信号机灯位及灯光显示颜色；核对区间信号机显示序列及其测试相应的低频信息频率；测试区间轨道电路载频频率。

自动闭塞区间反方向电路试验：根据反方向进站信号机显示，测试反方向区段载频和低频信息；区间轨道电路开路试验；用标准分路线进行区间轨道电路分路试验；核对控制台正（反）向接近、离去表示；试验正（反）向接近锁闭；试验灯丝报警等。具有分割点的区段核对，必须满足"逐个占用、同时恢复，防护该闭塞分区的通过信号机始终显示禁止信号"的原则。

a. 当进站信号机外方二接近区段有分割点区段时，必须在进站信号机开放和关闭条件下，分别进行开、短路试验该分割区段，防护二接近的通过信号机核对显示，控制台表示，测试相应的低频信息。

b. 当反方向进站信号机外方接近区段有分割点时，在相邻两站区间反方向条件下，在反方向进站信号机开放和关闭条件下，分别进行开、短路试验分割区段，控制台核对表示，测试低频信息。

c. 试验区间正、反方向两种情况下，当有分割点区段作为站联条件时，给相邻站送站联条件的轨道继电器接点条件要能完全反映该闭塞分区的占用和空闲状态，同时核对通过信号机的显示。

d. ZPW-2000A 轨道电路和发码电路的 +1 联锁试验，必须逐个区段进行低频和载频转换试验，并填写试验记录。

⑤ 半自动闭塞设备核对试验：模拟接、发车顺序，逐一核对区间开通、列车占用、列车到达、设备复原时的指示灯显示及铃音状态是否正确。

⑥ 场间、站间联系电路的核对试验：根据不同的场联电路、站联电路特点及设计单位提供的设计说明，提前确定试验内容和方法并表格化，检查电路条件，确保联锁关系正确。

⑦ 复杂车站（场）、多发车口站在检查核对某架信号机显示时，应按信号显示关系图，核对与之相符显示序列的相关信号机的显示及电码化低频信息码序和频率。

（8）站内电码化电路的核对试验：根据不同的信号显示，按照列车运行的顺序，逐段占用进路，测量核对低频信息、入口电流，各项测试值不超标准。

⑨ 进路须逐条进行锁闭试验（电气集中联锁）：当排列进路信号开放后，单独操纵该进路的有关道岔，进行道岔锁闭试验。

⑩ 机务段同意：机车由集中联锁区进入机务段时，必须得到机务段的同意才能开放有关调车信号。一旦机务段按压同意按钮（JTA）后，除机车进入自动取消同意外，机务段无权人工取消同意，此时信号楼控制台的机务段同意表示灯应点亮白灯。试验方法为：机务段未按压同意按钮，检查进入机务段的有关调车信号应不能开放；开通机务段的调车信号开放且机车未进入时，检查机务段应不能取消同意；每次办理"机务段同意"仅一次有效，只能有一台机车或一组机车出入库，不得重复使用。只对机务段接口填写。

⑪ 6‰下坡道：接车进路的建立应检查延续进路的空闲和锁闭，列车头部进入股道3 min 后延续进路自动解锁，整列到达股道后，按压坡道解锁按钮代替限时解锁，能够取消延续进路。（注：接车进路未解锁前，延续进路不能解锁）

⑫ 中间出岔（到发线中间出岔）：中间道岔不在规定位置，进路不能锁闭，有关进站、出站信号不能开放；信号开放后，中间道岔断表示应能关闭信号；进行有关中间道岔的解锁和带动试验。

⑬ 计算机联锁对位试验。

a. 采集信息检查：

在 A 套联锁机主用时，逐项动作所采集的继电器，核对检查控制台显示、室内继电器状态、计算机采集板显示相一致；并检查 AB 套联锁机采集板显示信息一致。

在 B 套联锁机主用时，逐项动作所采集的继电器，核对检查控制台显示、室内继电器状态、计算机采集板显示相一致；并检查 AB 套联锁机采集板显示信息一致。

b. 输出口对位检查：

在 A 套联锁机驱动时，逐项动作所需驱动的继电器，核对检查控制台显示、室内继电器动作状态、计算机驱动板显示相一致。

在 B 套联锁机驱动时，逐项动作所需驱动的继电器，核对检查控制台显示、室内继电器动作状态、计算机驱动板显示相一致。

⑭ 为确保行车安全，在全站设备开通前，必须进行排路试验，当室内外进路全部核对无误后，方可登记开通。

⑮ 计算机联锁、ZPW-2000A 等新设备除执行本规则规定外，还应参照设计、厂家提供的说明书、技术标准制定相应试验内容进行试验。

⑯ 对于经分路感度试验，确定为分路不良的轨道电路区段，按照神朔铁路分公司《行车组织规则》第 10 条"关于集中联锁车站因轨面生锈造成轨道电路分路不良的处理规定"，在《行车设备检查登记簿》内登记，车站值班员签认。轨道电路恢复正常后，应及时销记。

第 157 条 日常维修联锁试验规定：

1. 故障处理、设备损坏修复、设备冗余补强、新技术设备器材上道使用、单项设备整治、更换配线后，涉及联锁电路和联锁关系的应进行联锁试验。

2. 在故障处理过程中，要严格按照故障处理程序进行故障处理，依据联锁关系试验检查表进行全面试验，禁止为压缩故障延时，对故障设备违章使用条件线或联锁试验不彻底就盲目开通使用。

3. 修改联锁电路、联锁软件的专项施工作业，施工完后必须由运输段联锁主任（工程师）负责联锁试验，填写附件 3：《信号试验记录表》（联锁—JL）和有关的联锁关系检查试验表，确认联锁关系正确完整后，方能交付使用。

4. 日常维护和试验中发现信号联锁设备隐患危及行车安全时，应立即在《行车设备检查登记簿》内登记停止使用该设备，并及时上报车间和运输段电务调度，同时采取安全措施，防止设备误动，确保行车安全。

5. 信号联锁电路和联锁软件、闭塞、CTC/TDCS、STP 等信号设备软件和数据未经规定程序审批（批准），任何人不准擅自改动。需要变更时，应提出书面报告及附图，报经有批准权限部门批准后实施。

6. 在信号设备上进行试验或采用革新项目、变更联锁图表、电路图、信号显示方式以及器材规格，按《信号维护规则》的有关规定执行。未经运输管理部批准，不得在信号设备上加装其他设备，不得擅自增加与联锁机、维修机的物理连接。

第六章 ZPW-2000A 自动闭塞联锁试验

第 158 条 ZPW-2000A 新建、改建及大修工程联锁试验：

1. 室内模拟试验时，可在室内将发送器输出电平级调整为 9 级电平，模拟网络统一调整为 10 km，接收设备调整为相同的接收电平，发送与接收通过调整的模拟网络进行连接后进行室内模拟试验。模拟试验完后，根据轨道电路的实际将发送、接收电平调整到规定的电平级，模拟网络按实际需要调整。方向电路可利用本站的不同方向电路互相沟通进行有关联锁试验。

2. 发送器"N+1"试验时，对每台主发送在不同编码条件下都要进行"N+1"倒机试验。"N+1"倒机后的输出电平要与每台主发送相同。

3. 施工单位开通前应向接管单位提供各轨道区段实际调整表，内容包括：发送、接收调整电平，勾线连接方式，模拟网络的调整及勾线连接方式，补偿电容的设置等。

4. 接管单位开通前应根据施工单位提供的轨道电路调整表对设备进行认真核对，保证轨道电路调整符合要求。

5. 开通前室外设备导通试验时，应按下列试验步骤进行：

（1）室内发送器发送与调谐单元相同载频的信号，电平按实际电平调整，电缆模拟网络按照实际长度进行调整，将其补偿为 10 km，室外先将匹配变压器 V1、V2 断开，在匹配变压器的 E1、E2 端子测出的频率和电压应与电缆模拟网络电缆侧测试孔测出的数值相同，V1、V2 端电压与 E1、E2 端电压关系为 1：9。若测出的电压基本符合，则说明电缆使用正确，匹配变压器工作正常。

（2）调谐单元与匹配变压器连通，引接线能测到发送电压和相应频率。

（3）改变运行方向，将受端变为送端，按照送端室外设备的试验方法进行试验。

6. 站内电码化在室内试验完成后，应与室外设备连接，在室外设备引接线应能测到发送电压和相应频率。

7. 站间联系、场间联系等特殊电路，应视具体情况进行试验。

第 159 条 ZPW-2000A 开通时的调整与测试：

在开通前要将各轨道电路的发送电平、主轨道接收电平、模拟电缆长度按调整表要求进行调整，调整完毕后，通过室内外模拟试验保证设备工作正常。开通给点后，室外要迅速进行新旧设备的倒换，并安装补偿电容，等所有设备安装完毕后，室内需进行主轨道电路及小轨道电路的调整与测试。

1. 主轨道电路的调整。

设备开通正常工作后，从衰耗盘的"主轨输出"塞孔测得电压值，若该值不在调整表范围内，则根据公式 $K_实=（U_理/U_实）×K_理$ 计算出新的 KRV 值后再按接收器电平调整表进行调整。

注：$K_实$ 为实际 KRV；$K_理$ 为理论 KRV；$U_实$ 为实测电压值；$U_理$ 为理论电压值。

2. 小轨道电路的调整。

小轨道电路的调整只有在开通给点，设备安装就绪后进行。

（1）小轨道电路调整分为正方向小轨道电路调整和反方向小轨道电路调整。

（2）在衰耗盘上测试"小轨输出"电压（注意采用与小轨道相同载频进行选频测试），应满足 135 mV ± 10 mV 范围；在衰耗盘上测试"XG（Z）"直流电压，应 ≥20 V。

（3）如果测试"小轨输出"电压不满足 135 mV ± 10 mV 范围，应在衰耗盘上测试道输入"电压（与小轨道相同载频选频测试），重新进行小轨道调整。

3. ZPW-2000A 衰耗盘电气特性测试及标准。

设备开通正常工作后，从衰耗盘的测试塞孔可测出各设备电压范围如下：

"发送电源"塞孔－发送器 24 V 工作电源，23.5～24.5 V；

"接收电源"塞孔－接收器 24 V 工作电源，23.5～24.5 V；

"发送功出"塞孔－发送器功放输出电压，与调整表范围一致；

"轨道输入"塞孔－接收器输入电压（主轨道与相邻小轨道叠加），主轨道大于 240 mV、小轨道大于 42 mV；

"主轨输出"塞孔－主轨道信号经过调整后的输出电压，与调整表范围一致；

"小轨输出"塞孔－小轨道信号经过衰耗电阻调整后的输出电压，应在 135 mV ± 10 mV 之间；

"GJ（Z）"塞孔－主机轨道继电器电压，大于 20 V；

"GJ（B）"塞孔－并机轨道继电器电压，大于 20 V；

"GJ"塞孔－轨道继电器电压，大于 24 V；

"XG（Z）"塞孔－主机小轨道（或执行条件）电压，大于 20 V；

"XG（B）"塞孔－并机小轨道（或执行条件）电压，大于 20 V；

"XG"塞孔－小轨道（或执行条件）电压，大于 20 V。

"XGJ（Z）"塞孔－主机小轨道执行条件 XGJ 电压，大于 20 V；

"XGJ（B）"塞孔－并机小轨道执行条件 XGJ 电压，大于 20 V；

"XGJ"塞孔－小轨道执行条件 XGJ 电压，大于 24 V。

4. ZPW-2000A 轨道电路的测试

（1）调整状态的测试：对应轨道电路调整表，测试发送功出、送端轨面、受端轨面、接收主轨输出等各点电压应符合调整表范围。

（2）分路状态测试：用 0.15 Ω 分路线在轨道电路送、受端分路，在衰耗盘"主轨输出"塞孔测出的分路残压≤140 mV。

第 160 条 运用中设备的联锁试验。

每年一次的联锁试验应按附件 2：信号联锁关系试验检查表八（年度-区间）和附件 5：（联锁-BS1、-BS2、-BS3）确定的区间设备联锁试验内容进行，由所属车间负责进行。

第七章　联锁试验标准用语及表格填写

第 161 条 联锁试验用语：

1. 信号机灯光显示序列联锁试验核对时，为防止混淆灯光颜色，室内外试验人员要用英文 A、B、L、U、H 来表述，如"上行进站信号机显示 L 灯"。

2. 信号机灯位核对时，单机构从上至下核对灯位及显示，双机构先左侧（从上至下），再右侧（从上至下）。

3. 进站复示信号机显示核对，侧线进站，复示器显示水平"一"字型时，室内外报"水平，A、B 灯"，正线进站，复示器显示"八"字第一笔时，室内外报"60 度，A、C 灯"。

4. 多方向出站信号机的表示器核对时，要核对进路表示器小白灯的位置，如左小 B 灯、中小 B 灯、右小 B 灯等。

5. 道岔转辙设备号码核对时，单机牵引的道岔，室内外报"XX 号道岔"；双机牵引道岔，室内外报"XX 号道岔第 X 牵引点"，如"22 号道岔第 2 牵引点"，试验表格填"22#—2"。

6. 道岔开通方向核对，面对岔尖，报道岔开通到某组道岔或某股道、某架信号机。复式交分道岔按进路进行核对。

7. 轨道电路区段核对，一送多受区段按受电端分别进行核对，试验时按"XXDG""XXDG1""XXDG2"分别进行核对，室内外报"XXDG 占用、出清"。试验表格按"XXDG""XXDG1""XXDG2"分别填写。

第八章　附　则

第 162 条　特殊设备及电路的联锁试验，按附件 2 中特殊电路试验要求以及设计、厂家提供的技术资料和要求进行。

第 163 条　联锁试验记录要求：

1. 联锁试验前应根据不同施工等级，由具有相应资质的联锁工程师按照既定的试验方案提前预制试验表格。

2. 联锁试验表格式按照附表格式的要求执行，本规则未明确的试验项目及表格，由各运输段依据《铁路信号联锁试验暂行规则》（铁运〔2010〕149 号），以及相关标准、规范和设计文件进行制定，并在编制试验方案中予以明确。

3. 工程施工联锁试验、年度联锁试验、联锁电路变更修改后的联锁试验记录一式两份，分别在运输段、车间建档保存；日常联锁试验记录一式两份，分别在车间、工区建档保存。

4. 本规则未规范的试验表格，各运输段根据试验具体情况制定。

第 164 条　本规则为神朔铁路分公司信号联锁工作管理规则，各运输段按照本规则并结合实际情况，制定相应的实施细则，报神朔铁路分公司核备。

第 165 条　神朔铁路分公司信号联锁归口管理部门为运输管理部，本规则由神朔铁路分公司（运输管理部）负责解释，自发布之日起执行。

附　件

附件 1：信号联锁工程师（试验人员）培训管理规则
附件 2：信号联锁关系试验检查表（电信维表 57～60）

附件 3：软件版本信息管理台账、车站信号联锁设备台账、区间信号联锁设备台账、变更联锁报告表、联锁电路修改完成情况报告表、信号联锁试验记录表、信号系统产品软件变更申请表、信号系统产品硬件变更申请表、仿真试验通知单、软件仿真试验报告表、信号联锁关系试验报告表（电信维表 61～71）

附件 4：单项设备联锁试验表（电信维表 72～79）

附件 5：ZPW-2000A 自动闭塞设备联锁试验表（电信维表 80～83）

附件 6：入口电流测试表（电信维表 84）

附件 1：

信号联锁工程师（试验人员）培训管理规则

根据国家能源集团《关于信号专业联锁工程师资格认证的相关规则》（神华（运）2017第 32 号）和神朔铁路分公司《关于印发中国神华神朔铁路分公司员工教育培训管理规定的通知》（神朔教培〔2017〕23 号）对专业技术人员培训上岗、持证上岗的要求，结合神朔铁路分公司的具体情况，现将信号联锁工程师（联锁试验人员）培训工作明确如下：

一、组织机构

信号联锁关系试验资格培训属于电务专业管理范畴，因此成立运输管理部经理为组长，教育培训中心经理、运输管理部副经理为副组长，联锁主管、主管教育人员为成员的信号联锁培训领导组，负责电务专业信号联锁工程师（试验人员）培训的组织、教育、考试、考核、发证及年度资格审查工作，培训发证以及资格年审工作由运输管理部负责，具体组织、培训、考试、考核工作由教育培训中心负责，培训合格成绩由教育培训中心以公司文件形式抄送运输管理部。

二、培训人员范围

运输管理部联锁主管、运输段联锁主任、联锁工程师、车间专（兼）职联锁工程师（试验人员）、信号楼值班人员、信号工长、信号工（联锁员）。

三、培训方式

运输管理部联锁主管由国家能源集团培训发证；运输段联锁主任、联锁工程师、车间联锁工程师（试验人员）、信号楼值班人员、信号工长、信号工（联锁员）由神朔铁路分公司运输管理部提报培训计划，下发培训通知，教育培训中心具体组织进行，每两年进行一次，并验证审核盖章。未经培训考试、考核取得相应等级证书的，不得从事联锁试验工作。考试成绩及试卷由教育培训主管部门保存备查，考试试卷应有阅卷人、复核人签字。试卷保存周期不得少于两个培训周期。

四、培训内容

联锁试验资格培训应根据联锁管理及试验工作的需要，结合新技术发展以及对联锁工作的新要求进行脱产培训，重点结合以下几个方面：

1. 选择培训教材

（1）《铁路技术管理规程》《行车组织规则》《铁路信号联锁试验暂行规则》《铁路通信、信号、电力、电力牵引供电工程施工安全技术规程》《信号维护规则》《铁路信号站内联锁设计规范》《铁路信号设计规范》《铁路信号施工规范》《铁路信号工程施工质量验收标准》中有关联锁的规定和要求以及《车站联锁设备维护管理规则》《神朔铁路分公司信号联锁管理规则》等文件。

（2）《电气集中联锁试验技术条件》《电气集中各种结合电路技术条件》《计算机联锁技术条件》《铁路信号信息定义及分配》《铁路车站电码化技术条件》等技术标准和要求。

（3）"联锁表"内容及其相关联锁知识、联锁试验的方法和要求，联锁试验表格的填写及管理。

（4）联锁试验的方法和要求，联锁试验表格的填写及管理。

（5）信号设备特殊电路联锁试验的内容、要求。

（6）计算机联锁、CTC、TDCS、ZPW-2000A 等新技术、新设备的相关知识、厂家技术说明书和相关要求。

（7）联锁电路的分析。

2. 事故教训吸取，警钟长鸣

联锁典型事故、故障案例的学习、分析、总结、学习心得。

五、联锁资格证书等级的划分及试验资质

联锁资格证的试验等级分为Ⅰ、Ⅱ、Ⅲ级。

（1）运输段生产技术部联锁主任、联锁工程师及主管信号维修、中修、大修有关人员；安全管理部电务主管及其他部室负责信号专业检查、监督、指导、考核管理的相关技术人员应具备Ⅰ级试验资质，可从事Ⅰ级施工及更新、改造、大修的联锁试验工作。

（2）车间联锁工程师（技术员）及车间有关技术人员应具备Ⅱ级试验资质，可从事Ⅱ级施工的各项联锁试验工作。

（3）信号工长、信号楼值班人员、信号工（联锁员）应具备Ⅲ级试验资质，可从事Ⅲ级施工及信号工区日常的各项联锁试验工作。

附件 2：

信号联锁关系试验检查表一

段： 　　站名： 　　联锁类型： 　　年　月　日

进路号码	信号机名称（始端）	进路变通	进路终端	正常开放信号	道岔位置不对不能开放信号	道岔无表示关闭信号	区段占用不能开放信号	超限绝缘条件检查	带动道岔	防护道岔	信号开放后锁闭道岔	启动对信号	启动对照检查	随时关闭信号	取消进路解锁	接近锁闭及区段核对	区段人工解锁	防止自动重复开放信号	进路正常解锁	改变运行方向	进路表示器	排列长调车进路	调车中途返回解锁	信号非正常关闭报警	人工延时解锁	自闭离去区段占用或区间空闲检查	半自动闭塞	机务段同意	非进路调车	到发线出岔	局部控制	道口通知及遮断试验	引导信号	调车白灯保留	6‰下坡道	电码化发码检查
1	2	3	4	5	6	7	8	9	10	11	12	13	14	15	16	17	18	19	20	21	22	23	24	25	26	27	28	29	30	31	32	33	34	35	36	37

注：检查结果用代号表示。√表示正确，×表示不对，△表示无此条件。

试验人： 　　联锁主任： 　　电务主管段长：

130

信号联锁关系试验检查表二（信号机、轨道电路）

运 输 段 _____   站 名 _____   联锁类型 _____

信号机名称	灯位及显示核对									灯丝转换断丝检查	红灯断丝不能开放信号	灯光转移试验	进路表示器显示及断丝	轨道区段名称	核对占用表示	占用各分支及残压测试	极性交叉检查	一送多受对位检查	绝缘节侵限检查
	L	LU	U	H	UU	USU	HB	B	A										
1	2	3	4	5	6	7	8	9	10	11	12	13	14	1	2	3	4	5	6

注："√"表示正确，"×"表示错误，"△"表示无此条件。

试验人：_____   联锁主任：_____   电务主管段长：_____

_____年 _____月 _____日

131

信号联锁关系试验检查表三（道岔转换设备—内锁）

运输段_____　站名_____　联锁类型_____

道岔号码	核对位置				断表示接点						断移位接触器 试验 4mm				道岔被阻后的转换试验		安全接点		断启动熔丝道岔不能扳动		2DQJ、D(F)BJ及道岔位置一致		断表示器的表示接点		道岔锁闭				道岔自闭电路试验	挤岔断表示报警	备注	室外试验者
	定位		反位		定位			反位			定位	反位	定位	反位	定位	反位	定位	反位	定位	反位	定位	反位	定位	反位	单独	区段	进路	引导总锁				
	直向	侧向	直向	侧向	Ⅰ	Ⅱ	Ⅲ	Ⅰ	Ⅱ	Ⅲ																						
1	2	3	4	5	6	7	8	9	10	11	12	13	14	15	16	17	18	19	20	21	22	23	24	25	26	27	28	29	30	31	32	33

注：表格内检查项目填写如下代号："√"表示正确，"×"表示错误，"△"表示无此条件。

试验人：_____　联锁主任：_____　电务主管段长：_____

_____年___月___日

132

信号联锁关系试验检查表四（道岔转换设备—外锁）

运输段_____　站名_____　联锁类型_____　　　　年___月___日

道岔号码	核对位置				断表示接点								断相保护			道岔被阻后的转换试验		4 mm 试验		6 mm 试验		2DQJ、D（F）BJ 及道岔位置一致		道岔锁闭				遮断断路器		多机牵引总表示	道岔自闭电路试验	挤岔断表示报警	室外试验者
	定位		反位		定位				反位				A	B	C	定位	反位	定位	反位	定位	反位	定位	反位	单独	区段	进路	引导总锁	定位	反位				
	直向	侧向	直向	侧向	I	II	III	IV	I	II	III	IV																					
	2	3	4	5	6	7	8	9	10	11	12	13	14	15	16	17	18	19	20	21	22	23	24	25	26	27	28	29	30	31	32	33	34
1																																	

注：表格内检查项目填写如下代号："√"表示正确，"×"表示错误，"△"表示无此条件。

试验人：_____

联锁主任：_____

电务主管段长：_____

附件 3

软件版本信息管理台帐

单位：　　　　　　　　　　编制人：　　　　　　　　　　联锁主任：　　　　　　　　　电务主管段长：

线别	序号	编号	车站名称	软件供应商	电路类型	软件信息				封装时间	试验人员	供应商技术人员	备注
						联锁机版本号	操作表示机版本号	维修机版本号	软件版本号				
1	2	3	4	5	6	7	8	9		10	11	12	13
	1	1											
	2	2											
	3	3											
	4	4											
	5	5											
	6	6											
	7	7											
	8	8											
	9	9											
	10	10											
	11	11											
	12	12											
	13	13											
	14	14											
	15	15											
	16	16											
	17	1											
	18	2											
	19	3											
	20	4											
	21	5											
	22	6											

年　　　月　　　日

车站信号联锁设备台帐

单位：　　　编制人：　　　联锁主任：　　　电务主管段长：

线别	序号	车站名称	车站联锁制式		区间闭塞制式	建设年限		大修年限		车站设计单位	车站施工单位	道岔组数				道岔电路制式	进路条数			站内轨道电路制式	6‰坡道	股道中间出岔	非进路调车	防护道岔	带动道岔	侵限绝缘	局部控制	特殊型号显示	电化情况	接近式机车信号	站内电码化			计算机联锁上位机版本号	计算机联锁机联锁机版本号	备注
			集中	非集中		车站 区间		车站 区间				有联锁		无联锁			列车	调车	合计												正线	侧线	全站			
												道岔	脱轨器	道岔	脱轨器																					
	2	3	4	5	6	7	8	9	10	11	12	13	14	15	16	17	18	19	20	21	22	23	24	25	26	27	28	29	30	31	32	33	34	35	36	37
1																																				

区间信号联锁设备台账

（电信维表 63）

单位：

编制人：　　　联锁主任：　　　电务主管段长：

线别	序号	站间	所属车站	区段名称	信号机名称		坐标里程		与车站联系		发码器类型		电路类型	设计单位	施工单位	开通日期	答许信号	备注
					上行	下行	上行	下行	上行	下行	上行	下行						
1	2	3	4	5	6	7	8	9	10	11	12	13	14	15	16	17	18	19

年　　　月　　　日

变更联锁报告表

报送单位 （公章）		编　号	
		设备类别	
站　名		图号（软件版本号）	
呈报时间			

修改原因：

修改内容：

运　输　段		审批单位意见	神　朔　铁　路　分　公　司		
编　制			审　核		
审　核					
电务主管段长			批　准		

电路说明及附图：

137

联锁电路修改完成情况报告表

单位名称 （公章）		修改完成版本（图号）号			
申请修改时间		修改批准 日期		完成修 改时间	
修改原因：					
修改联锁试验情况：					
存在问题：					

试验人：　　　　　　　技术负责：　　　　　　　电务主管段长：

信号联锁试验记录表

运输段：　　　　　　站名：　　　　　　设备类型：　　　　　

序号	设备名称	问题及现象	原因	处理结果	记录者	复查者

信号系统产品软件变更申请表

□软硬件同时变更　　□变更类别：

产品名称			
变更前版本		变更后版本	
申请单位			
制造单位			
联系人		电子邮箱	
联系电话		传真电话	

变更原因、内容及影响范围：
试验建议
变更评估确认文件目录
变更评价部门意见：

签字	公章	
		年　月　日

变更批准部门意见：

签字	公章	
		年　月　日

申请单位意见：

签字	公章	
		年　月　日

信号系统产品硬件变更申请表

（电信维表 68）

□软硬件同时变更　　　　　　□变更类别：

产品名称			
变更前版本		变更后版本	
申请单位			
制造单位			
联系人		电子邮箱	
联系电话		传真电话	

变更原因、内容及影响范围：
试验建议
变更评估确认文件目录
变更评价部门意见：
签字　　　　　　　　　公章
年　月　日
变更批准部门意见：
签字　　　　　　　　　公章
年　月　日
申请单位意见：
签字　　　　　　　　　公章
年　月　日

仿真试验通知单

仿真试验通知单编号	
仿真试验单位	
仿真试验站名	
仿真试验厂家	
试验软件版本号	
仿真试验要求	
试验拟定完成日期	

运输管理部（章）   年   月   日

软件仿真试验报告表

单位名称（章）:   （电信维表 70）

站　名	
联锁软件版本号	
仿真试验通知单号	
仿真试验日期	
发现问题	
问题处理情况	
联锁厂家确认	

试验人：   联锁主任：   电务主管段长：

信号联锁关系试验报告表

（电信维表 71）

年　月　日

单位名称	自动闭塞						集中联锁				非集中联锁				驼峰峰尾				合计
	三显示			四显示			试验站（场）数		联锁关系不正确数		试验站（场）数		联锁关系不正确件数		试验站数		联锁关系不正确数		
	试验分区数		联锁关系不正确数	试验分区数		联锁关系不正确数	年计划	完成			年计划	完成			年计划	完成			
	年计划	完成		年计划	完成														
合计																		

联锁关系
不正确原因：

编制人：　　　　　　联锁主任：　　　　　　电务主管段长：

附件4

道岔单项联锁试验表（一）

（电信维表72）

运输段：　　　　　　站名：　　　　　　　年　月　日

序号	道岔号码	转辙设备型类	核对位置						断表示接点		断				2DQJ与D（F）BJ及道岔表示一致性核对	密贴检查		道岔区段锁闭试验	进路一致性核对	室外试验人	备注
			开通位置	闭合接点	拉杆方向	表示继电器核对	控制台光带核对	道岔表示灯核对	主机	副机	断启动接点	断安全接点	断移位接触器	试验副机启动接点		道岔4mm不锁闭	道岔6mm不锁闭				
1	2	3	4	5	6	7	8	9	10	11	12	13	14	15	16	17	18	19	20	21	22
			定																		
			反																		
			定																		
			反																		
			定																		
			反																		
			定																		
			反																		
			定																		
			反																		
			定																		
			反																		

注："√"表示正确，"×"表示错误，"△"表示无此条件。

车间联锁工程师：　　　　　　段联锁主任或工程师：　　　　　　电务主管段长：

143

道岔单项联锁试验表（二）

（电信维表 73）

运输段：　　　　站名：　　　　　　　　　年　月　日

序号	道岔号码	转辙设备类型	开通位置	闭合接点	拉杆方向	核对位置 表示继电器核对	核对位置 控制台光带核对	核对位置 道岔表示灯核对	分组合与总组合表示位置一致性核对	各牵引点断表示接点	各牵引点断表示接点	断启动接点	断安全接点	断相保护	试验副机启动接点	多机牵引总表示	2DQJ与D（F）BJ及道岔表示一致性核对	密贴检查 道岔4mm不锁闭	密贴检查 道岔6mm不锁闭	道岔区段闭锁试验	室内外进路一致核对	室外试验人	备注
1	2	3	4	5	6	7	8	9	10	11	12	13	14	15	16	17	18	19	20	21	22	23	24
1			定																				
			反																				
			定																				
			反																				
			定																				
			反																				
			定																				
			反																				
			定																				
			反																				
			定																				
			反																				

注："√"表示正确，"×"表示错误，"△"表示无此条件。

车间联锁工程师：　　　　段联锁工程师：　　　　联锁主任或工程师：　　　　电务主管段长：

144

更换转辙设备、配线（室外）、电缆联锁试验表

（电信维表 74）

运输段：　　　　　站名：　　　　　　　　　年　月　日

序号	道岔号码	既有转辙设备状态						道岔号码	转辙设备类型	开通位置	闭合接点	拉杆方向	道岔表示灯	光带方向	更换后核对试验										室外试验人	备注
		转辙设备类型	定位开通位置	定位闭合接点	定位接杆方向	联锁关系	动作顺序								道岔4mm不锁闭	副机道岔6mm不锁闭	断表示接点		断启动接点	断安全接点	试验副机启动接点	断移位接触器接点	室内外进路一致核对		
																	主机	副机							
1	2	3	4	5	6	7	8	9	10	11	12	13	14	15	16	17	18	19	20	21	22	23	24	25	26
										定															
										反															
										定															
										反															
										定															
										反															
										定															
										反															
										定															
										反															
										定															
										反															

注："√"表示正确，"×"表示错误，"△"表示无此条件。

车间联锁工程师：　　　　　段联锁工程师：　　　　　电务主管段长：

145

复式交分道岔核对试验表

（电信维表 75）

运输段：　　　　　　　　　　站名：　　　　　　　　　　　　　　　　　　　年　月　日

交分道岔号码	室内排列进路	室外进路开通方向	道岔表示核对				控制台光带显示正确核对	室外核对人
			定	反	定	反		
							控制台光带显示正确核对	室外核对人

交分道岔号码	室内排列进路	室外进路开通方向	道岔表示核对				控制台光带显示正确核对	室外核对人
			定	反	定	反		
							控制台光带显示正确核对	室外核对人

车间联锁工程师：　　　　　　　段联锁工程师：　　　　　　　电务主管段长：

146

信号机单项联锁试验表

运输段：　　　　站名：　　　　　　　　　　　　　　　年　月　日

序号	信号机名称	信号机显示方向	试验流程	一、灯光核对/灯丝转换																发车表示器核对	控制台显示	断丝报警	断丝定位	室外试验人	备注
---	---	---	---	---	---	---	---	---	---	---	---	---	---	复示		进路表示器				---	---	---	---	---	---
				U	L	H	2U	YB	LU	B	2L	A	L	正线	侧线	左A	中B	右C	D						
1	2	3	4	5	6	7	8	9	10	11	12	13	14	15	16	17	18	19	20	21	22	23	24	25	26
1			显示																						
			断灯丝线																						
			显示																						
			断灯丝线																						
			显示																						
			断灯丝线																						
			显示																						
			断灯丝线																						
			显示																						
			断灯丝线																						
			显示																						
			断灯丝线																						
			显示																						
			断灯丝线																						

注："√"表示正确，"×"表示错误，"△"表示无此条件。

车间联锁工程师：　　　　　　　　　　段联锁工程师：

电务主管段长：

147

更换信号机（器材）、配线（室外）、电缆联锁试验表

（电信维表 77）

运输段：　　　　　　站名：　　　　　　　　　　　年　月　日

序号	信号机名称	信号机类型 — 进站(进路)	出站 表示器·高柱	出站 表示器·矮柱	调车 表示器·高柱	调车 表示器·矮柱	其他·预告	其他·通过	其他·复示	复示	灯光、灯位及断丝试验 — 进站(进路) IU	L	H	2UY	BLU	L	出站 U	H	U	B	2I	调车 B	A	预告 L	U	通过 L	H	U	复示 L	正线	侧线	指示器 左 A	中 B	右 C	D	灯丝转换	控制台显示	断丝报警	室外试验人	备注
1	2	3	4	5	6	7	8	9	10	11	12	13	14	15	16	17	18	19	20	21	22	23	24	25	26	27	28	29	30	31	32	33	34	35	36	37	38	39	40	41

> 更换信号机（器材）设备现状（列 1—11）；更换后核对试验（列 12—41）。

注："√"表示正确，"×"表示错误，"△"表示无此条件。

车间联锁工程师：　　　　　　段联锁工程师：

电务主管段长：

轨道电路单项试验表

运输段：　　　　　　　　　　　站名：　　　　　　　　　　　　　　年　　月　　日

序号	区段电名称	区段核对				室外送电端								室外受电端					分路残压IV	绝缘侵入限界检查	室外试验人	备注
		轨道继电器状态核对	控制台显示	分支受电端与室内继电器一致核对	分支轨道继电器落下总轨道继电器落下核对	断D1 1A	断D3 1A	断10A(5A)	断变压器I1次	断电阻	分线盘断电码化电缆核对	分路试验	断10A(5A)	断变压器I1次	分线盘断电码化电缆核对	断电缆核对	分路试验				
1	2	3	4	5	6	7	8	9	10	11	12	13	14	15	16	17	18	19	20	21	22

注："√"表示正确，"×"表示错误，"△"表示无此条件。

车间联锁工程师：　　　　　　　　段联锁工程师：

电务主管段长：

更换轨道电路配线、器材试验表

（电信维表 79）

运输段：　　　　　　　　　　　站名：　　　　　　　　　　　年　　月　　日

序号	区段名称	工作内容	室外送电端							室外受电端						分路残压 IV	绝缘节侵入限界检查	室外试验人	备注
			断 D1 1A	断 D3 1A	断 10A（5A）	断变压器 I1 次	断电阻	分线盘断电码化电缆核对	分路试验	断 10A（5A）	断变压器 I1 次	分线盘断电码化电缆核对	断电缆核对	分路试验				
1	2	3	4	5	6	7	8	9	10	11	12	13	14	15	16	17	18	19

注："√"表示正确，"×"表示错误，"△"表示无此条件。

车间联锁工程师：　　　　　　段联锁工程师：

电务主管段长：

150

附件5

运输段：

ZPW-2000A 自动闭塞结合电路联锁试验检查表一

（电信维表80）

站名：　　　　　　　　　　　　　　年　月　日

序号	区段名称	载频频率 JC 27.9		前音信号机显示与本区段发码							H 灯灭灯转移	接近表示		分割点（二接点开机）近分割点信号开放进站出站信号开放分别点占用试验		离去表示		一离去（反向区间）占用出站信号不能开放能占用	接收器主备试验	"N+1"试验	移频报警	备注
				信号机名称	H HU 26.8	U 16.9	U2 14.7	L 11.4	L2 12.5	L3 10.3		一接近	二接近	AG 占用	BG 占用	一离去	二离去					
1	2	3	4	5	6	7	8	9	10	11	12	13	14	15	16	17	18	19	20	21	22	23
1	主																					
	备																					
	主																					
	备																					
	主																					
	备																					
	主																					
	备																					
	主																					
	备																					
	主																					
	备																					
	主																					
	备																					

注："√"表示正确，"×"表示错误，"△"表示无此条件。

车间联锁工程师：　　　　　　　　段联锁工程师：

车务主管段长：　　　　　　　　　电务主管段长：

（电信维表81）

ZPW-2000A自动闭塞结合电路联锁试验检查表二（四线制方向电路）

运输段：　　　　站名：　　　　年　月　日

序号	方向电路	正常改方向						辅助改方向											方向回路电阻RF	监督回路电阻RJ	本站方向继电器端电压	方向电路供电端电压	本站监督继电器端电压	监督电路供电端电压	自动闭塞总报警	备注
		未按允许改方向按钮反射发车不能改方向	按下允许改方向按钮办理发车后反向发车自动改方向	改方向后办理正向发车恢复正向	对方有发车进路不能改方向	办理非列车进路不能改方向	闭塞分区占用不能改方向	FSJ落下不能进行辅助改方向	双接点时依靠辅助进行正常改方向	监督电路故障时办理辅助改方向	监督电路故障出站信号不能开放	监督电路良好出站信号开放	列车发车后发车站辅助灯灭	列车运行方向表示	区间占用表示	区间方向表示灯显示与区间方向一致，区间占用监督表示灯显示正确	重新办理正常改方向和辅助改方向需间隔13s以上								
1	2	3	4	5	6	7	8	9	10	11	12	13	14	15	16	17	18	19	20	21	22	23	24	25	26

注："√"表示正确，"×"表示错误，"△"表示无此条件。

车间联锁工程师：　　　　段联锁工程师：

电务主管段长：

ZPW-2000A自动闭塞区间联锁试验记录

（电信维表 82）

运输段：

站名：

年 月 日

序号	轨道区段	信号机	区段占用核对			信号显示核对			送、受电端设置正确	灯位灭灯与前一架信号机显示核对			主副丝转换/断丝报警			信号机灯光双丝断丝DJ落下	反向运行信号机灭灯	正向站联条件检查	反射站联条件检查	备注
			正向主轨道占用	正向小轨道分路核对	反方向运行核对	H	U	L		H灭	U灭	L灭	H	U	L					
1	2	3	4	5	6	7	8	9	10	11	12	13	14	15	16	17	18	19	20	21

注："√"表示正确，"×"表示错误，"△"表示无此条件。

车间联锁工程师： 段联锁工程师： 电务主管段长：

ZPW-2000A 站内发码联锁试验表

运输段：　　　　站名：　　　　　　　　　　　　　　　　年　月　日

序号	进路名称（始终端）	区段名称	发送器核对	载频	信号显示/低频发码频率								分线盘测试电压	切码时机检查	移频报警	预置回发码	发码顺序核对	地面信号机显示与低频信息核对	发送点核对	分线盘测试端子	N+1状态检查	送受端位置正确	备注
					L			U		UU	H	检测码											
					L 11.4	L2 12.5	L3 10.3	U 16.9	U2 14.7	UU 18	HU 26.8	27.9											
1	2	3	4	5	6	7	8	9	10	11	12	13	14	15	16	17	18	19	20	21	22	23	24
		主																					
		备																					
		主																					
		备																					
		主																					
		备																					
		主																					
		备																					
		主																					
		备																					

注："√"表示正确，"×"表示错误，"△"表示无此条件。

车间联锁工程师：　　　　　段联锁工程师：　　　　　段联锁工程师：

电务主管段长：

附件 6

入口电流测试表

（电信维表 84）

运输段： 站名： 电码化类型：

序号	区段名称	载 频	入口电流/A	测试人

记录人： 年 月 日

第五编　信号设备电气特性测试管理规则

第一章　总　则

第1条　随着信号维修体制改革的不断深化和微机监测功能的不断拓展，信号设备电气特性测试工作重点需要做如下调整：从以人工测试为主向以微机监测为主的方向转移，从设备全项测试向重点项目测试监控的方向转移，从单纯测试向注重对测试数据的分析和处理的方向转移。从而达到指导设备维护工作、预防设备故障的目的。

第2条　电气特性测试是信号设备维修工作的重要内容之一，通过测试和分析测试数据，掌握设备运用状态，保障运输安全生产，科学指导信号设备维护工作，有效预防故障，保证设备正常运用。

第3条　电气特性测试等级分为Ⅰ级测试和动态检测。Ⅰ级测试和动态检测应按照本规则附表一《信号设备电气特性测试项目及周期表》和附表二《信号微机监测信息分析项目及周期表》执行。

第4条　基建、更新改造、大中修验交时应按规定项目进行人工测试，测试工作由运输段生产技术科负责组织完成，有关测试记录纳入验收资料，运输段生产技术科保存一份备查。集中检修时应按附表一规定项目进行人工测试和记录，并与信号微机监测数据校对，由工区负责完成。

第5条　运输段生产技术科、车间、工区应配备满足测试工作需要的仪器仪表。仪器仪表应符合规定精度，保证测量值准确。

第6条　测试工作必须严肃认真，测试数据应真实准确、字迹清晰，数据分析要认真细致，发现问题及时处理。测试资料和数据保存期为：Ⅰ级测试资料2年，动态检测资料3年。

第7条　电气特性测试记录卡簿和测试报表，各运输段应按照附表一规定项目，结合设备制式印制表格，并纳入运输段电气特性测试管理细则，报分公司运输管理部备案后执行，不得随意更改表格样式，增减测试项目，改变测试分析周期。

第二章　职责分工

第8条　运输管理部职责：

1. 负责分公司电务信号设备测试管理工作，指导和检查运输段信号设备的电气特性测试工作，根据年度工作计划提出设备测试重点项目和要求，监督检查落实情况。

2. 负责信号微机监测管理工作，掌握系统运行和使用情况，抽查分析监测数据和报警信息，提出维修工作指导意见，指导运输段做好微机监测数据分析工作。

3. 参与信号新设备、新技术以及科研、革新项目的试验和测试工作，参加信号设备故障分析，参与解决信号联锁电路中存在的主要技术问题。

第9条 运输段生产技术科职责：

1. 负责全段信号设备电气特性测试管理、设备防雷工作，检查指导Ⅰ级测试分析、信号设备防雷及接地设施的测试情况。

2. 负责完成信号设备基建、更新改造及大中修工程验交时的设备测试和标调，确保电气特性指标符合标准。

3. 负责统计汇总全段信号设备测试资料并组织分析，总结分析电气特性测试方面存在的问题，提出整改和考核建议。

4. 指导和检查运输段信号设备的Ⅰ级测试工作，监督检查信号设备测试管理工作和测试项目的落实情况，针对存在问题，提出改进意见。

5. 负责完成信号设备基建、更新改造及大中修工程微机监测系统使用前的测试精度校核，参照本规则附表三《信号微机监测报警值设置参考表》合理设置报警上下限，并建立档案。

6. 负责信号微机监测数据分析管理工作，分析监测数据，指导抽查车间、工区监测数据分析，定期提出分析报告，指导维修工作。

7. 负责全段信号设备防雷工作，参加防雷工程验交，按期抽测防雷设备及地线运用情况，建立健全全段防雷和地线设备台账。

8. 参加信号设备疑难故障的查找和分析，及时分析解决设备存在电气特性方面的问题。

9. 参与信号新设备、新技术以及科研、革新项目的试验和测试等工作，指导和检查全段测试仪器、仪表的运用和使用情况。

第三章　测试分析制度

第10条 电气特性测试分级管理制度：

1. Ⅰ级测试：由运输段信号工区负责，完成《信号微机监测信息分析项目及周期表》规定的《信号设备电气特性测试项目及周期表》规定的测试监测数据分析项目。

2. Ⅱ级测试：由运输段生产技术科组织，现场信号车间负责完成《信号设备电气特性测试项目及周期表》规定的测试监测数据分析项目。

第11条 信号微机监测数据分析制度：

1. 信号微机监测信息分析执行运输段微机监测工区、车间、现场工区三级分析制度，分析内容和周期参照附表二《信号微机监测信息分析项目及周期表》执行。

2. 运输段微机监测工区、车间、信号工区应根据附表二分析的内容和周期，制定每日专人记名分析统计制度，合理确定监测数据的分析时间，确保数据分析的及时性、连续性和完整性。

3. 信号基建、更新改造、大中修等施工，设备开通后运输段微机监测工区、车间维修终端应执行 24 h 监测数据分析制度，发现异常信息及时组织处理。

4. 遇信号设备故障或发生事故时，运输段微机监测工区、车间维修终端、信号工区应及时查看分析监测数据，并将前 30 min 至设备恢复后的有关数据资料下载保存。

5. 运输段应制定问题的报告和追踪反馈流程，建立问题的督查考核制度。

6. 运输段生产技术科每月对电气特性方面典型的反馈信息进行一次调查分析，及时提出维修工作重点，有效预防设备故障。

第 12 条　电气特性测试及调整制度：

1. 轨道电路应严格遵照《铁路信号维护规则》调整表规定范围进行调整，不得随意使用和改变变压器变比、电阻、电平级。

2. 色灯信号机灯丝继电器点灯回路电流应调整在继电器工作电流指标范围内，同时灯端电压达标，发光盘（LED）电气参数根据产品技术指标进行调整。

3. 更换信号机灯泡、转辙机、变压器、继电器、绝缘、线缆、钢轨等器材以及检修和调整电气特性作业时，应按照附表一规定项目进行人工测试并做记录。

4. 信号电缆芯线全程对地绝缘电阻用 500 V 兆欧表或微机监测设备测试，规定不得小于 1 MΩ。在进行电缆绝缘和防雷元件等高压测试时，要断开连接的低压电子设备。

5. 对于电源屏的各种输出电源，现场工区应每月测试一次对地电压，交流电源的两极对地电压之比不得小于 1 : 3，控制电源的两极不得对地存在电压，发现异常立即分析、查找、处理。

6. 现场工区进行电源对地测试时，必须有车间或段级专业管理（技术）干部在场指导把关。

第 13 条　雷、雨（雪）期间及特殊天气情况测试规定：

1. 遇雷、雨（雪）期间及特殊天气情况，运输段微机监测工区和现场信号工区利用微机监测及时查看分析信号设备电气特性变化趋势和报警信息，发现电气特性异常和超出规定标准时，应果断采取措施并积极组织处理。

2. 遇信号微机监测设备故障时，现场工区对信号设备电气特性进行人工测试并记录，发现测试数据变化较大和超出规定标准时，应果断采取措施并积极处理。

第 14 条　漏泄区段测试调整方法和规定：

1. 雨雪天道床电阻不能满足轨道电路正常传输，致使轨道电路接收电压或电流下降超出正常调整标准的，为漏泄超标区段。

2. 轨道电路漏泄超标区段，应经历一次雨季（漏泄最大时），接收端调整到调整表规定的最小值，晴天后再测试应小于调整表规定的最大值，分路残压必须符合规定标准。

3. 漏泄超标区段车间和工区应建立台账，运输段生产技术科每年收集一次漏泄区段测试资料和台账，每半年对漏泄区段组织一次分析，提出解决措施。因道床污染严重造成漏泄超标，不能实现一次调整的，应系统内协调联系工务部门采取清筛等措施解决。

第 15 条　分路残压测试方法和规定：

1. 轨道电路分路残压测试使用标准分路电阻线，根据轨道电路制式采用不同的标准分路线在钢轨轨面上进行测试。测试残压（流）高于《铁路信号维护规则》规定的标准，确定为分路不良区段。

2. 分路残压测试点应选在轨道电路区段分路最不利处，道岔区段在各分支受电端分别测试，ZPW-2000 型轨道电路在送受端分别测试。分路残压测试前不得对钢轨轨面采取敲打、除锈等措施，不能在钢轨轨面以外的轨道连接线上或其他地点进行分路测试。

3. 测试发现分路残压超标应及时分析调整，通过调整提高分路灵敏度，降低分路残压值。

第 16 条 地线和防雷元件测试规定：

1. 运输段每年组织对信号设备地线接地电阻进行一次测试，接地电阻值大于规定标准时，应检查接地装置，分析土壤条件，找出变化原因，采取有效措施进行整改。

2. 对并联型防雷元件运输段应每年进行一次测试，发现电气特性不良应分析原因，及时更换。测试电缆芯线绝缘时，应拔除防雷单元，以免损坏器材和影响测试结果。

3. 信号设备贯通地线接地电阻需在区间信号点处的引接端子测试。机械室综合防雷系统接地电阻测试，应断开室内环形接地装置，测试各汇集引出线接地电阻，发现接地电阻超标时，及时分析原因并尽快查找处理。

4. 运输段生产技术科每年对地线和防雷元件测试数据进行一次全面汇总，统计分析全段不合格地线和防雷元件特性变化原因，抽测和指导信号防雷测试整治工作，于每年 6 月份前将防雷和地线测试整治情况，报分公司运输管理部。

第 17 条 电气特性数据分析及报告制度：

1. 数据分析要认真细致地进行表格化，重点是测试数据变化较大、偏移较多以及设备的报警信息。特别是在外部因素发生变化时，数据的测试和分析工作尤其要加强。信号工区每月对 I 级测试数据进行一次汇总和分析，测试数据和分析结果报车间。

2. 车间每季度对管内 I 级测试数据进行一次统计分析，分析结果报运输段生产技术科，测试数据每季报运输段生产技术科一次。车间每半年召开一次电特性测试分析会，分析测试发现的问题，研判测试重点，提出整改措施，报运输段生产技术科。

3. 运输段生产技术科每半年对全段 I 测试数据和动态检测问题的处理情况进行一次统计分析，提出分析报告报分公司运输管理部。

第 18 条 信息处理：

1. 工区值班人员每天观察室内设备的指示灯、仪表指示是否正确或有无其他异常现象；每天调看和分析微机监测数据和报警信息，发现问题及时分析、处理、存储，若一时不能查出原因，应及时将处理情况上报车间。

2. 车间定时调看分析微机监测数据和报警信息，对各种电气特性超标数据和报警信息积极通知问题工区复查处理，参与并追踪超标数据和报警信息的处理。

3. 微机监测工区每天调看和分析微机监测数据和报警信息，重点抽查数据超标和报警信息的处理结果。

第 19 条 会议制度：

1. 运输段电务主管段长每年 10 月份组织召开一次信号电气特性测试分析会，全面分析电气特性测试及动态测试情况，针对存在的问题，提出改进措施及解决规则。运输段生产技术科于每年 11 月底前向分公司运输管理部提报年度电气特性测试分析报告和防雷工作总结。

2. 公司运输管理部每年 12 月份组织运输段电务信号专业召开一次电气特性测试分析会，重点分析分公司管内信号设备电气特性测试工作及动态检测情况，研究解决存在的问题，提出改进措施。

第四章　附　则

第 20 条　各运输段应根据本规则制定实施细则。

第 21 条　本规则由分公司运输管理部负责解释。

第 22 条　本规则自发布之日起执行。

附　件

附表 1：信号设备电气特性测试项目及周期表

附表 2：信号集中监测信息分析项目及周期表

附表 3：信号微机监测报警值设置参考表

附表1

信号设备电气特性测试项目及周期表

序号	设备名称	测 试 项 目	测试周期		备 注
			Ⅰ级	Ⅱ级	
1	色灯信号机	1. 点灯变压器（点灯单元）Ⅰ、Ⅱ次电压 2. 主灯丝点灯端（发光盘输入端）电压 3. 副灯丝点灯端电压 4. 灯丝继电器交、直流电压	第1~4项每年2次	抽测	更换器材时各项全测
2	直流电动转辙机	1. 工作电流 2. 故障电流 3. 动作电压	第1、2项2月1次，第3项每年4次	抽测	
3	交流电液转辙机	1. 工作压力 2. 溢流压力 3. 动作电压	第1、2项2月1次，第3项每年4次	抽测	
4	25 Hz相敏轨道电路	1. 电源及送、受电变压器Ⅰ、Ⅱ次电压 2. 送受端隔离盒、限流器电压 3. 送受端扼流变压器轨道圈、信号圈电压 4. 送、受端轨面电压 5. 继电器轨道线圈端电压 6. 分路残压、电码化区段入口电流测量 7. 极性交叉检查及电码化测试校验 8. 轨道与局部相位角	第1~4、6项每4个月1次，第7、8项每年1次，值班点第5项每日1次，非值班点第5项每月4次	5年1次标调	雨季加强对轨道电路的测试
5	高压脉冲轨道电路	1. 发码变压器Ⅰ、Ⅱ、Ⅲ次电压 2. 发码器输出脉冲电压、频率、限流器电压 3. 送受扼流变压器ⅠⅡ次电压 4. 送受电抗器Ⅰ次脉冲电压 5. 送受端轨面电压 6. 电码化区段送受隔离盒ⅠⅡ次脉冲电压 7. 抑制器脉冲电压 四腿电容器脉冲电压 8. 译码器输入脉冲电压、输出整流电压 9. 差动继电器头、尾线圈电压 10. 极性交叉检查、电码入口电流 11. 送、受端分路残压	第1~8、10项每季度1次，第11项每月1次，值班点第9项每日1次，非值班点第9项每月2次	5年1次标调	雨季加强对轨道电路的测试

161

序号	设备名称	测 试 项 目	测试周期		备注
			Ⅰ级	Ⅱ级	
6	3 V 化轨道电路	1. 送受端隔离及变压器Ⅰ、Ⅱ次电压 2. 送受端轨面及限流器电压 3. 送受端扼流变压器信号轨道圈电压 4. 继电器轨道线圈端电压 5. 分路残压 6. 极性交叉检查、电码化区段入口电流 7. 轨道与局部相位角	第1~3项半年1次，第5项每月1次，第6~7项每年1次，值班点第4项每日1次，非值班点第4项每月2次	5年1次标调	雨季加强对轨道电路的测试
7	ZPW-2000 轨道电路	1. 接收器主轨入、轨出1、轨出2电压 2. 接收、发送器电源电压，发送器功出电压 3. 送受端模拟网络设备、防雷、电缆侧电压 4. 主轨、小轨载频 5. 轨道继电器端电压 6. 发送、接收端匹配变压器E1E2、V1V2电压 7. 发送、接收端轨面电压 8. 发送、接收端调谐单元BA端电压 9. 发送、接收端分路电压 10. 补偿电容测试 11. 入口电流 12. 调谐单元、空心线圈、匹配变压器阻抗	值班点第1项每日1次，非值班点第1项每月2次，第2~5项每月1次，第6~11项半年1次，第11项每年1次	5年1次标调	雨季加强对轨道电路的测试
8	电源系统	1. 输入电压、电流 2. 输出电源电压、电流 3. 输出电源接地电压 4. 相序核对	值班点第1、2项每日1次，非值班点1、2项每月4次，第3项每月1次，第4项电力施工后及时核对	抽测	特殊情况必须进行电源对地电流测试时，必须经运输段专业主管领导审核批准，并报公司运输管理部备案
9	电缆	1. 全程对地绝缘电阻 2. 芯线间绝缘电阻 3. 芯线对地绝缘电阻	第1项每季1次，6~9月份每月1次	抽测	
10	机车信号及车载设备	1. 出库、入库环线测试 2. 库修交车及电缆绝缘测试 3. 地面环线电流和码型测试 4. 机车登乘测试	第1项入库测试，第2项交车测试，入库24 h后出库需复测，第3项每季度1次，第4项按需要	抽测	

序号	设备名称	测 试 项 目	测试周期		备注
			Ⅰ级	Ⅱ级	
11	地线及防雷元件	1. 地线（包含综合接地）接地电阻 2. 直流放电电压 3. 直流点火电压 4. 反向击穿电压 5. 反向漏电流 6. 标称电压	并联型防雷元件每年1次，按产品标准测试项目全测，串联型不测，第1项每年4月底前测试1次	抽测	
12	联锁设备	1. 电源输入、输出电压电流 2. 电源接地电压和芯线绝缘 3. UPS放电时间测试 4. 监测数据精度校核	第1、2、3、4项每季1次	抽测	
13	轨道电路参数	1. 钢轨阻抗、抗角 2. 道床电阻	按需要		
14	轮修器材	1. 继电器 2. 变压器 3. 电动转辙机 4. 点灯单元、信号灯泡 5. 轮修和新上道器材等	使用前全部入所测试		
15	电阻电容二极管	1. 电阻阻值 2. 电容容量、漏电流 3. 二极管正向压降、反向漏电流、反向耐压	使用前各项全测		
16	其他设备	由运输段制定，报分公司运输管理部备案			

附表2：

信号集中监测信息分析项目及周期表

序号	设备类型	查询分析项目	分析周期及要求		
			监测工区	车　间	信号工区
1	道岔	1. 道岔动作（交流功率）曲线 2. 道岔表示电压曲线 3. 道岔缺口曲线	第1项每5日1次，第2项每半年1次	第1项每3日1次，第2项每季1次	第1、3项每日1次（正线道岔2次），第2项每月1次
2	信号机	1. 灯丝继电器回路电流曲线	每5日1次	每3日1次	每日1次
3	25Hz轨道电路	1. 轨道电压曲线 2. 轨道相位角曲线	第1项每5日1次，第2项每半年1次	第1项每3日1次，第2项每季1次	第1项每日1次（正线区段2次）第2项每月1次
4	高压脉冲轨道电路	1. 波头电压峰值曲线 2. 波尾电压峰值曲线 3. 波头电压有效值曲线 4. 波尾电压有效值曲线 5. 波形周期曲线	第3、4项每5日1次，第1、2、5项每半年1次	第3、4项每3日1次，第1、2、5项每季1次	第3、4项每日1次（正线区段2次），第1、2、5项每月1次
5	外电网	1. 外电网相电压曲线 2. 外电网线电压曲线 3. 外电网电流曲线 4. 外电网有功功率曲线 5. 外电网无功功率曲线 6. 外电网相位角曲线 7. 外电网频率曲线 8. 外电网有功总功率曲线 9. 外电网无功总功率曲线	第1、2、3项每周1次，第4～9项每半年1次	第1、2、3项每3日1次，第4～9项每季1次	第1、2、3项每日1次，第4～9项每月1次
6	电码化	1. 电压曲线 2. 载频曲线 3. 低频曲线 4. 电流曲线	第1、4项每周1次，第2、3项每半年1次	第1、4项每3日1次，第2、3项每季1次	第1、4项每日1次，第2、3项每月1次
7	电缆	1. 电缆芯线全程对地绝缘电阻值	每月1次	每月1次	每月测1次
8	监测终端	1. 时钟校核查看 2. 网络连接状态	第1、2项每日1次	第1、2项每日1次	第1、2项每日1次

序号	设备类型	查询分析项目	分析周期及要求		
			监测工区	车 间	信号工区
9	ZPW-2000区间轨道电路	1. 功出电压曲线 2. 功出载频曲线 3. 功出低频曲线 4. 功出电流曲线 5. 主轨入电压曲线 6. 主轨入载频曲线 7. 主轨入低频曲线 8. 小轨入电压曲线 9. 小轨入载频曲线 10. 小轨入低频曲线 11. 主轨出电压曲线 12. 小轨出电压曲线 13. 送端分线盘电压曲线 14. 发送电缆载频曲线 15. 发送电缆低频曲线 16. 受端分线盘电压曲线 17. 接收电缆载频曲线 18. 接收电缆低频曲线 19. 发送器 24 V 电源状态 20. 发送、接收器状态 21. 小轨检查条件状态 22. 小轨继电器状态 23. 并机小轨继电器状态 24. 主机小轨继电器状态 25. 轨道继电器状态 26. 并机轨道继电器状态 27. 主机轨道继电器状态 28. 正向反方向继电器状态 29. 接收器 24 V 电源状态	第 1～10、13～18 项每半年 1 次,第 11、12 项每 5 日 1 次,19～29 项故障时查看分析	第 1～10、13～18 项每季度 1 次,第 11、12 项每 3 日 1 次,19～29 项故障时查看分析	第 1～10、13～18 项每月 1 次,第 11、12 项每日 1 次,第 19～29 项故障时查看分析
10	半自动闭塞和站间联系	1. 半自动闭塞线路电压曲线 2. 半自动闭塞电流曲线 3. 闭塞硅整流输出电压曲线 4. 站场间联电压曲线 5. 站联线路直流电压曲线 6. 自闭方向电路电压曲线 7. 区间监督电压曲线	第 1 项每周 1 次,第 2～7 项每半年 1 次	第 1 项每 3 日 1 次,第 2～7 项每季 1 次	第 1 项每日 1 次,第 2～7 项每月 1 次

序号	设备类型	查询分析项目	分析周期及要求		
			监测工区	车　间	信号工区
11	电源屏	1. 输入相电压曲线 2. 输入相电流曲线 3. 信号电压曲线 4. 信号电流曲线 5. 继电器电压曲线 6. 继电器电流曲线 7. 轨道电压曲线 8. 轨道电流曲线 9. 局部电压曲线 10. 局部电流曲线 11. 电码化电压曲线 12. 电码化电流曲线 13. 25 Hz 电源输出电压曲线 14. 25 Hz 电源频率相位角曲线 15. 转辙机表示电压曲线 16. 转辙机表示电流曲线 17. 灯丝报警电压曲线 18. 灯丝报警电流曲线 19. 微机联锁电压曲线 20. 微机联锁电流曲线 21. 其他稳压及备用电源	第 1～21 项每周分析 1 次	第 1～21 项每月分析 1 次	第 1～21 项每日分析 1 次
12	环境监控	1. 机械室温度曲线 2. 机械室湿度曲线 3. 机械室空调电压曲线 4. 机械室空调电流曲线 5. 环境状态图	第 1～5 项高低温恶劣天气时无人值守机房查看，有人值守站抽查	第 1～5 项高低温恶劣天气时查看	第 1～5 项每日 1 次
13	一级报警	1. 挤岔报警 2. 列车信号非正常关闭报警 3. 故障通知按钮报警 4. 火灾报警 5. 防灾异物侵限报警 6. SJ 锁闭封连报警（6502 站） 7. 信号安全数据网网管报警	实时分析，立即通知到现场值班人员	每日 1 次，及时组织处理	每日早晚各 1 次，及时处理消除报警

序号	报警类型	查询分析项目	分析周期及要求		
			监测工区	车 间	信号工区
14	二级报警	1. 外电网输入电源断相断电报警 2. 外电网三相电源错序报警 3. 外电网输入电源瞬间断电报警 4. 电源屏输出断电报警 5. 列车信号主灯丝断丝报警 6. 熔丝断丝报警 7. 转辙机无表示表示缺口报警 8. 计算机联锁系统报警 9. ZPW-2000 系统报警 10. 智能电源屏报警 11. 环境监测温湿度明火烟雾报警 12. 环境监测玻璃破门禁水浸报警	实时分析，10 min 内通知到现场值班人员	每日 1 次，及时组织处理	每日早晚各 1 次，及时处理消除报警
15	三级报警	1. 电气特性超限报警 2. 通信接口故障报警 3. 监测设备和网络报警	每日 2 次，12 h 内通知到现场值班人员和有关部门	每日 1 次，督促工区处理	每日早晚各 1 次，48 h 内处理消除报警
16	预警	1. 电气特性异常波动预警 2. 其他项目预警	每日 1 次，72 h 内通知到现场值班人员和有关部门	每日 1 次，督促工区处理	每日 1 次，72 h 内处理消除报警

附表3

信号微机监测报警值设置参考表

序号	类型	项 目	报警上限	报警下限
4	25 Hz 轨道电路	轨道电压曲线	调整值+3 V	调整值−3 V
		轨道相位角曲线	JRJC−66/345：88°+8°=96° JRJC−70/240：87°+8°=95° （Uj>18 V 时可+15°） JXW25：90°+10°=100°	JRJC−66/345：88°−8°=80° JRJC−70/240：87°−8°=79° （Uj>18 V 时可−15°） JXW25：90°−10°=80°
		轨道电压曲线	小于 400 m 区段：21 V	小于 400 m 区段：21 V
		波形周期曲线	3+0.5=3.5（Hz）	3−0.5=2.5（Hz）
5	ZPW 电码化	功出电压曲线	195 V	75 V
		载频曲线	2601.4+0.15=2601.55（Hz）	1698.7−0.15=1697.55（Hz）
		低频曲线	29+0.03=29.03（Hz）	10.3−0.03=10.27（Hz）
6	信号机	灯丝继电器回路电流曲线	JZXC-H18：AC 200 mA JZXC-H18F：AC 200 mA JZXC−16/16：AC 200 mA JZXC-H142：AC 200 mA	JZXC-H18：AC 100 mA JZXC-H18F：AC 140 mA JZXC−16/16：AC 140 mA JZXC-H142：AC 45 mA
7	高压脉冲轨道电路	波头电压峰值曲线	AC 450 V	AC 150 V
		波尾电压峰值曲线	AC 80 V	AC 20 V
		波头电压有效值曲线	大于 400 m 区段：70 V	大于 400 m 区段：30 V
			小于 400 m 区段：60 V	小于 400 m 区段：30 V
		波尾电压有效值曲线	大于 400 m 区段：60 V	大于 400 m 区段：21 V
			小于 400 m 区段：50 V	小于 400 m 区段：21 V
		波形周期曲线	3+0.5=3.5（Hz）	3−0.5=2.5（Hz）
1	外电网	电压曲线	AC 220×（1+15%）=253（V）	AC 220×（1−20%）=176（V）
			AC 380×（1+15%）=437（V）	AC 380×（1−20%）=304（V）
		电流曲线	断路器标称值−20 A	0 A
2	电源屏	输入电压曲线	AC 220×（1+15%）=253（V）	AC 220×（1−20%）=176（V）
			AC 380×（1+15%）=437（V）	AC 380×（1−20%）=304（V）
		计算机联锁站内电源屏输出电压曲线	AC 220 V+10 V=230 V DC 220 V+20 V=240 V AC 24 V+3 V=27 V DC 24 V+3.5 V=27.5 V 闭塞 DC 24～60 V（+5 V）	AC 220 V−10 V=210 V DC 220 V−10 V=210 V AC 24 V−3 V=21 V DC 24 V−0.5 V=23.5 V 闭塞 DC 24～60 V（−5 V）

序号	类型	项 目	报警上限	报警下限
2	电源屏	区间电源屏输出电压曲线	DC 24 V：＋2 V＝26 V AC 220 V：＋10 V＝230 V 站间 DC 48 V：＋5 V＝53 V	DC 24 V：－2 V＝22 V AC 220 V：－10 V＝210 V 站间 DC 48 V：－5 V＝43 V
		25 Hz 轨道电压曲线	220 V＋6.6 V＝226.6 V	220 V－6.6 V＝213.4 V
			110 V＋3.3 V＝113.3 V	110 V－3.3 V＝106.7 V
		25 Hz 频率曲线	25 Hz＋0.5 Hz＝25.5 Hz	25 Hz－0.5 Hz＝24.5 Hz
		25 Hz 相位角曲线	90°＋8°＝98°	90°－8°＝82°
		输出电流曲线	调整值＋10 A	0 A
3	道岔	道岔表示电压曲线	交流道岔：AC 110 V/DC 35 V	交流道岔：AC 50 V/DC 16 V
			直流道岔：AC 110 V/DC 80 V	直流道岔：AC 50 V/DC 16 V
8	ZPW 区间轨道电路	功出电压曲线	调整值＋5 V	调整值－5 V
		载频曲线	2601.4＋0.15＝2601.55（Hz）	1698.7－0.15＝1697.55（Hz）
		低频曲线	29＋0.03＝29.03（Hz）	10.3－0.03＝10.27（Hz）
		功出电流曲线	600（mA）	100（mA）
		主轨入电压曲线	调整值＋50 mV 或＋10%	调整值－50 mV 或－10%
		主轨出电压曲线	调整值＋30 mV 或＋10%	调整值－30 mV 或＋10%
		小轨出电压曲线	135＋10＝145（mV）	135－10＝125（mV）
			110＋10＝120（mV）	110－10＝100（mV）
		送端分线盘电压曲线	调整值＋20 V	调整值－20 V
		受端分线盘电压曲线	调整值＋2 V	调整值－2 V
9	半自动闭塞	闭塞线路电压曲线	＋30 V	－30 V
		闭塞线路电流曲线	＋20 mA	－20 mA
10	环境监控	机械室温度曲线	30 ℃	－5 ℃
		机械室湿度曲线	90%RH	0%RH
		空调电压曲线	AC 220：253 V	AC 220：176 V
			AC 380：437 V	AC 380：304 V
备注		1. 其他曲线报警设置由运输段制定； 2. 经调整达不到上述报警限值要求，根据实际运用情况由运输段设定报警限值并备案； 3. 报警限值必须设定在《维规》规定标准范围内		

第六编　信号设备防雷管理规则

第一章　总　则

第1条　为强化信号设备综合防雷日常维护管理，规范信号设备综合防雷施工标准，切实提高信号综合防雷维护管理水平，特制定本规则。

第2条　本规则适用于神朔铁路管内信号设备综合防雷管理工作。

第3条　信号设备雷电电磁脉冲防护应根据防护需要，采取等电位连接、屏蔽、接地、合理布线，安装防雷元器件（浪涌保护器、防雷变压器等）等措施进行综合防护（简称综合防雷）。

第4条　信号设备雷电电磁脉冲防护，应符合下列原则：

1. 按照分区、分级、分设备防护原则，采取纵向、横向、纵横向防护方式，合理选用防雷元器件。

2. 采取屏蔽、等电位连接、良好的接地以及合理布线等措施，改善信号设备电磁兼容环境。

3. 信号设备、器材须具有符合规定的耐受过电压、过电流的能力，满足电磁脉冲抗扰度的要求。

4. 防雷元器件应与被防护设备匹配设置，保证雷电感应电磁脉冲过电压限制到被防护设备的冲击耐压水平以下。

5. 防雷装置的设置、动作和故障状态，不得改变被保护系统的电气性能，不得影响被保护设备的正常工作，并应满足故障导向安全的原则。

第5条　信号新建和改造工程中，必须统筹设计信号设备雷电综合防护，其综合防雷及接地工程应与主体工程同步设计、施工、验收。

第6条　信号设备综合防雷及接地工程的施工验收除应符合本规则外，还应符合国家、铁道行业、铁路总公司和集团公司现行有关标准的规定。

第二章　职责分工

第7条　运输段生产技术部（电务）主要职责：

1. 贯彻执行国家、铁道行业现行防雷有关标准和铁路总公司、能源投资集团公司有关技术规范、管理规则，制定具体的实施规则。

2. 负责管内信号设备综合防雷的维护管理工作，严格落实岗位责任制和质量验收制度，合理运用维修费用，保证设备投入，组织完成信号设备综合防雷维修及测试任务，防止防雷设施失效。

3. 负责组织管内信号设备综合防雷及接地工程的施工配合、监护、随工检查、质量验收，定期对工程质量及实施情况进行监督检查，掌握和监督隐蔽工程质量，及时协调解决有关问题，提出专项设备验收报告。

4. 运输段作为建设单位负责完成的工程，生产技术部应安排车间、工区负责对防雷隐蔽工程录制视频资料，有监理单位时督促监理单位共同参与；由外单位作为建设单位的基建、改造等工程，生产技术部督促监理单位对防雷隐蔽工程视频采集。留存视频资料作为工程竣工资料。

第 8 条 修配基地主要职责：

1. 定期对管内信号设备综合防雷维护质量和运用质量进行分析，针对防雷工作的薄弱环节，提出年度信号防雷设施整修计划并组织实施。

2. 负责管内信号设备雷害管理，及时组织调查原因和雷害损失，会同设计、施工、设备厂商等单位提出改进措施；定期对管内雷害进行统计分析，总结雷电活动规律，发现设备防雷缺陷，改进设备防雷性能。

3. 指导车间、工区信号设备综合防雷维修及测试工作，监督生产任务落实情况，并按计划完成检查和抽测任务。全面完成信号设备综合防雷维修及测试任务，防止防雷设施失效。

4. 按照国家铁路运输生产企业审批、铁路总公司 CRCC 认证及有关规定，建立健全设备使用监督、检查和评价制度，把好产品上道关。

5. 参加管内信号设备综合防雷及接地工程的质量验收，定期对工程质量及实施情况进行监督检查，掌握和监督隐蔽工程质量，及时协调解决有关问题，提出专项设备验收报告。

6. 负责对管内年度防雷工作进行总结，对信号设备雷害进行统计、分析，提出年度防雷工作报告（每年 10 月 30 日前）。

7. 建立公司管内信号防雷设施台账。

第 9 条 现场车间主要职责：

1. 负责管内信号设备综合防雷及接地系统的运用、维护管理工作，组织完成信号设备综合防雷维修及测试任务，防止防雷设施失效。

2. 负责管内防雷元器件测试工作，检查、指导工区对各类地线、接地汇集线、贯通地线等进行测试。

3. 组织处理信号设备雷害故障，收集、整理管内雷害故障调查记录，提报雷害故障调查分析报告。

4. 根据管内信号防雷设施维修、测试情况及雷害调查分析结果，提出年度信号防雷设施整修建议。

5. 负责管内信号设备综合防雷及接地工程的施工配合、监护、随工检查、质量验收，掌握和监督隐蔽工程视频资料采集，填写防雷工程质量检查记录。

6. 建立车间管内信号防雷设施台账及测试记录。

第 10 条 信号工区主要职责：

1. 负责管内信号设备综合防雷的日常巡视、集中检修、测试工作，提出防雷设施整修建议。

2. 落实年度信号设备综合防雷维修计划。

3. 处理信号设备雷害故障，收集、整理管内雷害故障调查记录，提报雷害故障调查分析报告。

4. 负责管内信号设备综合防雷及接地工程的施工配合、监护、随工检查、质量验收及隐蔽工程视频资料采集。

5. 建立工区管内信号设备防雷设施台账及测试记录。

第三章　信号设备用房电磁屏蔽

第 11 条　信号机械室（机房）的建筑物应采用法拉第笼进行电磁屏蔽。法拉第笼由屋顶避雷网、避雷带和引下线、机房屏蔽和接地系统构成。

第 12 条　屋顶避雷网、避雷带和引下线：

1. 避雷网由不大于 3 m×3 m 的方形网格构成，每隔 3 m 与避雷带焊接连通，网格由 40 mm×4 mm 的热镀锌扁钢交叉焊接构成，热镀锌钢材的镀层厚度为 20～60 μm。避雷带应采用不小于 φ12 mm 热镀锌圆钢沿屋顶周边设置一圈，距墙体高度 0.15 m，并用热镀锌圆钢均匀设置避雷带支撑柱，支柱间距不大于 1 m。

2. 已安装金属彩钢的房顶，屋顶的避雷带、避雷网不再新设，可利用彩钢房顶作为避雷带、避雷网，将彩钢房顶与引下线相连即可。

3. 屋顶避雷网与屋顶面不得直接接触（间距宜不小于 30 mm），支撑垫使用水泥墩时，高度 150 mm，水泥墩下垫 SBS 防水材料。

4. 安装避雷带时，为防止对屋顶的损伤，不采用在女儿墙打眼安装的规则，使用扁钢作垫层，在扁钢上焊接避雷带。避雷带、避雷网的安装不得破坏房屋结构和防水设施。

5. 引下线是避雷带与接地装置的连接线，沿机房建筑物外墙均匀垂直敷设 4～6 根，安装应平直，并与其他电气线路距离大于 1 m，卡钉固定均匀牢固，间距小于 2 m。引下线宜优先采用热镀锌圆钢，直径应不小于 12 mm，也可采用 40 mm×4 mm 热镀锌扁钢，厚度不应小于 4 mm。引下线沿外墙部分须加装绝缘套管防护，不得外露且离地留有间隙排水，不得影响房屋整体美观，长度不够时须采用焊接，焊接处重叠部分不少于 50 mm，上端与避雷带焊接连通，焊接处不得出现急弯（弯角不小于 R90°），下端与地网焊接，至少三面焊接，引下线与分线盘（柜）间距不应小于 5 m。混凝土框架结构的建筑物可利用结构主筋作为自然引下线。

第 13 条　既有房屋改建的机房室内屏蔽网的设置应符合下列规定：

1. 墙面及顶面屏蔽网采用镀锌铁板，铁板厚度应不小于 0.6 mm。

2. 门窗屏蔽应采用截面积不小于 9 mm²、网孔不大于 80 mm×80 mm 的铝合金网，并用不小于 16 mm² 的软铜线与地网或屏蔽层可靠连接。

3. 金属板间每间隔 500 mm 必须焊接或用不小于 2 mm² 的软铜线可靠连接。

4. 屏蔽层必须在引下线与地网连接处用不小于 25 mm² 的软铜线可靠连接（可多处连

接）。机房已经预留钢筋接地端子板的，屏蔽层还应与钢筋接地端子板拴接。

5. 在防静电地板的金属支架底部，采用厚 0.2 mm 宽 20 mm 的铜箔带构成地面屏蔽网，网格大小与防静电地板单块尺寸一致，网格交叉点应施焊或与各支架卡接。网格铜箔带应采用 10 mm^2 的铜带（扁平铜网编织带）与地网或屏蔽层连接，至少 4 处，铜带一端加线鼻后与地网或屏蔽层拴接，另一端用锡焊接。

6. 相邻的墙面、顶面、地面及门窗屏蔽网之间应相互电气连接，并通过接地汇集线与接地装置多处连接。

第 14 条 新建机房建筑物及房屋室内屏蔽网的设置应符合下列规定：

1. 选址应尽量选在土壤电阻率低、腐蚀性小、距变（配）电所大于 200 m 的位置。

2. 屏蔽网应充分利用结构钢筋，并通过墙内结构主筋与建筑物接地装置多处连接。

3. 墙面、地面、顶面屏蔽网采用直径不小于 12 mm 的钢筋构成不大于 5 m×5 m 的网格；在 5 m×5 m 网格内，采用直径不小于 8 mm 的钢筋铺设成不大于 600 mm×600 mm 的网格。

4. 门窗屏蔽应采用截面积不小于 9 mm^2、网孔不大于 80 mm×80 mm 的铝合金网。

5. 屏蔽网的网格交叉点均应电气连接。相邻的墙面、顶面、地面及门窗屏蔽网之间应相互电气连接，并与接地装置多处连接。

6. 机房四周室内、室外距地面 0.3 m 处预留与混凝土框架内主筋连接的接地端子板各 4 块。室外接地端子板应与环形接地装置拴接，室内接地端子板应与机房屏蔽层或与防静电地板下的金属支架（或支架下的铜箔带）拴接。

7. 采用金属板的机房屏蔽应符合本规则第 13 条要求。

第 15 条 地网应符合下列要求：

1. 地网应由建筑物四周的环形接地装置、建筑物基础钢筋构成的接地体相互连接构成。

2. 环形接地装置由水平接地体和垂直接地体组成，应环绕建筑物外墙闭合成环，受条件限制时可不完全环周敷设，但应尽可能沿建筑物周围设置，以便与地网连接的各种引线就近连接，水平接地体距建筑物外墙间距不小于 1 m，埋深不小于 0.7 m。

3. 环形接地装置必须与建筑物四角的主钢筋焊接，并应在地下每隔 5～10 m 与机房建筑物基础接地网连接。

4. 在避雷带引下线处应设垂直接地体，垂直接地体必须与水平接地体可靠焊接；接地电阻不满足要求时，可增设垂直接地体，其间距不宜小于其长度的 2 倍并均匀布置。

5. 水平接地体可采用 40 mm×4 mm 热镀锌扁钢或镀层厚度大于 250 μm、直径大于 14 mm 的镀铜圆钢，垂直接地体应采用石墨接地体。垂直接地体与水平接地体焊接，所有地下连接处焊接点要进行防腐处理，防腐层必须大于 5 mm 以上。

6. 在接地装置拐角及尽头处的地面上设置永久性走向标志，站台面走向标志应与地面平齐，站台外使用电缆标桩或在墙面上设置铭牌。

第 16 条 建筑物接地装置应优先利用其基础内的非预应力结构钢筋作为基础接地装置。当基础接地装置的接地电阻达不到要求时，可采取增加人工接地体等措施。

第 17 条 设备的接地引出线、接地干线或等电位连接带不应与防雷引下线直接共用，并避免从防雷引下线所在的建筑物结构柱引入。

第 18 条　独立设置的信号楼或行车室屋顶不宜安装天线和避雷针。确需装设天线或避雷针时，不得与建筑物共用引下线。

第 19 条　独立设置的信号楼或行车室等独立建筑物的防雷接地装置，应与其附近的箱式变电所、铁塔等室外设施的防雷接地装置统筹设计。

第 20 条　电力及牵引供电设备与信号设备共用接地网时，二者与接地网的连接点间沿接地体距离不宜小于 5 m。

第四章　接地汇集线及等电位连接

第 21 条　电源室（电源引入处）电源防雷箱处应单独设置电源防雷接地汇集线，电缆引入口应单独设置电缆屏蔽接地汇集线，防雷分线柜处应单独设置传输通道防雷接地汇集线；信号设备的防雷装置应设防雷地线；信号机械室内的组合架（柜）、计算机联锁柜、闭塞设备机柜、电源屏、控制台，以及电气化区段的继电器箱、信号机梯子等应设安全地线；电气化区段的电缆金属护套应设屏蔽地线；安装防静电地板的机房应设防静电地线；微电子设备需要时可设置逻辑地线。

第 22 条　接地汇集线应采用大于宽 30 mm、厚 3 mm 的紫铜排，环形设置时不得构成闭合回路。铜排相互连接应采用 3 个铜螺栓双铜螺帽进行固定，接触部分长度不少于 60 mm。

第 23 条　接地汇集线及接地汇集线间的连接导体、接地汇集线与地网的连接线必须与墙体及屏蔽层绝缘。接地汇集线一般在距地面 200～300 mm 处设置，有防静电地板的机房，接地汇集线可在地板下方距地面 30～50 mm 处设置，距墙面为 100～150 mm，也可在地板下方设成条状或网格状。接地汇集线上每隔 1～1.5 m 应预留接地螺栓供连接使用。

第 24 条　室内走线架、组合架、电源屏、控制台、机架、机柜等所有室内设备必须与墙体绝缘，其安全地线、防雷地线、屏蔽地线等必须以最短距离就近分别与接地汇集线连接。

第 25 条　走线架应连接良好，不得构成环型闭合回路，已构成闭合回路的应加装绝缘。室内同一排的金属机架、柜之间采用截面积大于 10 mm^2 多股铜线连接后，再用 2 根截面积不小于 25 mm^2 有绝缘外护套的多股铜线或紫铜排与接地汇集线连接。

第 26 条　信号机房面积较大时，可设置与环形接地装置单点冗余连接的总接地汇集线。控制台室、继电器室、计算机房的接地汇集线可分别与总接地汇集线连接，也可相互连接后，再用 2 根截面积不小于 25 mm^2 有绝缘外护套的多股铜线或紫铜排与总接地汇集线连接。

第 27 条　信号机房分布在几个楼层时，各楼层可分别设置总接地汇集线，总接地汇集线之间应采用 2 根截面积不小于 25 mm^2 有绝缘外护套的多股铜线或紫铜排进行连接。

第 28 条　接地汇集线与环形接地装置的连接线，应采用 2 根截面积不小于 25 mm^2 有绝缘外护套的多股铜线单点冗余连接。接地汇集线在环形接地装置上的连接点相互间距不应小于 5 m。引下线在环形接地装置上的连接点，与接地汇集线在环形接地装置上的连接点的相互间距也不应小于 5 m。

第 29 条　接地汇集线与地网的连接在地下部分采用与水平接地体相同材料并与水平接地体焊接，焊接点涂沥青防腐处理，焊接敷设后在墙角处引出高度 150 mm 与接地汇集线的连接线采用双铜螺栓、铜螺母连接，连接线整体使用绝缘套管防护，并揭挂地线用途标牌"XX 接地引接线"。

第 30 条　无线天线的接地装置应单独设置，并距环形接地装置 15 m 以上，特殊情况不应小于 5 m。确因条件限制，间距达不到要求时，与接地汇集线在环形接地装置上的连接点之间的间距不小于 5 m。

第 31 条　建筑物内所有不带电的自来水管、暖气管道等金属物体，都必须与环形接地装置（或与建筑物钢筋、机房屏蔽层）做等电位连接。

第 32 条　在同一建筑物内的电力、牵引供电及信号设备房屋等电位连接应符合下列规定：

1. 各系统应分别设置总等电位连接带，同一系统设备应连接各自的总等电位连接带，并采用独立的接地干线或接地支线。

2. 各种金属管道可设局部等电位连接带。

3. 垂直接地干线：

（1）大型综合站房等工程规模交大、楼层多、设备较多的建筑物内可设专用垂直接地干线。

（2）垂直接地干线由总等电位接地连接板引出，同时与建筑物各层等电位连接带连通。

（3）各楼层设置的等电位连接带应与垂直接地干线连接。

（4）垂直接地干线宜在竖井内敷设，通过连接导线引入设备机房，并与机房局部等电位接地端子板连接。

4. 行车室、信号楼、信号中继站等工程规模较小、楼层少、设备较少的建筑物，可不设总等电位接地连接板，根据工程具体情况，设置楼层、机房局部等电位连接板。

第 33 条　建筑物内信号设备等电位连接导体的材质及最小截面积应符合下列规定：

1. 总等电位连接带（板）：铜带，最小截面积 150 mm²。

2. 楼层等电位连接带（板）：铜带，最小截面积 100 mm²。

3. 机房局部等电位连接带（排）：铜带，最小截面积 50 mm²。

4. 垂直接地干线（竖向等电位连接带）：多股铜芯导线或铜带，最小截面积 50 mm²。

5. 楼层等电位连接带与机房局部等电位连接带之间的连接导体：多股铜芯导线或铜带，最小截面积 25 mm²。

6. 机房局部等电位连接带之间的连接导体：多股铜芯导线，最小截面积 16 mm²。

7. 设备与机房局部等电位连接带之间的连接导体：多股铜芯导线，最小截面积 6 mm²。

8. 机房屏蔽网格之间的连接导体：多股铜芯导线或铜带，最小截面积 25 mm²。

第五章　线缆引入和布放

第 34 条　电源线与信号线、高频线与低频线、进线与出线必须分开敷设。

第 35 条　进出信号机械室的信号传输线路不得与电力线路靠近和并排敷设，不得已时电力线路和信号传输线路的间距：电力电缆与信号缆线平行敷设时不小于 600 mm；采用接地的金属线槽或钢管防护的，不小于 300 mm。条件受限时应采用屏蔽电缆布放，电缆金属护套和电缆屏蔽层应作接地处理。

室外引入信号机械室的信号电缆、通信等其他线缆应设置浪涌保护器。浪涌保护器应集中设置在室内防雷柜或分线盘（柜）上。

第 36 条 室内信号传输线与设有屏蔽层的建筑物外墙平行敷设距离宜大于 1 m,场地条件不允许时，信号传输线路应采用屏蔽电缆或非屏蔽电缆穿钢管敷设，电缆屏蔽层或钢管应与走线架或与接地汇集线连接。

第 37 条 电源防雷箱、防雷分线柜内防雷保安器接地端子汇流排与预留的防雷接地汇集线相连接，连接线应采用截面积不小于 50 mm² 带绝缘护套多股铜导线。

第 38 条 移频综合柜内传输通道防雷接地汇集板与防雷接地汇集线相连接，连接线应采用截面积不小于 50 mm² 带绝缘护套多股铜导线。移频综合柜内屏蔽接地汇集板应就近与等电位接地汇集线相连接，连接线应采用截面积不小于 10 mm² 带绝缘护套多股铜导线。

第 39 条 在防雷分线柜处每根电缆钢带、铝护套采用双根 1.5 mm² 的绝缘电线连接后与预留的电缆屏蔽接地汇集线连接。电缆四芯组绝缘保护层不得剥除，电缆四芯组内屏蔽层在移频综合柜引入口处采用双根 1.5 mm² 扁平网与柜内屏蔽接地汇集板连接。

设备房屋引入口与分线柜间距离大于 5 m 时，应在电缆引入口处或电缆间将电缆钢带切断（铝护套不得断开），电缆钢带及铝护套做接地处理，用双根 1.5 mm² 的绝缘电线与预留的电缆屏蔽接地汇集线连接。

第 40 条 应积极推广使用电缆成端盒和电缆成端柜。电缆成端需要和河东、河西运输段确定标准和技术规范。

第 41 条 接地线施工应符合下列规定：

1. 路径应短捷，配线时不留余长。

2. 当接地连接线穿越墙体、楼板时，应采取绝缘保护措施。

3. 采用拴接连接时，应使用双铜螺母。

4. 室内设备、设施与接地汇集线的接地连接线护套应采用阻燃材料。

第 42 条 防雷电路的配线与其他配线应分开，不允许其他设备借用并联型防雷设备的端子；接地线严禁设置开关、熔断器或断路器。

第 43 条 浪涌保护器施工应符合下列规定：

1. 浪涌保护器接地线应与防雷接地汇集线就近连接。

2. 并联型浪涌保护器与被保护设备端子的连接线截面积不小于（5）mm²，长度不大于 0.5 m；受条件限制时，可适当延长但不超过 1.5 m；或采用凯文接法，接地线长度不大于 1 m。

3. 浪涌保护器至接地汇集线的接地连接线长度应不大于 1 m。

4. 各种浪涌保护器均应设置用途及去向标牌。

5. 浪涌保护器与被保护设备端子的连接线应采用阻燃塑料外护套多股铜线。

第六章　室外信号设备接地

第 44 条　信号设备金属外缘距接触网带电部分的距离应大于 2 m，距接触网带电部分 5 m 范围以内的信号设备，其金属外壳应采用截面积为 50 mm² 的铜质接地线与接地端子连接。

第 45 条　包含信号设备的箱、盒、柜等壳体应具有良好的电气贯通和电磁屏蔽性能，壳体内应设专用接地端子（板）。进出箱盒的电源线、信号线宜采用屏蔽电缆，屏蔽电缆的金属屏蔽层应接地。高柱信号机点灯线缆应采用屏蔽线缆。

第 46 条　室外电缆钢带、铝护套、内屏蔽护套应采用分段单端接地方式。单端接地的电缆长度不宜超过 1 000 m。箱盒引入电缆的钢带、铝护套层采用 U 型卡加固牢固，环连后用两根 7 mm × 0.52 mm 铜芯绝缘软线接至箱盒内接地端子，内屏蔽层用 1.5 mm² 扁平铜网环连后接至箱盒内接地端子。设备接地端子应就近与综合接地端子或贯通地线连接，连接线应采用截面积 50 mm² 的铜导线。电缆钢带、铝护套、内屏蔽护套应与金属材料箱盒绝缘。

第 47 条　ZPW-2000 室外箱盒及信号机等所有相关的金属设备外壳的安全地线、防雷地线及屏蔽地线应用 25 mm² 铜缆与贯通地线可靠连接。也可将各地线用 7 mm² 铜缆环接后接到方向盒地线端子，然后用 25 mm² 铜缆连接到贯通地线上。未设置贯通地线的接地应用 25 mm² 铜缆与接地体可靠连接。

第七章　综合接地

第 48 条　综合接地系统应由贯通地线、接地装置构成，其中接地装置包括接地体（极）、接地端子和接地线。

第 49 条　综合接地系统的贯通地线由运输段负责管理与维护，综合接地系统内的各接地装置和引接线（含两端接头或端子）由运输段负责管理和维护，相关专业需接入贯通地线时须经公司运输管理部同意。

第 50 条　距贯通地线 20 m 范围内铁路建筑物的接地装置应与综合接地系统的贯通地线可靠连接，并满足以下要求：

1. 贯通地线在信号机房建筑物一侧上、下行两端应分别与其环形接地体连接，每端设 2 根连接线（50 mm² 裸铜线），2 根连接线的间隔为 2 ~ 3 m。

2. 其他建筑物的地网应与贯通地线可靠连接。

第 51 条　综合接地系统接地端子处的接地电阻不应大于 1 Ω。

第 52 条　沿线建筑物构筑物独立接地装置的接地电阻值宜先符合自身接地电阻要求后，再与综合接地系统进行等电位连接。

第 53 条　双线铁路综合接地系统应沿线路两侧分别敷设 1 条贯通地线。

第 54 条　路基地段贯通地线的设置应符合下列规定：

1. 路堤、土质及软质岩路堑地段的贯通地线埋设于通信信号电缆槽下方，距基床底层顶面或电缆槽底面 300 ~ 400 mm 处；贯通地线上方应覆盖不少于 100 mm 厚度的填料。

2. 石质路堑地段的贯通地线埋设于通信信号电缆槽底面下约 200 mm 的沟中，并回填细粒土进行防护。

第 55 条 路基地段对应接触网支柱位置应设贯通地线的分支引接线，用于接触网支柱基础接地装置与贯通地线等电位连接。分支引接线应与贯通地线同材质、同截面。

第 56 条 桥梁地段的贯通地线设置及隔离防护措施应符合下列规定：

1. 桥梁采用整体桥面布置时，将贯通地线埋设于通信信号电缆槽下方防水保护层内，通过防水保护层进行物理隔离防护。即在防水层涂刷后，敷设贯通地线，贯通地线与接地端子连接后再进行保护层施工。

2. 桥梁采用外挂隔板电缆槽时，将贯通地线敷设于分割的小槽内，与通信信号电缆分槽敷设，通过电缆槽隔板进行物理隔离防护。

3. 在桥梁伸缩缝处，贯通地线考虑余量，并采用阻燃绝缘套管防护。

第 57 条 隧道地段贯通地线应敷设于通信信号电缆槽内靠线路侧直角处，并采用水泥砂浆封灌的方式，包封水泥面至贯通地线所在电缆槽角落的厚度不小于 50 mm。

第 58 条 线路两侧贯通地线应进行横向连接，并符合下列规定：

1. 路基地段宜每隔 500 m 连接 1 次，横向连接线应与贯通地线同材质、同截面。

2. 桥梁地段利用每孔梁端部的横向接地钢筋实现两侧贯通地线的横向连接。

3. 隧道地段利用二次衬砌的环形接地钢筋实现两侧贯通地线的横向连接。

第 59 条 站台附近的贯通地线宜沿站台墙靠线路侧敷设。

第 60 条 贯通地线的标识设置应符合下列规定：

1. 径路转向及分支处、路基地段横向连接处、穿越大型管路或高压电缆等障碍物处，均应设置标识。

2. 与光缆、电缆同径路时宜共用标识。

3. 接地端子的位置应做标识。

4. 贯通地线的接续处应设地线接续标识。路基地段可标识在电缆槽盖板上，桥梁、隧道地段可标识在防护墙或隧道侧壁上，其他直埋地段应有接续标。

第 61 条 贯通地线敷设应平顺，不得形成环状，外护套无损伤、变形；弯曲半径不小于贯通地线外径的 15 倍；不得压、折、摔、扭曲贯通地线，不得在地上拖拉贯通地线。

第 62 条 贯通地线接续及其与分支引接线、横向连接线的连接应采用 2 个 C 形压接件，并采取防腐措施，C 形压接件的间距：DJ/H35 型，30～35 mm；DJ/H70 型，45～50 mm。压接力不应小于 12 t。

第 63 条 路基地段接地体宜利用接触网支柱基础内的非预应力结构钢筋。当接触网支柱基础内没有非预应力结构钢筋时，应增设接地钢筋。

第 64 条 路基地段接地端子设置应符合下列规定：

1. 接触网支柱基础侧面应设置接地端子，并通过分支引接线与贯通地线连接，接地端子应与接触网支柱基础内接地钢筋焊接。

2. 根据信号轨旁等设备或设施的接地需要，在距接触网支柱不小于 15 m 的适当位置设置接地端子。

3. 电缆井内可按需设置接地端子。

第 65 条 桥梁地段接地端子设置应符合下列规定：

1. 在每跨梁底部设置接地端子，用于梁体与桥墩间的接地连接。

2. 在每跨梁顶部设置接地端子，用于贯通地线及轨旁设备、设施等的接地连接。

3. 在桥墩墩帽设置接地端子，用于桥墩接地装置与梁体接地装置的连接。

4. 在非水中桥墩的下部可设置接地端子，用于接地电阻检测和外部人工接地体连接。

5. 接地端子应与桥墩和梁体内的接地钢筋焊接。

第 66 条 隧道地段接地端子设置应符合下列规定：

1. 在隧道两侧通信信号电缆槽靠线路侧外缘约每 50 m 设置 1 个接地端子，用于轨旁设备、设施的接地连接。有条件时可按需要位置设置。

2. 在隧道通信信号电缆槽底部每间隔 100 m 设置 1 个接地端子，用于贯通地线的接地连接。

3. 在每个隧道洞室垂直线路的两侧壁下方距地面 0.2 m 处各设置 1 个接地端子，用于洞室内设备、设施接地连接。

4. 在隧道侧壁及拱顶按需要位置设置接地端子，用于电力照明及接触网设施接地连接。

5. 在隧道横通道、斜井口设置接地端子，用于防灾救援设备接地连接。

6. 隧道内所有接地端子应通过连接钢筋与电缆槽靠线路侧外缘的纵向接地钢筋焊接。

第 67 条 站台范围内的接地及等电位连接应符合下列规定：

1. 站台墙的台面上层靠线路侧 0.6 m 范围内的纵向结构钢筋与站台墙内的部分横向、竖向结构钢筋及接地端子连接构成站台墙接地装置，并与贯通地线间隔 100 m 连接 1 次。

2. 站台面结构钢筋可接入综合接地系统。

3. 综合站房或信号楼等建筑物接地装置沿线两端，通过热镀锌扁钢与站台墙预留的接地端子就近等电位连接。

第 68 条 牵引供电设备、设施接地及等电位连接应符合下列规定：

1. 在自动闭塞区段，接触网保护线引下线或回流线吸上线与信号轨道电路完全横向连接线宜设置在同一位置。

2. 桥上接触网支柱基础内的钢构件应与桥梁接地钢筋等电位连接。

3. 隧道、明洞内的接触网预埋件应与隧道、明洞接地钢筋等电位连接。

第 69 条 强电与弱电设备、设施不得共用接地端子，并与贯通地线等电位连接，其间距不应小于 15 m。

第 70 条 综合接地系统的接地端子应按下列规定进行安装：

1. 接地端子设置应符合设计要求，并便于安装和检查，避免设置在有腐蚀性气体及易受机械损伤的位置。

2. 接地端子应直接灌注在电缆槽或其他混凝土制品中。

3. 在有接地端子处的电缆槽盖板、防护墙、隧道壁上设置接地标识。

第 71 条 等电位连接线与接地端子拴接的螺栓应紧固，并采取加装弹簧垫圈的防松措施。

第 72 条 建筑物构筑物的接地装置、金属结构物和电气设备等与贯通地线等电位连接时，应通过预留的接地端子连接。

第八章　工程验收

第73条　信号设备综合防雷及接地工程验收应严格按照本规则和现行有关技术标准、技术规范的要求进行。

第74条　防雷及接地工程应按下列规定进行施工质量控制：

1. 对主要材料、设备进行进场验收，不合格产品不得用于工程施工。

2. 对各工序进行过程控制和检查，上道工序应符合下道工序的施工条件和技术要求，未经检查或检查不合格的不得进行下道工序施工。

3. 工程施工质量验收使用的计量仪表、工器具检定合格，并在有效期内。

第75条　施工单位应认真落实施工质量责任制，建立施工检查制度，做好自检、自验工作，及时解决施工质量问题。

第76条　现场车间要加强对工程质量的监督检查，发现质量问题应责令施工单位立即纠正并及时上报段生产技术部。

第77条　工程竣工后，施工单位必须确认工程已按设计工作量完成，质量符合相关技术标准，并提供完整的竣工文件，经施工单位自验合格后，请求验收。

第78条　施工项目全部完成、提报资料齐全后，按照权限公司组织验收的由公司组织，段组织验收的由段生产技术部组织现场车间、施工单位进行验收。资料如下：

1. 贯通地线、综合接地端子、避雷网、避雷带、引下线、环形接地装置（包括：水平、垂直接地体）、建筑物基础地网和室内各种接地汇集线、屏蔽设施等竣工图纸；浪涌保护器配置图和接线、配线图。

2. 设计方案及变更记录。

3. 隐蔽工程（环形接地装置建筑物基础地网）的安装记录（影像资料）和随工验收记录。

4. 地网接地电阻（一组）测试记录，包括测试仪表和环境描述（时间、气候、土质等）。

5. 防雷产品出厂检验报告、出厂合格证、CRCC证书等；防雷产品使用说明书，包括技术性能、安装方法、技术指标、维修和故障应急处理规则。

第79条　防雷设备验收内容

1. 贯通地线、综合接地端子、避雷网、避雷带、引下线、地网检查应包含：使用材料，安装、连接和防腐检查，贯通地线、综合接地端子及地网的埋设、标志及隐蔽工程记录检查。

2. 接地汇集线及机房屏蔽的检查应包含：使用材料，安装及连接检查（其中金属门窗与地网、防静电地板支柱及地网、机房屏蔽的任意两点之间用毫欧表进行测试，电阻应小于 0.1 Ω）。

3. 浪涌保护器的检查应包含：安装位置、方式及配线的规格、颜色、长度、径路检查；各级能量配合及参数检查，并有 CRCC 认证标志；电源防雷箱报警和雷击计数器检查。

第80条　铁路信号设备所用浪涌保护器必须获得 CRCC 产品强制认证证书。防雷设备供货厂家提供的产品信息、产品适用范围、产品铭牌必须与认证信息相符。

第81条　浪涌保护器应逐步实现免维护，并纳入信号集中监测；需要日常测试的应由供货厂家提供测试方法及测试要求，工程设计中配套配备仪器、仪表和备品。

第82条　施工单位在进行隐蔽工程施工前，现场车间应派人配合，掌握和监督隐蔽工程质量并进行隐蔽工程视频资料采集，填写隐蔽工程质量检查记录，履行签认手续，作为工程验交资料。

第83条　段生产技术部、现场车间应建立信号设备综合防雷及接地工程验收记录（见附表1、2），包括隐蔽工程验收记录（环形接地装置、垂直接地体、机房屏蔽等）、工程质量检查验收记录（避雷网、避雷带、引下线、接地汇集线、等电位连接、贯通地线等各项综合防雷设施）和检测测试记录（接地电阻、浪涌保护器等）。

第九章　维护及测试

第84条　维护及检查内容：

1. 检查室内防雷设施和金属外壳、机架等电位连接的电气连续性，如发现松动或断路，应及时修复。

2. 检查避雷带、避雷网、引下线的腐蚀情况及机械损伤，包括由雷击放电造成损伤。如有损伤、脱焊、松动，应及时修复；腐蚀部位超过截面积三分之一时，应更换。

3. 检查各类浪涌保护器的运用质量，有故障指示、接触不良、漏流过大、发热、绝缘不良、积尘等情况时应及时处理。

4. 检查贯通地线连续、完整，无挖断、偷盗等情况，走线或埋设良好，与综合接地端子连接良好。

5. 值班点每日、非值班点每月在设备巡视检查时对防雷元器件进行外观检查，发现指示窗变化或外观异常，及时更换。雷暴天气后及时对防雷元器件进行检查，发现指示窗变化或外观异常，及时更换。

6. 信号设备综合防雷维护内容、周期及标准（见附表3）。

第85条　建立地线台账及测试记录，各类地线接地电阻每年测试1次。包括室内电源防雷箱接地汇集线、防雷分线柜接地汇集线、等电位接地汇集线（走线架、组合架、电源屏、控制台、机架、机柜等壳体接地）等及与其连接的各类地线；室外箱、盒、柜、信号机等壳体及梯子安全地线，室外箱、盒、柜内电缆屏蔽地线及设备防雷地线等。接地电阻值大于规定标准时，应检查、测试信号机械室环形接地装置、室外贯通地线等，找出变化原因，采取有效措施进行整改。

第86条　测试室内电源防雷箱接地汇集线、防雷分线柜接地汇集线、设备接地汇集线、屏蔽接地汇集线等接地电阻时，同时对接地汇集线与墙体（屏蔽层）间的绝缘进行测试，确保与墙体（屏蔽层）绝缘。

第87条　建立浪涌保护器台账及测试记录，并联型浪涌保护器应在每年的雷雨季节前进行一次测试，按产品标准测试项目全测，发现特性不良应分析原因，及时更换；带劣化指示防雷元器件不测试，串联型防雷元器件故障修。新上道的防雷元器件（含带劣化指示防雷元器件），按产品标准测试项目全测，测试合格后方可上道使用。

第88条　修配基地每年对地线和防雷元件测试数据进行一次全面汇总，统计分析全段不合格地线和防雷元件特性变化原因，抽测和指导防雷测试整治工作，于每年6月份前将防雷和地线测试整治情况报运输管理部。

第89条　测试电缆芯线绝缘时，应拔除浪涌保护器或断开地线，以免损坏浪涌保护器并影响测试结果，测试完毕及时恢复。

第90条　进入雷电综合防护的机房，严禁同时直接接触墙体（含屏蔽层、金属门窗、水暖管线等）与信号设备。需要接触信号设备时，必须采取穿绝缘鞋或在地面铺垫绝缘胶垫等措施。

第十章　附　则

第91条　本规则由神朔铁路分公司运输管理部负责解释，未尽事宜按中国铁路总公司《普速铁路信号维护规则》执行。

第92条　本规则自发布之日起执行。

附　件

附表1：信号地网隐蔽工程验收表
附表2：信号综合防雷工程质量检查记录表
附表3：信号设备雷电及电磁兼容综合防护系统设备维护内容、周期及标准）

附表 1

_____站信号地网隐蔽工程验收表　　　（电信维表 85）

工程名称：				

施工日期：_____年_____月_____日至_____年_____月_____日，共_____天

竣工图纸：有□，无□　　　　　　　　　　　影像资料：有□，无□

序号	施工项目	施工情况描述（从焊接数量、质量、工艺、材料等方面描述）	施工单位检验记录	设备管理单位确认检验记录
1	水平接地体材料及规格	40 mm×4 mm 热镀锌扁钢		
2	垂直接地体材料及规格	50 mm×50 mm×5 mm 热镀锌角钢，电力牵引区段应用石墨接地体		
3	垂直接地极长度及数量	长度（　　）m，数量（　　）根		
4	地网与外墙面间距	≥1 m		
5	地网沟深度	≥0.7 m		
6	扁钢与扁钢、扁钢与角钢焊接长度	≥2 倍钢材宽度		
7	焊接工艺	至少三面焊接，焊点平滑无毛刺、清理焊渣		
8	焊点的防腐措施	先刷防锈漆后刷沥青漆防腐，防腐面应超出焊点四周 25 mm		
9	地沟回填	土壤填实，表面平整		
10	地网引出点数量	数量（　　）个		
11	信号地网接地电阻值			
信号地网设置示意图				
施工单位（签字）：			年　　月　　日	
设备管理单位确认（签字）：			年　　月　　日	

附表2

_____站信号综合防雷工程质量检查记录表

一	工程文件、记录及重要过程齐全	
1	合同	
2	现场勘察记录	
3	综合防雷系统设计施工图纸	
4	安全配合协议	
5	防雷工程施工计划表	
6	现场施工人员安全培训记录表	
7	施工自验记录表（完工）	
8	隐蔽工程随工验收记录（含影像资料）及地网接地电阻（一组）测试记录	
9	工程验收报告	
10	防雷工程竣工图纸（含浪涌保护器配置图和接线、配线图）	
11	浪涌保护器检验报告	
12	浪涌保护器使用说明书	
13	质量保证承诺书及产品售后服务承诺（浪涌保护器保质期不少于年，其使用寿命不小于 15 年）	
二	工程质量检查	
（一）	避雷带、避雷网、引下线	
14	室外电子设备集中的区域，可在距电子设备和机房建筑物 30 m 以外的地点安装多支独立避雷针	
15	40 mm×4 mm 热镀锌扁钢交叉焊接避雷网格，不小于φ12 m 的热镀锌圆钢沿屋顶设避雷带。引下线用两者皆可。避雷网与避雷带，焊接时在焊接点处宜放置石棉阻燃垫防护，至少三面焊接	
16	避雷网由不大于 3 m×3 m 的方形网格，每隔 3 m 与避雷带焊接，避雷网焊接时在焊接点处须放置石棉阻燃垫防护，至少两面焊接	
17	避雷带沿屋顶周边设置一圈，距墙体高度 0.15 m，支撑柱间不大于 1 m	
18	引下线沿机房建筑物外墙均匀垂直敷设 4~6 根，安装平直并与其他电气线路间距大于 1 m，卡钉固定均匀牢固，间距小于 2 m。焊接处不得有急弯，弯曲半径应不小于90°。引下线与避雷带、地网焊接良好。引下线与分线盘距离不小于 5 m。引下线沿外墙部分须加装绝缘套管防护，不得外露且离地留有间隙排水，不得影响房屋整体美观，长度不够需接长时须采用焊接，焊接处重叠部分不少于 50 mm，至少三面焊接。引下线上端与避雷带焊接连通，至少三面焊接	

19	避雷带、引下线等金属材料须先拉直后再安装，永久性普通螺栓双螺母带弹垫拧紧后，外露螺纹不应小于两个螺距，螺栓孔不得采用气割扩孔和冲孔；避雷网、带等施工不得破坏房屋结构和屋顶防水设施等。避雷网、避雷网与避雷带、避雷带与引下线等焊接面涂银粉或沥青，焊接应饱满牢固，不应有夹渣、虚焊、咬肉、气孔及未焊透现象	
20	混凝土框架结构的建筑物可利用结构主筋作为自然引下线。在避雷带引下线处应设垂直接地体，垂直接地体必须与水平接地体可靠焊接	
21	综合地网：埋设的焊接接头应有防腐措施，至少三面焊接，焊接面涂沥青，焊接应饱满牢固，不应有夹渣、虚焊、咬肉、气孔及未焊透现象	
22	垂直接地体与水平接地体焊接部位涂沥青做好防腐处理，接地装置连接应可靠，连接处不松动、脱焊或接触不良，接地体应设置永久性明显标志	
23	垂直接地体在土壤中的顶端埋设深度不应小于 0.7 m，其间距不宜小于其长度的 2 倍并均匀布置	
24	设备的接地引出线、接地干线或等电位连接带不应与防雷引下线直接共用	
25	综合地网接地电阻不大于 1 Ω	
26	施工时，在既有的硬面化地面上开挖，应采用机械切割施工，施工完后应原样恢复好。施工前须调查地下电缆、管网情况，避开电缆、管网地段，基坑开挖时，须注意勿扰动坑底及四周的土壤，并要防止雨水侵入，回填时必须分层夯实，保证经夯实的回填土达到天然状态的密实度原样恢复好	
27	防雷接地隐蔽部分应在竣工图上注明接地体及连接线的走向和部位，要有检测记录、隐检记录等有关手续	
28	接地汇集线与环形接地装置的连接线，应采用 2 根截面积不小于 25 mm² 有绝缘外护套的多股铜线单点冗余连接。接地汇集线在环形接地装置上的连接点之间、与引下线在环形接地装置上的连接点相互间距都应不小于 5 m。引出线处室内外均贴标识（字样 "××接地汇集引出线"）。引出线室外部分至地面下 0.3 m 长的一段须加装绝缘套管防护	
29	信号机房建筑物屋顶不允许设置避雷针	
（二）	法拉第笼、屏蔽	
30	计算机联锁机房应采取完善的室内法拉第笼屏蔽，材料选用镀锌铁板屏蔽材料，板材厚度不小于 0.6 mm，安装良好	
31	门窗屏蔽应采用截面积不小于 9 mm² 网孔小于 80 mm×80 mm 的铝合金网，并用不小于 16 mm² 的软铜线与地网或屏蔽层可靠连接	
	金属板间每间隔 500 mm 必须焊接或用不小于 2 mm² 的软铜线可靠连接	
	屏蔽层必须在引下线与地网连接处用不小于 25 mm² 的软铜线可靠连接（可多处连接）	

	机房已预留钢筋接地端子板的，屏蔽层应与钢筋接地端子板拴接	
32	机房地面应采用防静电地板，金属支架间应可靠连接，或在金属支架底部采用 0.2 mm×20 mm 铜箔带构成与支架一致的网格，铜箔带交叉处用锡焊接	
	互相连接的金属支架或网格铜箔带应采用 10 mm² 的铜带（扁平铜网编织带）与地网或屏蔽层连接至少 4 处，铜带一端加线鼻后与地网或屏蔽层拴接，另一端用锡焊接	
33	接地体永久性标示明显、字迹清晰、位置准确	
（三）	防雷分线柜、电源防雷箱及浪涌保护器	
34	信号传输线的浪涌保护器应集中设置在分线盘处；新建或大修车站（场）应采用防雷型分线柜；既有车站应在分线盘处设浪涌保护器，尽可能采用防雷分线柜	
35	浪涌保护器与被保护设备端子连接线应采用阻燃塑料外护套多股铜线，截面积不小于 1.5 mm²，并联连接方式时长度不大于 0.5 m（受条件限制时，可适当延长但不得超过 1.5 m）采用凯文式接法。浪涌保护器至接地汇集线的接地连接线长度应不大于 1 m	
36	引入信号机房的电力线应采用多级雷电防护，单独设置电源防雷箱，电源防雷箱设置地点应符合防火要求，连接线应采用阻燃塑料外护套多股铜线	
37	第Ⅰ级（电源配电盘）电源防雷应有故障声光报警、雷电计数和状态显示，连接线截面积不小于 10 mm²；第Ⅱ级设在电源屏电源引入侧，连接线截面积不小于 6 mm²；第Ⅲ级设在微电子设备（计算机终端电源稳压器或 UPS 电源）前，连接线截面积不小于 2.5 mm²	
38	信号设备机房的电源应采用 TN-S 系统。三相电源供电应采用 L（相线）-L、L-PR（保护地线）和 N（中性线）-PE 全模防护的并联三相电源防雷箱；单相电源供电的应采用 L-N、L-PE 和 N-PE 的单相电源防雷箱	
39	信号设备浪涌保护器的设置应符合《维规》的规定，且必须取得 CRCC 认证后方可上道使用	
40	室内采集、驱动信号传输线浪涌保护器，冲击通流容量不小于 1.5 kA，限制电压不大于 60 V；室内视频信号传输线浪涌保护器冲击通流容量不小于 1.5 kA，限制电压不大于 10 V；RS-232，RS-422，RJ-45，G.703/V.35 等通信接口传输线浪涌保护器冲击通流容量不小于 1.5 kA，限制电压不大于 40 V	
41	其他室内信号传输线浪涌保护器，冲击通流容量应不小于 5 kA，限制电压应符合《维规》规定	
42	电源线与信号线、高频线与低频线、进线与出线必须分开敷设，室内信号传输线与设有屏蔽层的建筑物外墙平行敷设距离宜大于 1 m	
43	室外信号设备浪涌保护器接地端子应就近与接地体可靠连接，ZPW-2000 室外箱盒及信号机等所有相关的金属设备外壳的安全地线、防雷地线及屏蔽地线应用 25 mm 铜缆与贯通地线可靠连接；横向连接的空芯线圈或扼流中心点之间应用 70 mm² 铜线连接；空芯线圈中心点与防雷单元用 10 mm² 铜缆连接	

44	防雷元件并联使用时，在任何情况下不得成为短路状态；串联使用时，在任何情况下不得成为开路状态。用于电源电路的浪涌保护器，应单独设置，应具有阻断续流的性能，工作电压在 110 V 以上的应有劣化指示	
45	通道防雷元件的选型： 信号机：纵向防护； 轨道电路发送端：带发码横向防护；不带发码纵横向防护； 轨道电路接收端：均为横向防护； 断丝报警、站联、场联、方向电路：纵向防护（对于部分场联、站联线路工作电压较高，根据现场实际情况选择）； 电话电路：纵向防护	
（四）	信号设备接地装置	
46	信号地线分为安全地、屏蔽地、防雷地、防静电地、逻辑地线由各自接地体引出，标示明白清楚	
47	地网应由建筑物四周的环形接地装置、建筑物基础钢筋构成的接地体相互连接构成	
	环形接地装置由水平接地体和垂直接地体组成，应环绕建筑物外墙闭合成环	
	水平接地体材料 40 mm×4 mm 热镀锌扁钢、镀层厚度大于 250 μm 且不小于 φ14 mm 镀铜圆钢	
	水平接地体距建筑物外墙间距不小于 1 m，埋深不小于 0.7 m	
	垂直接地体材料：可采用石墨接地体、铜包钢、铜材、热镀锌钢材（壁厚不小于 3.5 mm 钢管、直径不小于 12 mm 圆钢、不小于 50 mm×50 mm×5 mm 的角钢、不小于 40 mm×4 mm 的扁钢）或其他新型接地材料	
	电气化区段垂直接地体应采用石墨接地体	
	环形接地装置的标志应清晰明了，应在地面上竖立标桩或设置铭牌	
	环形接地装置必须与建筑物四角的主筋焊接，并应在地下每隔 5~10 m 与机房建筑物基础接地网连接	
48	贯通地线任一点的接地电阻不得大于 1 Ω	
	距贯通地线 20 m 范围内铁路建筑物应满足：贯通地线在信号机房建筑物一侧上、下行两端应分别与其环形接地体连接，每端设 2 根连接线（50 mm^2 裸铜线），2 根连接线的间隔为 2~3 m	
（五）	等电位连接	
49	控制台室、继电器室、防雷分线室（或分线盘）、计算机室和电源室（电源引入处）应设置接地汇集线	
	接地汇集线应采用大于宽 30 mm、厚 3 mm 的紫铜排，在环形设置时不得构成闭合回路	

	铜排相互连接应采用 3 个铜螺栓双铜螺帽进行固定，接触部分长度不小于 60 mm，引入信号机械室的各种线缆屏蔽护套应与接地汇集线可靠连接	
49	电源室电源防雷箱处、防雷分线室（或分线盘）处的接地汇集线应单独设置，与环形接地装置单点冗余连接。其余接地汇集线可采用 2 根截面积不小于 25 m² 有绝缘外护套的多股铜线或 30 mm×3 mm 紫铜排相互连接后，再与环形接地装置单点冗余连接	
	室内走线架、组合架、电源屏、控制台、机架、机柜等所有室内设备必须与墙体绝缘，其安全地线、防雷地线、屏蔽地线等必须以最短距离就近分别与接地汇集线连接	
	走线架应连接良好，不得构成环形闭合回路，已构成闭合回路的应加装绝缘。室内同一排的金属机架、柜之间用截面积大于 10 mm² 的多股铜线连接后，再用 2 根截面积不小于 25 m² 有绝缘外护套的多股铜线或 30 mm×3 mm 紫铜排与接地汇集线连接	
	机房面积较大时，可设置与环形接地装置单点冗余连接的总接地汇集线。控制台室、继电器室、计算机房的接地汇集线可分别与总接地汇集线连接，也可互相连接后，用 2 根截面积不小于 25 m² 有绝缘外护套的多股铜线或 30 mm×3 mm 紫铜排与总接地汇集线	
50	机房分布在几个楼层时，各楼层可设置总接地汇集线，总接地汇集线间应采用 2 根截面积不小于 25 m² 有绝缘外护套的多股铜线或 30 mm×3 mm 紫铜排进行连接	
	接地汇集线与环形接地装置的连接线，应采用 2 根截面积不小于 25 m² 的带绝缘护套多股铜线单点冗余连接。电源室电源防雷箱处（电源引入处）接地汇集线、分线柜处接地汇集线、其余接地汇集线在环形接地装置上的连接点相互间距不应小于 5 m； 引下线在环形接地装置上的连接点，与以上三种接地汇集线在环形接地装置的连接点相互间距也不应小于 5 m	
	无线天线的接地装置应单独设置，并距环形接地装置 15 m 以上，特殊情况下不应小于 5 m；确因条件限制，间距达不到要求时，与接地汇集线在环形接地装置上的连接点之间间距不小于 5 m	
	建筑物内所有不带电的自来水管、暖气管道等金属物体都必须与环形接地装置（或与建筑物钢筋、计算机室屏蔽层）做等电位连接	
51	防雷电路的配线与其他配线应分开，不允许其他设备借用并联型防雷设备的端子	
	接地体引接线不得通过箱、盒、架等作为连接导体，引接线的预留部分不得卷绕	
	引接线与接地体连接时应焊接牢固，引接线的地上、地下部分均有防腐措施	
	接地导线上严禁设置开关，熔断器或断路器，严禁用钢轨代替地线	
52	圆钢与圆钢，圆钢与扁钢（角钢）的焊接长度必须大于圆钢直径的 6 倍，扁钢角钢必须三面焊接，焊接长度必须大于宽边的 2 倍，焊点平滑无毛刺，并作防腐处理，防腐层应在焊点四周延伸 25 mm，埋下地下焊点防腐必须大于 5 mm 以上	

53	环形接地装置使用镀铜圆钢、铜带或缠绕的电缆时，应焊接	
	环形接地装置使用热镀锌扁钢时，应拴接或焊接；拴接时，环形接地装置须采用有直径 8 mm 圆孔的 40 mm×4 mm 扁钢，引接线两端焊接线鼻后，用铜螺栓分别与扁钢和接地汇流线拴接	
	环形接地装置与贯通地线材质相同时，应压接或焊接	
	屏蔽层、暖气等金属管线，防静电板金属支撑架等按上述方法与环形接地装置连接	
54	电缆金属护套与接地汇集线连接时，连接线一端焊接在金属护套上，另一端做线鼻后用铜螺栓与汇集线拴接；也可用线卡箍在电缆金属护套上，连接线两端做线鼻后分别与线卡和接地汇集线连接	
55	安装及连接检查（其中，金属门窗与地网，防静电地板支柱与地网，机房屏蔽与地网，机房屏蔽的任两点之间毫欧表进行测试，电阻应小于0.1 Ω）	
56	检测外部防雷装置的电气连续性，发现是否有脱焊、松动、锈蚀等情况，特别是对地网接地电阻进行测试是否达标	
57	检查避雷带、避雷网、引下线的腐蚀情况及机械损伤包括由雷击放电造成的损伤，及时修复；锈蚀部位超过截面1/3时应更换	
58	检测室内防雷设施和金属外壳、机架等电位连接的电气连续性，是否有松动或断路，及时修复	
59	浪涌保护器安装位置、方式、配线的规格颜色、长度、径路检查各级能量配合及参数检查，电源防雷箱报警和雷击计数器检查	

附表3

信号设备雷电及电磁兼容综合防护系统设备维护内容、周期及标准　（电信维表87）

设备名称	修程	工作内容	周期	标　准
机械室防雷设备	日常维护	1. 各类引下线、接地汇集引出线	每月巡视1次	无断裂、焊接良好
		2. 机房屏蔽法拉第笼外露部分		完好、无断裂
		3. 接地体永久性标志		标示明显、字迹清晰、位置准确
		4. 防雷分线柜、电源防雷箱等地线		接地连接、螺丝紧固良好
		5. 等电位连接		紧固、无断裂
		6. 柜内各类浪涌保护器、防雷分线柜及电源防雷箱报警设备，雷击计数器	值班点每日1次，非值班点每月1次	1. 柜内各类浪涌保护器安装良好、无劣化指示。有故障指示、接触不良、漏流过大、发热、绝缘不良、积尘等应及时处理； 2. 对防雷分线柜及电源防雷箱报警指示及时分析处理，雷击计数器计数变化时记录分析

设备名称	修程	工作内容	周期	标　　准
机械室防雷设备	集中检修	1. 同日常维护内容	第2项每年2月、8月各1次，第3、4、5项每年汛期前测试1次	同日常维护标准
		2. 避雷网、避雷带、引下线、接地装置等外部防雷装置		1. 检查电气连续性，若发现有脱焊、松动和锈蚀等，应进行处理，并测试地网电阻； 2. 检查锈蚀损伤情况，包括雷击放电造成的损伤，若有损伤应及时处理，锈蚀超过1/3应更换
		3. 等电位连接检查		机房金属门窗、空调室外机与地网，防静电地板支柱与地网，机房屏蔽与地网，机房屏蔽的任两点之间用毫欧表进行测试，电阻应小于0.1Ω
		4. 接地电阻测试		综合地网接地电阻不大于1Ω，对综合防雷的电源防雷箱处、防雷分线柜处、室外引入电缆金属护套屏蔽处、设备安全等电位连接处（机械室、控制台等）、法拉第笼等接地汇集线的接地电阻分别进行人工测试，并记录
		5. 防雷元件检测		带劣化指示窗口和报警功能的防雷模块上道使用前进行测试，检查发现劣化及时更换；对无劣化指示的防雷元、器件进行检测，测试数据对照相关标准进行核查，不良的更换。被雷电击中的相关防雷元件，立即进行测试、分析
室外接地及防雷设施	日常维护	1. 贯通地线	每半年1次	走线或埋设良好，无挖断、偷盗情况
		2. 综合接地端子		标示清楚、连接线固定良好
	集中检修	1. 同日常维护内容	每年1次	同日常维护标准
		2. 综合接地端子及设备接地电阻测试		综合接地端子接地电阻不大于1Ω；室外设备接地端的接地电阻符合标准
		3. 防雷元件检测		1. 带劣化指示窗口和报警功能的防雷模块上道使用前进行测试，检查发现劣化及时更换；对无劣化指示的防雷元、器件进行检测，测试数据对照相关标准进行核查，不良的更换； 2. 被雷电击中的相关防雷元件，立即进行测试、分析

第七编　信号专业天窗修管理规则

第一章　总　则

第1条　为规范（简称公司）管内电务系统信号天窗修管理，结合电务实际，制定本实施细则。

第2条　天窗是指列车运行图中不铺画列车运行线或调整、抽减列车运行线为施工和维修作业预留的时间，按用途分为施工天窗和维修天窗、非常站控天窗。

第3条　信号天窗修管理的基本原则：

1. 严禁将应纳入天窗点内的Ⅰ、Ⅱ级维修作业项目安排在天窗点外进行。天窗点内无法完成的信号维修作业，须纳入公司月度施工计划。

2. 未纳入Ⅰ、Ⅱ级维修作业项目的所有正线及与正线相邻线路室外信号设备巡视、检查、油饰、测试、道岔扳动、道岔清扫涂油的上线作业，一律安排在天窗点内进行。

3. 室内信号设备检查、试验、检修、更换器材及动配线等作业（巡视、查看监测数据除外），须安排在天窗点内进行。

第4条　本规则规定了信号维修天窗作业项目和等级划分、天窗修计划编制及审批权限、天窗修的组织实施方式，明确了天窗点外作业管理、安全管理及考核的要求。

第二章　维修天窗作业项目和等级划分

第5条　维修项目是指作业开始前不需限速，结束后须达到正常放行列车条件，并且在维修天窗时间内能完成的项目。神朔铁路按照作业复杂程度和设备影响范围，分为Ⅰ级维修和Ⅱ级维修，共计二级。

第6条　神朔铁路信号维修天窗作业项目。

1. Ⅰ级维修项目：

（1）年度信号联锁关系检查试验。

（2）室内外单套设备更换。

（3）拆、改、配线等涉及联锁的动线作业。

2. Ⅱ级维修项目：

（1）道岔转辙设备、轨道电路、信号机、光电缆、贯通地线、各种箱盒等室外信号设备检修。

（2）信号机械室、箱式机房内设备检修。

（3）影响道口及车站设备正常运用的设备检修。

（4）室内外设备整治及零小器材更换。

（5）CTC/TDCS 设备检修。

（6）在天窗内可以完成的其他作业项目。

第三章　天窗修计划编制及审批权限

第 7 条　神朔铁路信号专业天窗维修计划由运输段编制、审核，并上报运输管理部，经批准后，调度指挥中心安排实施。维修日期、天窗时间由施工管理部门在月度施工计划文件中公布。天窗维修计划编制程序如下：

1. 信号车间负责审核、汇总管内各工区的月度天窗维修计划申请，于每月 5 日前向运输段生产调度室提报，经调度室主任审核、签认，电务主管副段长批准同意后，并加盖公章，于每月 11 日前向公司运输管理部提报次月度《维修作业计划申请表》格式（见附件 1），运输段电务专业提报月度天窗维修计划时，要注明维修等级、作业项目、地点、施工负责人、配合单位、影响范围等。

2. 维修作业需其他单位配合时，要履行会签手续，经签认、确定方案后再行提报。

3. 运输管理部根据运输段电务信号专业提报的月度维修天窗申请计划统一编制、审批运输段段管区段内次月的天窗维修作业计划，报分管运输的副总经理审阅同意后，上报集团运输管理部，经集团运输管理部批复文电后，下发管内所属各单位执行。

第 8 条　公式管内的正线、到发线或影响正线、到发线正常使用的维修作业，必须在天窗点内进行，向调度指挥中心申请调度命令。其他线路维修作业可在天窗点外安排，不需申请调度命令。

第 9 条　维修计划的变更：

维修计划下达后，因特殊原因需临时增加维修作业时，在不与其他施工及维修作业产生冲突的前提下，由运输段电务信号专业报运输管理部审核同意后，报调度指挥中心安排实施。

第 10 条　对突发性设备故障和灾害的应急抢修等需临时要点的施工，按下列程序办理：

1. 需临时要点时，由运输段电务专业调度填写《临时施工要点申请表》，由电务主管副段长签认并加盖公章后，向运输管理部提出申请，经运输管理部审查，报分管运输副总经理批准后，由调度指挥中心安排施工。

2. 危及行车安全需立即抢修时，运输段电务专业工区人员按规定采取措施，在《行车设备检查登记簿》（故障登记）内登记，在《行车设备施工登记簿》（计划施工）登记要点，车站值班员报告列车调度员（CTC 中心控制车站由运输段电务工区人员直接报告列车调度员）。经神朔铁路经调度指挥中心值班主任批准，发布调度命令进行抢修。运输段电务工区人员应及时向所在车间和运输段电务调度报告，运输段电务调度同时通知配合单位。

第四章 天窗修的组织实施

第 11 条 电务天窗修的组织管理工作由运输段负责：

1. 运输段电务主管副段长全面负责电务天窗修的领导，组织完善本单位天窗修安全管理和考核制度，优化天窗修作业组织方式，提高天窗作业效率和行车设备质量，确保行车和人身安全。并负责本单位的天窗修管理的具体实施，负责组织本单位天窗修作业计划的编制、审批、提报、协调、统计、分析、检查和考核等工作。

2. 生产技术科和车间分别设一名负责天窗修的专（兼）职工程师，按时提报天窗修计划，协调解决天窗修执行过程中出现的问题，监督、检查工区天窗修计划的落实，指导工区做好天窗修工作。技术科信号专业主管天窗修工程师负责对各车间上报天窗修计划的审核和外单位天窗修计划的会签，负责天窗修的统计、分析和总结工作。车间负责天窗修的专（兼）职工程师，负责各工区上报天窗维修计划的审核和天窗点外上线作业计划的审批，负责天窗修的统计、分析和总结工作，按时向运输段电务专业提报天窗修报表。

3 运输段电务调度负责收集和传达天窗修计划，核对每日施工计划和施工安全措施，发布施工和上线作业命令号，负责设备抢修临时施工要点的申报工作，实时掌握施工和维修作业动态，对当天施工和维修作业计划、作业进度、安全防护措施、盯控干部上岗情况实时掌握并记录。

第 12 条 电务天窗维修作业由车间负责组织实施。其中Ⅰ级维修负责人由车间主任（副）担当并组织现场作业（Ⅰ级维修较多时，车间主任可委派车间干部担当），Ⅱ级维修负责人由工长（副）担当并组织现场作业。

Ⅰ级维修项目中涉及首日作业、关键作业、重点站（场）、重点处所的作业，运输段生产技术科电务负责人或委派专业工程师现场指导；Ⅱ级维修项目中涉及首日作业、关键作业、重点站（场）、重点处所作业，车间干部要参加盯控。

第 13 条 涉及两个车间及以上的维修作业项目（含管辖范围、人员），由运输段指定车间担当维修作业主体，组织维修作业。必要时段可派员参加、进行协调。

第 14 条 车间内涉及两个工区及以上的Ⅱ级维修作业项目（含管辖范围、人员，不含同站室内外工区），由车间干部担当维修作业负责人。

第 15 条 关于制定维修作业安全措施的要求：

1. 所有电务Ⅰ级维修作业项目及配合工务更换提速道岔尖轨、基本轨的施工，由车间组织制定维修作业安全措施，运输段生产技术科审核批准。

2. 信号Ⅱ级维修项目中的零小器材更换及配合工务更换绝缘，辙叉，更换非提速道岔尖轨、基本轨等施工，由工长（副）制定维修作业安全措施，车间审核批准。

3. 维修作业安全措施应包括：维修作业时间、地点、负责人、工作内容、影响范围、人员分工、人身和行车安全措施、试验项目及安排、应急预案等内容。维修作业安全措施样式见附件3。

4. 维修作业安全措施须在作业前预备会上，由维修作业负责人向所有作业人员进行布置，做到人人清楚。

第 16 条 运输段或车间下达的维修作业计划，实行统一编号管理。

第 17 条 利用维修天窗实施的信号联锁变动及配线改动等作业，必须由车间主任（副）担当维修作业负责人，且有相应试验资格人员负责试验，并将试验结果做详细记录。

第 18 条 电务维修作业项目，由车间负责每日将本车间管内次日天窗Ⅰ级维修项目在"神朔铁路营业线施工管理系统"中进行上报，段生产技术科电务主管进行审核批准，经运输段电务调度发布命令执行。天窗维修作业结束 1 h 内，由维修负责人或指定专人在"神朔铁路营业线施工管理系统"上办理销号手续。

第五章　信号天窗维修联系、登记、销记的规定

第 19 条 联络与协调规定：

1. 维修作业前 1 日 18:00 点前登录神朔铁路神朔铁路营业线施工管理系统进行维修登记，经配合单位确认，由车站值班员向列车调度员提出申请。

2. 段电务车间按照核准的维修计划，汇总管内各工区次日维修内容、维修联系人、联系电话等内容，填写《神朔铁路现场维修施工联系表》（见附件 4 表 1），于当日 20:00 前传至段电务调度。

第 20 条 防护规定：

天窗作业期间现场工区须按规定设置驻站联络员、现场防护员，未设置防护禁止上线，联系中断时必须停止作业。

第 21 条 销记与确认规定：

1. 段电务调度应将现场作业的维修施工负责人、联系电话、维修给点、销点时间等重要信息详细做好记录。

2. 现场维修施工负责人在维修施工作业结束前 30 min，须主动与段电务调度联系沟通，汇报是否可以按时销点或需要延长天窗时间。

第六章　天窗点外作业管理

第 22 条 在铁路护网内进行以下不影响行车安全和基础稳定的巡视、检查，可在天窗外进行，但不得在信号机械室内进行影响设备正常使用的检修作业。

第 23 条 神朔铁路所有正线及与正线相邻线路室外信号设备巡视、检查、油饰、测试、道岔扳动、道岔清扫涂油的上线作业，一律安排在天窗点内进行。遇有特殊情况必须安排点外上线巡视及检查时，须经段电务主管副段长批准，采取车间干部带班盯控并按规定设置好室内外防护等安全措施后，方可上线作业。

配合电力停电作业需对信号电源屏两路电源的切换作业，可在天窗点外进行。

其他站线、专用线、段管线等正线及与正线相邻线路范围以外的室外信号设备上线作业，可安排在天窗点外进行，但不得超出《营业线施工安全管理实施细则》中允许的天窗点外作业内容。

第 24 条　神朔铁路天窗点外上线作业必须制定天窗点外上线作业计划（见附件 2），严禁无计划作业。上线作业计划提报、编制、审核、批准流程如下：

1. 天窗点外上线作业计划，由工区负责向车间申报，车间主任（副）负责审批，加盖车间公章后，下达到相关的工区。涉及正线及与正线相邻线路天窗点外上线作业，须由车间向段电务调度申请，经电务主管副段长批准，段电务调度下达段调度命令。

2. 天窗点外上线作业计划在"神朔铁路营业线施工管理系统"上提报并实行命令号管理，须运输段审批的计划由车间于前一日向段电务调度提报，命令号格式为：段（车间）点外计划-月份-日期-编号。天窗维修作业结束 1 h 内，由施工负责人或指定专人在"神朔铁路营业线施工管理系统"上办理销号手续。遇有特殊情况需临时上线时，车间应报段电务调度协调办理。

3. 运输段电务车间天窗点外作业计划经审核签认后，由设备管理单位进行登记，经车站值班员签认后方可作业。作业时段的电务管辖车间负责安排现场监护，监护人员未到，严禁上线作业。

第 25 条　天窗点外上线作业前，驻站联络员必须携带段或车间批准的《天窗点外维修作业计划表》，并在车站《行车设备检查登记簿》（点外上线）内登记，车站值班员签认后，方可通知作业人员开始作业。工区须按规定设置驻站联络员、现场防护员，未设置防护禁止上线，联系中断时必须停止作业。

第 26 条　信号机械室内天窗点外作业管理要求：

1. 在信号机械室进行室内日常设备巡视、查看集中监测记录、利用轨道电路测试盘测试和环境清理等不触及行车设备的作业，不需制定天窗点外维修作业计划，可不在《行车设备检查登记簿》登记。

2. 室内信号设备检查、试验、检修、更换器材及动配线等作业（巡视、查看监测数据除外），须安排在天窗点内进行，并严格执行作业计划申报、审批规定。

第七章　维修配合作业管理

第 27 条　电务维修工作需要其他设备管理单位监护或配合时，均需由现场工区或车间，提前向配合单位的工区或车间送达作业配合单（见附件 5）。在取得配合方同意，商定好作业时间、配合内容等事项，双方工区或车间负责人签字后生效。作业完毕，作业配合单存档备查，保留一年。

第 28 条　配合工务部门在正线及与正线相邻线路的室外作业，须在天窗点内进行，由现场工区或车间提前审核工务部门送达的作业配合单，重点审核作业时间、配合内容、影响范围等事项，经审核确认后，双方工区或车间负责人签字生效。作业完毕，作业配合单存档备查，保留一年。

需监护或配合电力部门作业时，采用电务系统配合电力电源作业单（见附件6）。

第八章　天窗修安全管理

第29条　电务各项施工、维修作业，要严格按规定落实登销记制度，加强安全卡控和施工作业控制，杜绝施工、维修作业项目与登记内容不符，禁止点前上线做各项准备工作，施工、检修作业完毕，应进行检查试验，其结果必须记入《行车设备施工登记簿》，履行销记手续，严禁超范围施工、维修作业。

第30条　电务施工、维修作业应加强防护工作，按规定设置驻站联络员、现场防护员，严格落实防护和上下道避车制度。现场人员较多的作业须分组设防护员，按规定进行拉绳防护；在垂直天窗时间内作业不得撤除防护员；所有天窗作业及天窗点外作业，当驻站联络员同现场防护员的联系中断时必须停止作业，下道避车。

第九章　天窗修统计与考核

第31条　公司对电务天窗修利用率、工作量完成率、设备故障、天窗延时进行考核。天窗修利用率是指本单位实际作业时间、次数与计划时间、次数之比；工作量完成率是指本单位实际完成工作量与计划工作量之比。计算方法为：

1. 天窗修时间、次数利用率。

天窗修时间利用率＝（本单位实际天窗修时间÷计划天窗修时间）×100%；

天窗修次数利用率＝（本单位实际天窗修次数÷计划天窗修次数）×100%。

2. 天窗修工作量完成率。

天窗修工作量完成率＝（本单位实际完成工作量÷计划工作量）×100%。

第32条　天窗修统计上报流程：

1. 每次天窗修结束后，利用"神朔铁路营业线施工管理系统"填报天窗作业情况，并按规定进行销号。

2. 每日18点前，段、车间利用"神朔铁路营业线施工管理系统"检查管内天窗作业完成情况，并对天窗完成后的销号、落实情况进行统计分析。

3. 每月1日前，段主管部门需填报《天窗修计划完成月报表》（报表格式见附件7）报运输管理部，汇报前一月本段管内天窗修完成情况。

第33条　运输管理部、各运输段应加强天窗修落实工作的检查与考核。下列情况纳入检查考核的范围，并严格按规定进行考核：

1. 上线作业无审批计划。

2. 正线及与正线相邻的线路点外上线作业未经运输段批准。

3. 正线及与正线相邻的线路点外上线作业无车间干部盯控。

4. 上线作业未在车站登记。

5. 《行车设备检查（施工）登记簿》登记内容与现场作业不符。

6. 只登记不作业。

7. 随意变更现场负责人和防护人员。

8. 上线作业未设置驻站联络员和现场防护人员。

9. 给点前上线做各项准备工作。

10. 擅自停止有计划天窗修作业。

11. 未按规定的维修作业区域、维修作业项目进行维修作业。

12. 发生违章作业、弄虚作假等。

13. 天窗修各类报表统计错误或未按规定时限提报。

第十章　附　则

第34条　本实施细则自发布之日起执行。

第35条　本细则由公司运输管理部负责解释。

附　件

附件1：施工（维修作业）计划申请表（电信维表88）

附件2：天窗点外上线作业计划表（电信维表89）

附件3：维修作业安全措施（电信维表90）

附件4：铁路现场维修施工联系表（电信维表91）

附件5：作业配合单（电信维表92）

附件6：电务系统配合电力电源作业单（电信维表93）

附件7：天窗修计划完成月报表（电信维表94）

附件1

维修作业计划申请表 （电信维表88）

序号	线别	维修单位负责人	维修作业项目	维修日期和时间	维修作业地点影响范围及有关要求	维修等级	批准号码	备注

配合单位签认、盖章：

附件2

天窗点外上线作业计划

段车间工区天窗点外上线作业计划表 （电信维表89）

序号	线名	行别	作业项目	作业地点	作业时间段	作业人数	携带工具	防护员姓名	作业负责人	命令号

审核人：　　　　　　　　　　　　　　　　　　　　　　车间签字盖章：

附件 3

维修作业安全措施 （电信维表 90）

作业项目			作业等级		命令号	
作业地点			作业负责人		日期时间	
作业内容						
影响范围		影响：有文件依据或配合单内容。				
作业分工						
试验项目						
行车人身安全措施						
车间审批	审批意见					
	审批人			日期	年 月 日	

备注：此表仅为格式，如措施内容较多可以加页。

附件 4

铁路现场维修施工联系表 （电信维表 91）

线别及维修施工地点	维修施工日期时间	维修施工内容及影响范围	维修施工联系人	维修施工联系电话

附件5

作业配合单

（电信维表92）

编号：

作业主体单位		施工地点	
作业日期、起止时间			
作业内容及影响范围		对配合部门的要求	
配合单位		配合作业起止时间	
配合内容及影响范围		签认	作业主体单位负责人： 配合单位负责人： 　　　　　年　　月　　日
作业配合完毕后双方签认	作业主体单位负责人： 配合单位负责人： 　　　　　年　　月　　日		

备注：此表填写一式二份（作业主体、配合单位留存）

附件 6

电务系统配合电力电源作业单　　　　　　（电信维表 93）

运输段：　　　　　　　　　车间：　　　　　　　　　工区：

1. 施工通知	接报日期、时间	车间通知人	工区接报人	停电电报通知内容			
2. 电源倒路作业	倒路日期、时间	倒路人		使用路别			
3. 施工前确认	确认日期、时间	复核人	使用路别	施工前两路输入电源测试情况			
				Ⅰ路电源电压 AB、BC、CA 电压，核对相序正确		Ⅱ路电源电压 AB、BC、CA 电压，核对相序正确	
4. 停电施工断、合断路器	断开日期、时间	拉断路器操作人	拉断路器路别	电源施工开始时间、供电部门通知人	电源施工结束时间、供电部门通知人	合断路器日期、时间	合断路器操作人
5. 施工结束后确认	测试日期、时间	电务测试人	使用路别	施工结束两路输入电源测试情况			
				Ⅰ路电源电压 AB、BC、CA 电压，核对相序正确		Ⅱ路电源电压. AB、BC、CA 电压，核对相序正确	

附件 7

天窗修计划完成月报表　　　　　　（电信维表 94）

电务段或运输段：　　　　年　　月　　　　　　填表人：

序号	线别	工区数	计划天窗次数	实际天窗次数	次数利用率	计划天窗时间	实际天窗时间	时间利用率	计划工作量	完成工作量	工作量完成率	备注

注：天窗计划为周计划批准的天窗计划；由于专运、局令、事故抢险、自然灾害影响取消天窗时，
　　应在天窗计划次数、计划时间、计划工作量中核减并在备注栏中说明情况。

第八编 车工电联合整治道岔管理规则

第一章 总 则

第1条 车工电联合整治道岔（以下简称"车工电联整"），是消除工电结合部设备病害、提高道岔、轨道电路、线路设备运用质量，确保道岔稳定运行和行车安全的重要保障。为进一步规范车工电联合整治作业管理，提高道岔结合部设备运用质量，结合公司具体实际，特制定本规则。

第2条 车工电联整的基本任务：整治和消除道岔病害，整修道岔各部设备和几何尺寸，保证道岔设备质量达标，运用可靠，确保行车安全。

第3条 本规则含车工电联整道岔工作中的组织机构、工作内容、质量管理等内容。

第4条 本规则适用于管内线路道岔的车工电联整工作，联整工作严格执行国家、关于铁路营业线施工安全管理的有关规定。

第二章 组织结构

第5条 公司成立由主管运输副总经理为组长，运输管理部经理为副组长的车工电联整领导组。领导组主要职责是：研究制定公司道岔联合整治工作总体方案，协调解决系统间结合部主要事项和倾向性问题。

车工电联整领导组下设办公室，成员由运输管理部主管电务、工务、运输、施工科长及主管人员组成。主要职责是：

1. 制定联合整治管理规则、整治标准，建立考评机制，落实整治所需费用。

2. 协调联合整治有关事项，监督检查联整制度落实情况。

3. 组织年度联合检查整治工作的验收及考评。

4. 每半年组织工、电联合整治工作会议，交流工作经验，推动联合整治工作深入开展。

5. 负责施工协调，监督施工计划的落实。

6. 监督抽查作业计划的执行、作业中有关安全制度的落实。

第6条 运输管理部各相关业务科室要把车工电联整纳入日常管理工作日程，提高管理效能，建立协调机制，及时研究解决车工电联整中出现的问题，共同提高道岔的运用质量。

第 7 条 运输段各相应成立以主管电务副段长为组长，生产技术科主任、各专业主管工程师、道岔整治骨干人员为组员的联合整治领导小组（具体名单上报车工电联整办公室）。主要职责是：

1. 运输段工务、电务专业负责人依据本规则细化本单位联合整治实施细则，组织协调整治、检查工作，由工务专业牵头、电务专业配合共同制定年度重点设备整治计划。

2. 负责具体车工电联整道岔的计划编制、组织、协调和实施工作，重点参加外锁闭道岔、复式交分道岔等重点道岔的整治施工，解决较大及疑难问题。

3. 由运输段电务专业牵头，组织相关车务、工务专业结合年初制定的重点整治计划，每季对管内道岔等结合部设备进行一次检查，对整治后的道岔进行验收，保证全年各车间验收全覆盖。并针对验收中存在的问题召开小组会议，组织研究解决规则，保证车工电联整工作顺利进行。

4. 对联合检查整治工作进行总结，每年 3、6、9、12 月的 25 日前将季度、年度整治工作总结按专业报车工电联整办公室。

第 8 条 运输段各电务、工务专业车间与所属车站组成车工电联整联合作业小组，由电务车间主任（副主任）担任组长，工务车间主任（副主任）、车站站长（副站长）担任副组长，主管技术人员、工区工长、技术骨干为组员的道岔联整小组，主要职责是：

1. 负责完成车间管内道岔工电结合部设备的病害整治。

2. 由电务车间牵头，工务车间、车站配合每月对各站道岔进行一次结合部联合检查，召开道岔联整协调会议，针对存在的问题，组织研究解决规则，确保车工电联整工作科学、有序地进行。

3. 车工电联整小组作业所在车站站长（车间主任）主要负责向联整小组提供道岔等设备日常使用中存在的问题，协调组织并负责联合检查、整治、验收中按规定给点，确保车工电联整按计划进行。

第三章　联整工作内容

第 9 条 工务部门负责：

1. 道岔尖轨拉杆（含接头铁、销钉、螺栓）及各部连接零配件（含轨距杆、顶铁、垫板、防跳限位装置等）的检查、整修。

2. 道岔绝缘接头的检查、整修。

3. 道岔尖轨静态（甩开转换道岔杆件）密贴，基本轨固定良好，道岔几何尺寸符合标准，岔枕方正间距符合标准等检查、整修。

第 10 条 电务部门负责：

1. 道岔转辙设备连接杆件、电动转辙机安装装置、外锁闭装置的安装、维修。

2. 道岔尖轨密贴的日常巡视检查及压力调整，配合工务部门调整道岔。

3. 道岔转辙设备杆件平直、方正，偏差不超限。

4. 道岔转换设备安装装置、外锁闭装置、杆件、转辙机安装标准，电气特性和机械特性达标。

第四章　整治标准

第 11 条　车工电联整小组应按工、电车间审定后的结合部月度整治工作计划进行。主要整治项目见附件 1。

第 12 条　车工电联合整治作业质量控制按车工电联整道岔调查验收表内容执行，调查验收表见附件 2。

第 13 条　钢轨绝缘及轨道电路的联合整治标准（道岔部分）见附件 3。

第五章　工作制度

第 14 条　计划管理：

运输段各工务、电务专业应结合道岔设备实际状态及道岔大、中、维修计划，合理安排道岔联合整治计划，原则上正线、到发线道岔、普通道岔两年一次，复式交分道岔一年一次，其他站线道岔三年一次。

1. 年度计划：运输段各工务、电务专业按照统筹兼顾的指导思想，制定年、月度计划，报公司车工电联整办公室汇总审定，运输管理部负责下达全公司年度道岔工电联整计划任务。其中复式交分道岔必须纳入段级整治计划，其他道岔可列入车间级整治计划。

2. 月度计划：月度计划由运输段工务专业根据年度整治计划按月提报，工电双方确认影响范围。对年度计划外或问题突出、须安排近期进行联合整治的道岔，每月上旬由运输段电务专业组织运输段工务、车务专业协调并纳入下月月度整治计划。电务专用要求整治的道岔，由运输段电务专业提报计划，工务专业配合。工务要求整治的道岔，由运输段工务专业提报计划，电务专业配合。对影响使用，急需整治的道岔病害，由提出部门按规定提报临时计划，电务、工务、车务专业相互配合。

3. 年度提报的车工电联整道岔计划，必须纳入公司月度施工计划。对影响使用、急需整治的道岔病害，由提出部门按道岔整治作业提报天窗维修计划（涉及道岔转辙部位作业时，工电双方必须现场配合，不得单方作业），危及行车安全急需整治的临时要点处理。若实际作业中天窗点内未按时完成时，由提出部门提前 10 min 按规定登记续点。

4. 施工计划经公司批准后，不得随意改变。运输部门要根据运输实际，合理安排时间，保证按计划给点。原则上内锁闭单开道岔一次性给点不少于 90 min，外锁闭单开道岔和复式交分道岔一次性给点不少于 120 min。联整小组要按时提报公司月度施工计划，确保月度计划兑现。

5. 涉及上下行正线的联动道岔整治，必须纳入公司月度施工计划，采用天窗时间进行道岔调试作业。对不涉及正线的道岔整治，划分车站联锁区域，由电务专业注明影响范围（包括带动道岔、防护道岔），纳入公司月度施工计划，实行"小范围封闭修"。采用天窗作业方式进行车工电联整道岔作业，原则上每天一条线不超过两站。

第 15 条 作业管理。

1. 联合调查：

（1）年度调查：每年 1 月份，由运输段电务专业牵头、工务专业参加，对道岔结合部进行重点检查，共同制定年度联合整治轮廓计划。联合整治作业前，由联合作业小组正副组长共同进行工作量调查并做记录（附件 2），工电专业相互签认各持一份，相关线路工区工长、信号工区工长必须参加。

（2）月度检查：每月电务车间牵头联系工务车间对道岔结合部进行重点检查，每季度进行全覆盖检查。对结合部病害和影响道岔正常转换的问题，确定整治方案，分轻重缓急排出计划，报段技术科纳入月度计划。电务、工务工区、车站要提前掌握道岔存在问题，及时向车间反映，纳入车间整治计划。

工电联整、道岔达标整治以及道岔整修等作业项目，在整治前均需工电联合调查结合部问题，并纳入整治范围。

电务、工务道岔联合检查由电务专业统一登销记，需进行道岔转换试验时，也应进行登记。

2. 联合作业。

（1）作业前执行联系制度：

段级整治小组负责复式交分道岔整治作业时，作业负责人由当地车间副主任及以上人员担当，工电协商做好相关配合事宜。车间级整治小组作业负责人由车间干部担当，整治前由主体车间联系配合车间，通报配合事宜，做好配合准备。

（2）施工中必须严格执行各项安全生产制度和作业纪律，落实作业标准，加强质量验收和考核，确保作业效率和作业质量。严禁违章作业，确保行车和作业安全。车工电联整道岔由施工主体负责登销记，电务、工务分别设置驻站联络员、现场防护员。作业完成后，由工电双方复查，试验良好后，方可销点开通。

（3）运输段各车站应积极创造条件，配合做好道岔联合检查、整治、验收作业中给点及转换试验工作。

3. 联合验收。

车工电联整实行公司、运输段、车间三级验收制度。

（1）车间验收：

实行随工验收，整治完即验收。由电务、工务车间干部参加。对当月车工电联整道岔按 "附件 2" 内容进行自验，对自验中发现的问题要及时组织处理。

（2）段级验收：

段级验收由运输段电务主管副段长组织，工务主管副段长、车务主管副段长共同参加组成联合验收小组，每季进行一次联合验收，验收数量为每个运输段管内 2 个车站，每站验收数量不得少于 3 组道岔。验收不合格的，联整作业小组必须返工，直至达标。

（3）公司级验收：

公司车工电联整领导组办公室有关人员每半年对全公司车工电道岔联整作业质量进行一次抽查验收，由运输管理部电务专业牵头，运输、工务、施工科共同参加，原则上抽验每个运输段不少于两站的整治道岔，其中包括复式交分道岔 1 组、外锁闭道岔 2 组、内锁闭道岔 3 组。依据验收结果对各单位排出名次，在全公司进行通报。

第 16 条　综合评价。

按照设备质量、日常管理和设备故障（质量信息）进行综合评价，设备质量占综合评价的 70%，日常管理占综合评价的 15%，设备故障（质量信息）占综合评价的 15%。

设备质量按照车工电联整道岔调查验收标准（附件 2）进行评价，日常管理按照车工电联整道岔日常管理验收标准（附件 4）进行评价。设备质量评定每组道岔满分为 200 分，日常管理评定满分为 100 分。运输段道岔设备故障（质量信息）按管内发生件数评分，事故每件扣分 0.5 分，故障每件扣分 0.2 分，质量信息每件扣分 0.1 分，最高扣分 15 分。运输段电务专业按管内道岔设备故障率评分，考核期内按全公司道岔故障率指标，折算出各段道岔故障件数指标，每超过指标 1 件扣 0.3 分，最高扣分 15 分。

第六章　质量管理

第 17 条　车工电道岔联整是一项系统工程。车务、工务、电务各级应把联整道岔与道岔维修、保养项目相结合，与开展安全基础建设标准化工作相结合，减少重复作业，提高和保持联整道岔的质量。

第 18 条　经整治后的道岔设备，应满足公司车工电联合作业验收标准和《铁路线路修理规则》和《铁路信号维护规则》技术标准要求。

第 19 条　设备质量验收评定等级分优良、合格、不合格。得分 150 分以上评定为优良，得分 120 ~ 150 分评定为合格，得分 120 分以下评定为不合格。经整治后的道岔设备，要求验收优良率达到 80% 以上，合格率达到 100%。

第 20 条　联合作业整治设备经验收合格后，在一个月内应保证设备运用良好。发生轨检车Ⅲ级及以上偏差、严重晃车及道岔卡阻等结合部责任设备故障（电气特性方面原因除外），直接判定联合整治不合格，并由公司根据原因界定相关责任，日常维护质量不因联整影响责任界定。

第七章　附　则

第 21 条　运输段各工务、电务专业要结合实际，认真研究制定细化本单位联合整治实施细则，并严格遵照实施。

第 22 条　本规则由运输管理部负责解释，自发布之日起执行。

附　件

附件 1

车工电联合作业主要整治项目

一、道岔部分

（一）普通单开道岔

1. 工务项目

（1）拉方道岔、整体防爬锁定，重点捣固、拨改结合，消灭道岔大方向不良，作业范围包括道岔前后 100 m 线路。

（2）整治基本轨硬弯，尖轨拱腰、硬弯、翘头，滑床板空吊。

（3）校正基本轨曲折点及矢度。

（4）处理基本轨横移、三道缝。

（5）打磨钢轨肥边。

（6）更换磨损方钢、丁字铁，调整顶铁间隙，配合调整尖轨密贴、动程和开程。

（7）更换磨损严重的滑床板，对弯曲的滑床板进行整平。

（8）采用高强接头螺栓，扭矩不少于 700 N·m。

（9）更换失效、补充缺少的各种螺栓。

（10）改道、调整轨距及各部间隔尺寸，起道、拨道，调整高低、水平、轨向等轨道几何尺寸及其他需电务配合项目。

2. 电务项目

（1）调整安装装置，更换不合格角钢，做到两根长角钢平顺，间距符合标准。

（2）更换上部不顶，下部、腰部不贴角型座。

（3）整治、平顺密贴调整杆、表示杆与基本轨（直股或直股延长线）相垂直。

（4）消除 4 mm 能锁闭病害。

（5）绝缘接头采用高强度绝缘件。

（6）更换不合格销子、螺栓及弹簧垫圈。

（7）做到手摇道岔无反弹，动作电流、故障电流不超标。

（8）更换锈蚀折损及整理安装不标准的轨道电路引接线、接续线。

（9）完善防松装置。

（二）复式交分道岔

对木岔枕复式交分道岔，除比照单开道岔的作业项目外，工务、电务还须完成以下结构强化项目：

1. 工务项目

（1）整组道岔铺设嵌发丝防磨胶垫。

（2）在直尖基轨外侧设置防横移挡板。

（3）在四对尖轨前及二个导曲线增设轨距杆。

（4）加强钝角部位的框架刚度，于中轴两侧在导曲线下股外侧各设轨撑三个。

（5）于中轴两侧在弯折基本轨轨腰与导曲线下股轨腰之间各设梯形轨撑一个。

（6）在弯折基本轨外侧增加特制轨撑。

（7）在中轴处用轨距杆连接两导曲线上股。

（8）安装防爬设备。

2. 电务项目

（1）增强道岔安装装置强度，更换上部不顶、下部腰部不贴角型座。

（2）整治、调整尖轨动、开程符合要求。

（3）整治尖轨 4 mm 能锁闭病害。

（4）其他与单开道岔相同。

（三）外锁闭道岔

外锁闭道岔整治范围为道岔及前后 100 m 线路，工务、电务还须完成以下结构强化项目。

1. 工务项目

（1）拉方道岔、整体锁定。

（2）整治基本轨硬弯，尖轨拱腰、硬弯、翘头，校正基本轨曲折点及矢度。

（3）打磨钢轨肥边，更换磨损严重的滑床板，对弯曲的滑床板进行整平。

（4）调整顶铁，配合调整尖轨密贴、动程和开程。

（5）整修轨枕间距连接杆，更换失效、补充缺少的各种螺栓。

（6）拧紧各部螺栓，接头、限位器螺栓，扭矩不少于 700 N·m。

（7）改道、调整轨距及各部间隔尺寸，起道、拨道，调整高低、水平、轨向等轨道几何尺寸。

（8）其他项目。

2. 电务项目

（1）外锁闭道岔各牵引点动程及锁闭量应符合《铁路信号维护规则》的要求。定反位锁闭量应均匀，偏差应≤2 mm。

（2）道岔安装方正：锁闭杆、表示杆与直股基本轨相垂直，各杆的两端与直股基本轨垂直线间距离的偏差均不超过 10 mm。电动（液）转辙机机壳纵侧面的两端与直股基本轨垂直距离的偏差不超过 5 mm，绝缘完整，性能良好。

（3）各种防护装置齐全，固定良好，各种销子有防窜措施；各杆件销孔旷动量应不大于 1 mm，保持油润。

（4）尖轨与基本轨应达到宏观密贴，但在外锁闭处不应有密贴力。道岔锁闭后，允许尖轨尖端至第一牵引点处有 ≤0.5 mm 的间隙，其余部分有不大于 1 mm 的间隙。

（5）尖轨第一牵引点锁闭杆中心线处尖轨与基本轨间有 4 mm 及以上间隙时，道岔不能锁闭且不得接通道岔表示。

（6）外锁闭杆限位铁与锁闭座间隙应为 1～3 mm。

（7）锁闭杆、锁闭块、锁闭铁及连接铁安装平直，可动部分保持油润，道岔在转换过程中应动作平稳、灵活。

（8）其他需要工务配合项目。

二、钢轨绝缘及轨道电路

1. 检查及整治范围

工电联整道岔所有钢轨绝缘和轨道电路。

2. 车工电联合主要作业内容

（1）更换非标零配件。

（2）对安装不正确的各种零配件重新安装。

（3）补齐缺失零配件。

（4）对扭矩不足的螺栓进行复拧。

（5）对螺栓、铁垫圈及绝缘垫等破损、失效绝缘件的更换，并全面采用高强材料（满足扭矩要求）。

（6）保持塞钉头良好，对各种轨道连接线松动、锈蚀的进行紧固、更换。

（7）检查绝缘拉杆、尖轨连接杆是否绝缘良好，对绝缘不良的绝缘拉杆进行更换，对道岔区段（尤其是导曲线部分）的绝缘拉杆进行检查，对存在与轨底接触、导电的进行处理。

（8）对其他存在的设备问题及隐患进行处理。

附件 2

车工电联整道岔调查验收表（内锁闭）　　　（电信维表 94）

站名：

类别	项目	整治要求	扣分标准	号码	号码	号码
几何尺寸	轨道几何尺寸	不超过验收标准	5			
	尖轨动、开程	符合标准	3			
	斥离尖轨非工作边与基本轨工作边的最小距离	不小于 63 mm	2			
	查照间隔（辙叉心作用面至护轨头部外侧的距离）	不得小于 1 391 mm	41			
	护背距离（辙叉翼轨作用面至护轨头部外侧的距离）	不得大于 1 348 mm	41			
钢轨	基本轨上角钢安装孔位	两基本轨角钢安装孔相错量不影响角钢安装状态	2			
	尖轨、基本轨爬行	窜动量不得超过 20 mm，尖轨根部限位器无磨卡	3			
	尖轨、基本轨肥边	肥边 ≤1 mm	2			
	尖轨与基本轨密贴	尖轨尖端至第一牵引点处离缝 ≤0.5 mm，其他离缝 ≤1 mm	4			
		尖轨、心轨无翘头、拱曲	2			
	尖轨与滑床台密贴	尖轨轨底与滑床台密靠，不得有连续空吊	2			
	尖轨反弹力	活接头尖轨根部固定装置作用良好，不得使尖轨产生弹性	2			
		手摇无过大反弹力、转辙机解锁时尖轨无明显反弹	2			
	基本轨	基本轨横移不得导致道岔 4 mm 锁闭，轨距调整块安装正确，作用良好	3			
		基本轨顶面无剥落	1			
		接头错牙（轨面错牙 ≤2 mm 或作用边错牙 ≤2 mm）	4			
配件	轨撑	轨撑（中轴两侧导曲线下股外侧加强轨撑、中轴两侧弯折基本轨轨腰与导曲线下股轨腰之间梯形加强轨撑、弯折基本轨外侧特制轨撑）齐全，作用良好，与钢轨离缝 ≤2 mm	2			

类别	项目		整治要求	扣分标准	号码	号码	号码
配件	轨距杆		尖轨前及导曲线轨距杆、中轴处连接导曲线上股的轨距杆齐全、作用良好	2			
	顶铁		顶铁齐全，作用良好，0 mm<与尖轨间隙≤1 mm，且间隙均匀	8			
	各类螺栓		螺栓齐全、作用良好，扭矩、开口销符合要求；活动部位油润	2			
	扣件		扣件齐全、扭矩达标、作用良好，无碰绝缘夹板等造成短路现象	2			
	滑床台板		滑床台板作用良好、平直，无断裂、脱落，磨耗不大于 3 mm	2			
	胶垫、垫板、弹条		胶垫窜动或歪斜≤10 mm，铁垫板、胶垫、弹条齐全良好	2			
	连接销		丁字铁安装正确，销子与孔旷动，合计磨耗≤1 mm	2			
岔枕	岔枕		防爬设备齐全，作用良好，木枕复交道岔采取联排锁定加固措施	2			
			岔枕方正，不得与连接杆磨卡或影响杆件调整	2			
			无失效，无空吊（≤2 mm）	2			
绝缘接头	绝缘接头轨缝		6 mm<绝缘接头轨缝≤18 mm，减少轨缝变化量	4			
			绝缘接头采用高强度绝缘件和紧固件，螺栓紧固良好	2			
			绝缘接头轨端肥边≤2 mm	2			
	绝缘		绝缘无破损，绝缘电阻值≥20 Ω	2			
转换装置	密贴调整		尖轨第一牵引点处 2 mm 锁闭、4 mm 不锁闭	5			
	开口销、销子		轨撑横穿螺栓、开口销齐全	1			
			销子与孔径合计磨耗不大于 1 mm，表示拉杆销孔间隙不大于 0.5 mm	2			
	各种连接杆		工务各连接杆安装应平直、撑紧	2			
			电务各杆件安装应平直、无碰卡，活动部位无别劲，密贴调整杆空动距离>5 mm，动作杆、密贴调整杆应成一条直线，偏差<5 mm	2			
			接头铁螺栓不缺少、不松动	4			
			杆件调整丝扣余量不小于 10 mm，调整活动部位油润	1			

类别	项目	整治要求	扣分标准	号码	号码	号码
转换装置	安装装置	安装应方正，偏差<10 mm	2			
		角钢与轨底间隙>5 mm，角钢长边距枕木不小于10 mm	2			
		消除角形铁上端与基本轨轨头下颚、下端与基本轨轨底上面、小垫板与基本轨下端的缝隙	2			
		安装装置绝缘良好、无破损	2			
		安装弯板变形<10 mm，无锈蚀	1			
其他	转辙机	各部转辙机表示缺口符合标准	2			
		液压转辙机主、副机同步良好	1			
		转辙机摩擦电流（溢流压力、动作压力）符合标准，ZD6动作电流≤2.0A	2			
		转辙机动作杆、连接杆、锁闭杆成一直线，偏差≤5 mm	2			
		液压转辙机油路系统各接头部分无泄漏	2			
		油箱油位应保持在油标尺上、下标记之间	2			
		液压油管弯曲半径≥150 mm	1			
		各部件油漆无脱落或锈蚀现象	1			
	引接线、跳线、接续线	各引接线、跳线、接续线长度合适、固定良好	2			
	作业平台	硬面化不影响线路排水	2			
扣分说明						

电务：	工务：	年	月	日

附件3

钢轨绝缘及轨道电路的联合整治标准
（道岔部分）

1. 工务标准

（1）普通绝缘接头处应使用厂制标准长度钢轨，使用非标准长度钢轨时，应将厂制端放在绝缘接头一侧。

（2）接头处轨枕无失效，扣件应保持齐全，作用良好。

（3）装有钢轨绝缘处的轨缝应保持 6~10 mm，同时两钢轨轨头部位应保持平顺，无低塌接头和轨面错牙、接头肥边。

（4）接头处道床应经常保持饱满、均匀、排水良好，无翻浆冒泥。

（5）正线上的绝缘接头必须采用高强螺栓及高强度钢平垫紧固件。

（6）高强绝缘接头应采用符合标准的绝缘鱼尾板和紧固件，无毛刺及凹凸不平缺陷。

（7）高强绝缘接头螺栓扭矩不小于 700 N·m。

（8）绝缘拉杆、尖轨连接杆的绝缘性能良好，安装状况良好，绝缘拉杆无接触轨底的现象。

2. 电务标准

（1）高强度绝缘接头的绝缘件，必须采用增韧尼龙制成的槽型绝缘及绝缘管和陶瓷轨端绝缘。采用 3240 环氧酚醛压玻璃布板制成的高强绝缘垫，严禁有气泡、裂纹、变形缺陷绝缘件上道使用。

（2）安装钢轨绝缘接头时要做到钢轨、槽型绝缘、鱼尾板吻合良好，轨端绝缘安装应与钢轨接头保持平直，工字绝缘头部不得高于轨面，两者相差不大于 2 mm，高强绝缘垫有凹槽的一面，应贴靠在高强度绝缘钢平垫的一侧，钢平垫的外侧不得增设弹簧垫圈。

（3）轨道电路整体良好，电阻符合要求，各种轨道连接线、引接线、跳线连接良好，无松动、严重锈蚀、失效的接线。

附件 4

车工电联整道岔日常管理验收标准（车务） （电信维表 95）

检查项目	验收内容	分值	扣分原因	得分
文件规章	留存公司、业务部门、运输段有关车工电联方面的文件、规则、通知、通报和会议纪要等	3		
	学习、落实公司主管业务部门文件和通报情况	2		
组织机构	明确参加段级"联合整治领导小组"的成员	5		
	明确参加站区"车工电联整联合作业小组"的成员	5		
年度调查	掌握本段（站）年度整道岔情况	5		
	掌握本站区（车间）年度整道岔情况	5		
	签认本站区（车间）年度工作量调查表	5		
	留存本站区（车间）年度工作量调查表	5		
月度执行	每月参加本站区（车间）结合部联合检查	5		
	掌握本站区（车间）月度工电联整实际完成情况	5		
	本站区（车间）车工电联整计划给点情况	5		
	本站区（车间）道岔出现问题后，应急处置给点情况	5		
	本站区（车间）道岔使用存在问题的反馈情况	5		
	本站区（车间）重点道岔问题处理追踪情况	5		
	本站区（车间）联合检查定给点情况	5		
	本站区（车间）联合验收给点情况	5		
	参加本站区（车间）车工电联整联合作业小组协调会情况	5		
验收组织	每季末参加段级"联合整治领导小组"的验收工作，并留存验收记录	5		
	参加本站区（车间）"车工电联整联合作业小组"对整治后的道岔进行验收工作，并留存验收记录	5		
	公司验收前站段自验情况	5		
	公司验收前站区（车间）自验情况	5		
总得分				
检查人：			年　　月　　日	

车工电联整道岔日常管理验收标准（工、电务）　　（电信维表90）

检查项目	验收内容	分值	扣分原因	得分
管理机制	细化联合整治实施细则，制定年度设备整治计划，定期组织联整技术培训	10		
	成立整治领导小组，段级、车间级组织机构健全，并建立奖惩考核机制	10		
年度调查	每年1月份组织，有检查记录	10		
计划兑现	月度计划由工务段根据年度计划按月提报，共同审核	10		
	按照年度联整计划实施，确保计划兑现，有月度完成情况	10		
月度检查	车间每月进行一次联合检查并有记录	10		
施工组织	制定详细施工措施，段级小组参加外锁道岔，现场组织复式交分道岔整治施工	10		
季度总结	联合检查整治工作每季度末的25日前报季度、年度总结	10		
联合验收	车间每月对道岔结合部进行重点检查，每季度进行全覆盖检查；每月召开道岔联整协调会，并有随工验收有记录	20		
	段级每季末联合检查，并对整治后的道岔进行验收，召开车工电联席会议。联合验收每季每个工务段管内2个车站，每站验收数量不得少于3组，验收有记录，问题有督办情况			
总得分				

检查人：　　　　　　　　　　　　　　　　　　　　　　　　　年　　月　　日

第九编　轨道电路分路不良管理规则

第一章　总　则

第 1 条　轨道电路分路不良（简称分路不良，下同）是指轨道电路区段内，分路后轨道电路不能可靠工作（轨道继电器不能可靠落下），无法正确反映轨道电路区段（线路）占用的情况。

造成分路不良的主要原因：钢轨表面锈蚀、其他原因使钢轨表面附着绝缘物质（机车撒沙等）、车辆轮对锈蚀、电气特性调整不当等。

第 2 条　为进一步加强对分路不良区段管理，解决轨道电路"压不死"问题，确保运输安全，根据前铁道部《分路不良时办理行车有关规定》铁运〔2007〕226 号文以及《站内分路不良整治实施指导意见》运基信号〔2008〕504 号文的有关规定和铁路分公司运输生产实际情况，积极推广新技术解决分路不良区段，努力减少轨道电路分路不良对运输的影响。

第 3 条　出现分路不良后应积极采用技术手段进行整治，各专业各部门要密切配合，共同整治。

第 4 条　大修、更新改造及新建铁路工程，设计时应统筹考虑利用技术手段解决分路不良问题，同时应考虑车站电源屏容量留有一定余量，以备后期解决分路不良时电源容量满足要求。

第 5 条　车站应根据运输段信号部门提供的分路不良区段，在控制台相应位置粘贴"分路不良"标识或在微机联锁设备示意图相应位置标注，同时在控制台有关按钮上加戴黄色"安全帽"，作为延续进路按钮除外。

第二章　分路不良的测试和登记

第 6 条　分路不良区段由运输段电务部门根据轨道电路分路测试结果确定（见附件 1："分路不良测试标准值表"）。严禁不经测试，凭经验确定或消除分路不良。每年结合轨道电路检修进行分路测试。

第 7 条　车站站长（副）与电务、工务等有关专业负责人，每月至少进行一次分路不良专项检查测试，现场共同确认，并在《行车设备检查登记簿》（电务，下同）内登记。

第 8 条　电务人员要加强雨中、雨后轨道电路轨面状态的巡视，发现轨面有明显变化的区段应要点进行分路测试，不符合分路标准及时进行登记。

第 9 条　分路不良测试应采用定压分路灵敏度测试仪和实际压车测试两种方法。使用定压分路灵敏度测试仪（最高压力 24.5 kN）应在线路无车辆占用的情况下进行，不同类型的轨道电路应使用相应的标准分路电阻线；实际压车测试可通过微机监测查看。两种测试方法中有一个残压高于规定标准值的，即判定该区段为分路不良区段。

第 10 条　运输段应认真落实轨道电路微机监测日曲线分析制度，通过微机监测系统及时发现轨道电路分路情况的变化，有针对性地进行测试。

第 11 条　长期（7 天以上）保留车辆分路不良区段管理：

1. 现场信号工区应在室外巡视时对停有保留车辆的区段和相邻轨道电路区段进行重点检查、测试，发现分路不良应立即进行分路不良登记，同时向车间汇报。

2. 保留车辆开出后，信号工区应立即对该轨道电路区段及相邻区段进行检查、测试，并做好登（销）记手续和相关记录。

第 12 条　现场信号车间、班组分路不良台账必须与月度工作日志记录情况相一致，做到时间一致，区段一致，分路不良测试工作应与微机监测、电务维修机等监测设备数据、显示状态相对应。

第 13 条　分路不良测试前，必须是钢轨的原始状态，不得对轨面采取敲打、除锈等措施，禁止在轨道连接线上进行测试，禁止采用尖状物在轨面进行分路不良测试。测试点应选在轨道电路分路最不利处，最不利处原则上应选择在轨道电路送受电端、岔后部位、钢轨表面最锈蚀处。道岔区段应按定、反位分别测试。

第 14 条　确定为分路不良的区段，应每月进行一次测试，并做好记录，测试应在天窗点内进行。车务部门要积极组织列车、调车进行碾压。有条件的车站，每周应组织不少于两次专门碾压。组织碾压时，车站报告列车调度员同意后，安排机车、列车或调车列进行，利用调车作业碾压时附挂车辆不少于 5 辆。碾压后，车站有电务人员值守的应在 12 h 内，无电务人员值守的应在 24 h 内由电务人员要点复测。复测后，按规定在《行车设备检查登记簿》内进行登销记。

第 15 条　轨道电路分路测试应在天窗内进行，测试应有记录。记录内容包括：测试人、测试时间、测试值等。遇碾压、施工换轨（道岔）等作业后需要临时进行轨道电路感度测试时，可在天窗点外按规定进行，即在《行车设备检查登记簿》内登记要点，经车站值班员给点签认同意后进行。

第 16 条　采用喷涂、监控盒、3 V 化、高压脉冲方案等技术手段消除的分路不良区段，信号工区虽不再登记，但仍按分路不良区段进行管理，自使用时起每间隔一个月测试一次，同时每天通过微机监测和电务维修机回放功能重点对整治区段进行监控，发现区段占车闪红，区段漏解锁问题以及轨道电路日曲线异常，应立即登记要点进行测试、分析，查明原因，不符合《信号维护规则》和相关技术标准时及时重新进行登记。

第 17 条　经测试确定为分路不良的区段，信号工区应及时按规定在《行车设备检查登记簿》内进行登记。登记内容包含轨道区段名称、范围（道岔定位、反位）等内容。对于道岔区段、一送多受区段登记需增加注释［例××DG（××#直向）、××-××DG1（××#直向、××#侧向）］。仍能使用其联锁条件办理行车时，须注明"不影响正常排列进路、开放信号"。

更换《行车设备检查登记簿》后，应在首页重新进行登记。首页重新登记内容应为最近一次分路不良测试确定的分路不良区段。

车务人员要根据电务登记的分路不良区段准确掌握分路不良区段的具体处所，在控制台（计算机联锁为揭示板或平面示意图中标注）上相应位置粘贴标识。一个轨道区段内有两处及以上分路不良时应分别粘贴或标注，并与电务人员共同确认、核对无误。安全线、避难线可不粘贴或标注，开通延续进路的安全线除外。

第18条　运输段每年4月、10月份组织两次全面的分路不良轨道区段标调整治。在整治工作结束后，将分路不良区段的具体站名、区段名称（按登记要求）、调整电压、分路感度试验残压值、分路不良处所长度、分路不良原因、数量、整治措施、是否销记、测试时间、测试人等建立管理台账，分类汇总后，形成管内分路不良区段统计明细表（含分路感度试验残压值），见附件2，并以段文件形式报公司安全监察部、运输管理部，同时下发相关车站。车站应按分路不良区段作业规定办理。

第19条　安全线、避难线、未开通线路（含开通后停用、封闭线路，下同）等、长期钉固道岔（不行车部分，下同）轨道电路区段，均按分路不良区段掌握，不再进行分路不良登记和测试，但涉及延续进路的安全线必须进行分路不良登记和测试。其中未开通线路、长期钉固道岔轨道电路区段由运输段车务站段和电务专业共同确认。每年4月、10月底前，运输段电务专业与有关车务站段对未开通线路、长期钉固道岔轨道电路区段进行核实后签字并加盖公章确认，分别下发管辖工区和车站，由运输段电务专业报公司运输管理部、安全监察部备案。按工程线进入未开通线路轨道区段时，由工程部门负责，并办理相关手续，车站应按分路不良区段作业规定办理。

第20条　线路开通前施工单位应保证轨道电路分路良好，运输段电务专业须对开通轨道电路区段进行测试检查。停用、封闭线路重新开通前由车站通知电务人员进行分路不良测试。

第三章　分路不良轨道电路判断标准

第21条　25 Hz相敏轨道电路，用0.06 Ω标准分路电阻线在轨道电路送、受电端轨面上分路时，轨道继电器（含一送多受的其中一个分支的轨道继电器）端电压，旧型应不大于7 V，97型应不大于7.4 V，其前接点应断开。高于《铁路信号维护规则》规定标准的，即判定该区段为分路不良区段。

第22条　ZPW-2000A型轨道电路：轨道电路分路状态在最不利条件下，采用0.15 Ω

标准分路电阻线在主轨道任意一点分路时，"轨出 1"分路电压应不大于 140 mV，轨道继电器可靠落下。高于《铁路信号维护规则》规定标准的，即判定该区段为分路不良区段。

第 23 条 高压脉冲轨道电路，轨道电路分路状态在最不利条件下，采用 0.15 Ω标准分路电阻线在主轨道任意一点分路时，"头部"分路电压应不大于 13.5 V，轨道继电器可靠落下。"尾部"分路电压应不大于 10 V，轨道继电器可靠落下。高于《高压脉冲轨道电路》规定标准的，即判定该区段为分路不良区段。

第四章　分路不良区段调整标准

第 24 条 运输段认真组织开展轨道电路标调工作，确保轨道电路电气特性指标符合信号《维规》规定，并在轨道电路标调的基础上，以及确保轨道电路正常运用的前提下，根据信号《维规技术标准》允许的范围，最大限度地提高轨道电路分路灵敏度。

第 25 条 25 Hz 相敏轨道电路分路不良区段调整，调整时参照《维规技术标准》根据区段长度不同，上限不能突破调整曲线的规定。在微机监测的上下预警线按 2 V（暂定）的波动调整。分路不良区段调整到标调要求的下限值。

第 26 条 ZPW-2000A 区间轨道电路轨出 2 电压调整，必须控制在 135 mV ± 5 mV 的范围，同时在微机监测的上下预警线按 10 mV（暂定）的波动调整，保证轨出 2 发生变化后，能提示电气特性异常。

第 27 条 ZPW-2000A 区间轨道电路轨出 1 电压调整：载频为 2600Hz 时，调整状态下电压不小于 240 mV，最高不大于 900 mV；载频为 1700Hz、2300Hz、2000Hz 时，调整状态下电压不小于 240 mV，最高不大于 950 mV。当超过 900 mV 或 950 mV 时，分路大于 140 mV，不能保证分路。分路状态下不大于 140 mV。对于有多个分割点区段，当长度小于 800 m 时，最高电压不大于 650 mV。有漏泄区段，按时间进行二次调整。在微机监测的上下预警线按 200 mV（暂定）的波动调整。

第五章　分路不良整治

第 28 条 分路不良整治，原则上以解决轨道电路分路不良的整治方案为主，部分特殊区段可选用其他整治方案的。轨道电路解决方案应采用高压脉冲或 3 V 化相敏轨道电路，大修、更新改造及新建铁路分路不良整治宜采用高压脉冲轨道电路。采用技术手段解决分路不良，应充分考虑既有设备的容量要求，并由有资质的设计单位进行设计。

第 29 条 对复线区段正线间渡线、经常不走车、锈蚀严重、分路后电压基本无变化的区段可采用喷涂技术方案解决。

第 30 条　对分路后分路残压变化较大，可采用加装智能电子监控装置提高返还系数的方案解决。

第 31 条　大、中、维修更换钢轨和道岔前，工务部门要对更换钢轨、道岔进行初步重点打磨处理，运输段电务专业在更换后进行测试确认。

第 32 条　电务部门要针对处于分路不良临界状态、雨后易形成分路不良区段的轨道电路，采用技术手段进行预防整治。

第 33 条　采用喷涂、监控盒、3 V 化、高压脉冲方案等技术手段消除的分路不良区段，信号工区虽不再登记，但仍按分路不良区段进行管理，每隔一月测试一次，并保留测试数据（测试记录填写在《分路不良登记簿》内），同时每天通过微机监测和电务维修机回放功能重点对整治区段进行监控，发现区段占车闪红，区段漏解锁问题以及轨道电路日曲线异常，应立即登记要点进行测试、分析，查明原因。确属分路不良应立即登记。

第 34 条　遇有停留机车、车辆的线路出现闪红、无占用表示等现象，不得操纵轨道区段有关按钮，车站应立即登记并通知电务人员，电务人员测试确认分路不良后按规定登记，并采取断开室外轨道电路断路器等措施保证车辆占用安全，断开轨道电路断路器应在《行车设备检查登记簿》内登记。车务人员确认该区段无机车、车辆占用后，通知电务人员，恢复室外断路器，并在《行车设备检查登记簿》登记。

第 35 条　正线、到发线及与其衔接的线路分路不良整治应在天窗内进行，正线渡线区段的喷涂作业必须在天窗内进行。天窗内无法完成的作业，按施工办理。

第 36 条　正线、到发线以外不影响机车出入库和编解作业的专用线、货物线、调车线、牵出线分路不良整治，连续不超过 48 h 的施工，经运输段分管领导批准后进行，装卸车较大的专用线、货物线分路不良整治施工，需征得分公司运输管理部的同意。

第 37 条　电务部门应制定喷涂设备上道作业的安全管理规则，明确设备管理和作业程序等工作，确保喷涂施工作业安全。

第 38 条　运输段、信号车间、信号班组应建立准确的分路不良台账并上报运输管理部，根据分路不良变化情况及时更新。台账内容包括采用技术手段消除的分路不良区段记录。

第 39 条　运输段应统一设置现场分路不良测试记录本，主要应包括：站名、区段名称、调整电压、分路电压、轨面除锈后测试分路电压、测试时间、测试人等内容。现场测试后填入相关测试数据。

第 40 条　安监部门对分路不良整治情况进行全面监督考核，重点监督电务部门通过技术手段整治计划安排、整治进度、测试登记；工务部门除锈及配合整治情况；车务部门组织碾压及整治给点登记是否按要求进行。

第六章　分路不良区段行车作业规则

第 41 条　集中联锁的车站，车站、电务人员共同确认（须有记录）分路不良的区段（股道、道岔）仍能满足锁闭进路、开放信号条件并保证行车安全时，可正常开放信号办理接发列车或调车作业。但必须遵守下列规定：

1. 每次办理列车或调车进路前，必须人工确认进路空闲。

2. 接发列车时，须人工确认列车整列到达（列车尾部停于警冲标内方）或整列出站。

3. 排列进路、开放信号并确认无误后，将进路上分路不良区段的有关道岔单独锁闭，且严禁排列或预排其相关进路。

4. 在列车或机车车辆未全部出清分路不良轨道区段前，严禁操纵该进路上的有关道岔及与其设有联锁关系的其他道岔。

5. 原则上不得在分路不良区段上停放机车、车辆，必须在分路不良的线路上停放车辆时，要在控制台线路两端或分路不良区段做好揭挂表示。微机联锁的车站，由车站在揭示板或平面示意图上标注。

6. 侵限绝缘区段为分路不良区段时，办理经由该区段的接发列车或调车作业时，在邻线或相邻轨道区段有车占用的情况下须人工确认分路不良区段空闲。

第 42 条　机车车辆轮对长时间停留生锈或粘有异物，可能造成分路不良时，所属（管辖）单位有关负责人应向车站值班员报告，并及时登记《行车设备检查登记簿》。

在办理接发列车或调车作业时，应向有关作业人员传达清楚。排列进路、开放信号经确认无误，并将进路上所有道岔单独锁闭后，方可继续作业。在列车或机车车辆未全部进入或出清进路前，严禁操纵该进路上的有关道岔及与其联锁关系的其他道岔。

第 43 条　在分路不良的区段（股道、道岔）上，不能使用车站信号控制台（显示屏）锁闭进路、开放信号，即联锁设备不能保证接发列车、调车作业安全时，有关行车作业，须按"无联锁线路"作业方式办理。

第 44 条　自动闭塞区间成段更换钢轨后，发生分路不良后按如下行车规则执行：

1. 电务部门在施工开通前，须对换轨区段的轨道电路电气特性进行测试，遇分路不良暂不能处理时，电务部门应在与工务施工登记相同的车站《行车设备检查登记簿》上进行登记，并注明发生分路不良区段防护信号机的编号。

2. 车站值班员确认电务分路不良登记后，应将分路不良情况报告列车调度员，按站间区间掌握行车。

3. 放行第一趟列车时，原则上应安排单机、重型轨道车、施工作业车以外的列车，旅客列车除外。

4. 首趟列车通过后，电务部门要点对相关轨道电路进行测试，确认轨道电路良好后按规定在车站办理销记。在分路不良未消除前，工务、电务人员不得离开现场。

第七章　附　则

第 45 条　本规则自下发之日起执行，前发《关于集中联锁车站因轨面生锈造成轨道电路分路不良处理的规定》神朔运管字〔2003〕71 号文件同时废止。

附　件

附件1：分路不良测试标准值表
附件2：分路不良区段统计明细表（电信维表97）

附件1

分路不良测试标准值表

序号	轨道类型	标准分路电阻线	分路电压	备注
1	25Hz 相敏	0.06Ω	旧型应不大于 7 V, 97 型应不大于 7.4 V	
2	ZPW-2000A 型	0.15Ω	"轨出 1" 分路电压应不大于 140 mV	
3	高压脉冲	0.15Ω	头部不大于 13.5 V, 尾部不大于 10 V	

附件2

分路不良区段统计明细表　　　　　　（电信维表 97）

站名	区段名称	调整电压	分路残压	列车进路	调车进路	是否长期不走车区段	是否是安全线、避难线	分路不良处所（长度）是否小于 18 m	分路不良原因	采用何种手段整治分路不良	测试时间	测试人

第十编　微机监测管理规则

第一章　总　则

第1条　铁路信号集中监测系统（简称集中监测）是监测信号设备运用状态、反映信号设备运用质量、指导现场维修、实现故障预警、保证行车安全的重要信号设备。

第2条　集中监测是信号设备维护、测试的专用系统，必须自成体系，单独成网，独立运行。与非信号系统接口时，应经公司运输管理部批准。

第3条　集中监测实行预防修、故障修和关键设备委托修的维修方式。

第4条　集中监测是由信号、通信部门共同支持的信息系统，应实行统一指挥、分级管理、分工负责、密切协作的工作制度，共同保证系统稳定运行。

第5条　本规则是集中监测维护管理的依据，设计、施工、建设单位也应遵循本规则。

第二章　组织机构与职责

第6条　运输管理部负责全公司集中监测系统的管理工作，并指导全公司集中监测维护工作，实行专业管理，应设置专职或兼职业务主管；各运输段负责管内集中监测系统设备的维护管理工作，应设置专业技术主管人员。

第7条　运输管理部工电科职责：

1. 贯彻执行国家铁路公司集中监测系统的技术政策、参照铁路总公司集中监测系统的技术标准和规章制度，结合本公司实际拟定集中监测系统维护管理规则。

2. 负责集中监测系统维护工作的管理，指导、监督、检查管内集中监测系统维护工作。

3. 负责审核集中监测系统大修、更新改造计划。

4. 负责审核集中监测系统主要设备型号变更、扩大标准用户范围、超出标准范围扩展功能的申请。

5. 负责审核集中监测系统通道变更、采集电路、软件修改申请。

6. 负责全公司集中监测系统网络规划，制定全公司 IP 地址分配和网络调整方案。

7. 负责公司管内新建线路或车站（区间）集中监测系统接入段级、公司级中心系统设计方案的审查；参与铁路工程建设集中监测系统技术方案论证、审查、设备选型、施工交底和验收开通工作。

8. 负责组织相关部门、单位和有关厂商召开集中监测工作协调会，及时协调解决集中监测系统运用中出现的问题。

第8条 运输段集中监测维护职责：

1. 贯彻执行铁路公司集中监测系统的技术标准和规章制度，落实公司集中监测系统维护规则和规定，结合本段实际制定集中监测系统维护管理细则。

2. 负责管内集中监测系统的技术、工程、维护以及信息安全管理工作，做好与有关厂商和相关部门的协调工作。

3. 负责制定集中监测年度维修和专项整治计划，处理存在的主要问题。

4. 负责审查管内集中监测设备软件、数据及硬件修改方案，审查管内集中监测组网方案及 IP 地址分配方案，审查相关设计文件等。

5. 掌握集中监测系统运用情况，依据标准提报设备大修、更新改造建议计划。

6. 负责基建、大修、更新改造工程中有关集中监测系统设计方案的审查。

7. 负责组织或参与集中监测系统工程调试和验收工作，办理有关资料、备品备件的交接。

8. 负责组织处理集中监测故障。

9. 负责集中监测故障板卡的返厂修工作。

10. 负责建立集中监测检查和考核制度。

第9条 运输段微机监测车间维护职责：

1. 根据技术标准和特性变化规律，合理制定本段信号设备电气特性报警、预警上下限值，明确实施部门并组织完成设定并报段生产技术部备案。报警、预警上下限的设定应以及时发现信号设备隐患，实现故障预警，预防设备故障为目的，当偏离预定界限应及时预警。

2. 负责新开通站场（区间）信号集中监测模拟量、开关量及测试精度的校核工作，完成报警、预警上下限值设置，并建立原始档案。

3. 负责组织、指导、监督现场信号车间，按维规规定周期对运用中的信号集中监测测试精度进行校核并抽测。

4. 负责管内集中监测系统设备的维护管理和专项整治工作，会同有关厂商和相关部门共同做好系统维护。

5. 负责管内集中监测应用软件、系统软件及设备图纸、技术资料的管理，建立相应的软、硬件设备台账。

6. 负责管内集中监测系统备品备件的统一管理和统一调配，负责故障设备、器材检修及入厂修管理工作。

7. 实行 24 h 值班制度，通过网管系统和维护终端实时掌握管内集中监测系统运行情况，保证系统正常工作。

8. 负责管内集中监测系统的网络监控工作。

9. 负责管内集中监测系统发生故障后的组织、协调、盯控，指导信号工区进行系统故障处理、器材更换，负责集中监测系统疑难故障的现场处理。

10. 负责对集中监测系统运用中存在的技术问题进行分析研究，提出改进建议，不断完善提高设备性能和运用质量。

11. 参加管内集中监测系统设备更新改造和大修工程施工配合，负责新开通车站集中监测的功能测试、信息核对、联网调试等竣工验收工作。

12. 负责监督、盯控影响集中监测系统设备正常运用的各类施工、检修作业及故障处理。

13. 负责管内集中监测系统设备故障、更换器材引起的软件和数据恢复工作。

14. 负责组织完成经上级批准的集中监测系统设备变更及电路修改工作。

15. 配合信息通信段等有关单位对管内系统设备进行测试、调试、信息核对及故障处理。

第 10 条 现场信号车间集中监测维护职责：

1. 负责组织管内集中监测设备的日常维护、集中检修工作。

2. 在运输段生产技术部指导下，负责运用中的信号集中监测测试精度校核工作，校核周期为每年一次。

3. 负责管内集中监测年度专项整治工作，处理存在的主要问题。

4. 负责管内集中监测系统工程施工、配合以及功能测试、信息核对、数据校核验收工作，办理有关资料、备品备件的交接。

第 11 条 信号工区集中监测维护职责：

1. 负责管内集中监测设备的日常维护、集中检修工作。

2. 负责管内集中监测设备的告警信息处理、故障处理和器材更换。

3. 配合微机监测工区、通信专业对管内集中监测系统设备进行测试、调试、信息核对及故障处理。

第三章　技术与设备管理

第 12 条 集中监测用户范围包括运输段、车间和信号工区，预留公司微机监测中心接口，扩大用户范围应由分公司运输管理部批准。

第 13 条 运输管理部应建立集中监测技术资料，主要包括：

1. 按段分站统计设备台账（主要内容包括：系统型号、厂家、设备组成、建设年、大修年、联网等情况）。

2. 网络拓扑图。

3. IP 地址表。

4. 硬件及软件安装使用手册和维护手册。

第 14 条 运输段应按专业车间、现场信号车间、工区分级建立集中监测（含中心和机房）技术资料，主要包括：

1. 按站统计设备台账（主要包括：系统型号、设备组成、建设年、大修年、联网等情况）。

2. 管内网络拓扑图。

3. 管内 IP 地址表、站码。

4. 硬件及软件安装使用手册和维护手册。

5. 软件台账（软件版本、数据配置文件）。

6. 密码台账。

7. 竣工图。

8. 集中监测中心系统结构示意图、系统布线示意图、网络拓扑图、网络交换机端口配线图。

9. 集中监测车站系统结构图，车站信息采样原理图。

10. 管内各站信号平面布置图及区间信号平面布置图。

11. 系统维护工具软件（包括修改数据的方法说明）。

12. 故障处理流程图。

13. 设备质量鉴定资料，原始验收记录资料。

14. 备品备件台账。

15. 工具、仪器、仪表台账。

第15条 以下情况必须报运输段专业技术审核，运输管理部批准后方可实施：

1. 变更集中监测原定型电路、标准配置、网络结构（含通道）。

2. 公司中心机房主要设备型号变更。

3. 超出集中监测标准范围，改变、扩展系统功能。

4. 更新或修改集中监测软件。

5. 升级接口子系统软件及接口协议。

第16条 基建、大修、更新改造时，集中监测应由具有相应资质的单位设计，依据施工图纸施工，与联锁、闭塞、列控、TDCS/CTC 等系统同步设计、施工、调试、验收及开通。其中新建工程应对集中监测中心软硬件设备做适应性扩容修改。

第17条 凡对安装有集中监测系统的车站、区间进行大修或站场改造，设计部门须进行相应集中监测配套改造和（或）过渡工程设计。集中监测工程项目必须保证各级用户集中监测设备运用数据的准确完整，应包括站场变化引起的车站或区间设备软硬件修改、通信通道恢复和公司集中监测中心及运输管理部、运输段、车间等各级监测终端的软件修改。

第18条 车站、区间信号设备大修或改造时，应根据集中监测系统设备现状，分别采取整体更新方式和局部更新方式进行。遇下列情况时，应进行局部更新：

1. 因操作系统软件升级、应用软件升级、防病毒软件升级等，计算机硬件配置、采集设备不能满足软件可靠运行时。

2. 因外界环境等因素导致系统、设备老化，不能保证正常工作时。

3. 属于淘汰设备、器材或维修配件没有供应来源时。

4. 不能满足运输提速、扩能和安全保证需求时。

第19条 基建、大修、更新改造的集中监测工程应组织单项验收，工程质量不合格一律不得交付使用。集中监测正式投入运行前，应组织进行接口数据仿真试验和系统功能验证。系统功能验证以现场运行验证为准依据技术条件进行，主要包括各种开关量、模拟量、报警信息的校对和测量精度校核等。参考附件6、附件7、附件8。

第20条 基建、大修、更新改造时，应采用符合相关标准和规定的产品，不得使用非标设备和器材；单项或主要设备、器材应按站或按运用总量的10%配备备品、备件。

第21条 各种试验、记录等资料应签字确认，签认的书面材料由运输段存档。

第 22 条　集中监测设备投入使用前，建设单位、施工单位、监测厂家应向设备管理单位移交操作手册、维护手册和各种设备密码等技术资料，以及仪表工具和备品备件等，技术资料不少于 6 份（密码专项规定）。技术资料应规范、完整并装订成册。

第 23 条　基建、大修、更新改造集中监测工程验交后，建设单位应组织施工单位及时移交临时竣工图，并应在 3 个月内移交正式竣工图。

第 24 条　信号电源屏须为集中监测设备提供经两路转换稳压后由 UPS 引入的独立 220 V 电源（容量不低于 2.2 kV·A）以及用于信息采集（需要时）的独立交流或直流 24 V 电源。严禁集中监测电源与电气集中电源混用，严禁非集中监测设备接入集中监测电源。

第 25 条　集中监测机柜内应预留协议转换器、光端机等设备的安装位置，并提供电源及地线接线端子。凡大修、改造工程中新设的集中监测机柜内供电电源必须按规定安装，容量符合技术要求。

第 26 条　基建、大修、更新改造集中监测工程中，车站通信机械室至信号机械室的 2M 通信通道应采用光纤通道和光接口设备连接，取消通道防雷；对于既有车站集中监测的 2M 通信电缆，应逐步改造为光纤通道和光接口设备连接；为解决通信、信号地电位不等引起的通道误码，在未改为光缆前可采用绝缘防火材料对路由器、协议转换器等设备进行对地隔离。

第 27 条　无人值守车站的集中监测应以站间透明方式纳入所辖工区，工区管辖范围或无人值守车站发生变化时，设备管理单位应及时组织调整。

第 28 条　运输段安装有监测终端的单位地点变更，应同时考虑监测终端移设（含通道变更）工程。

第 29 条　集中监测传输通道维护管理分界：

1. 采用光纤通道时，以集中监测机柜 ODF 架上通信尾纤活动连接器或在信号机房内独立设置的通信尾纤活动连接器为分界点，其活动连接器属通信部门。信号机房至通信机房的光缆（含尾纤）由通信段负责维护；通信尾纤活动连接器至监测的 ODF 架及跳纤等设备由运输段负责维护。

2. 采用 2M 电路时，以信号机房协议转换器 V35 接口（RJ45 端口）为界，运输段信号专业负责协议转换器及其插头、插座的紧固维护；信息通信段负责协议转换器（不含）至通信机械室相关设备和线缆（含接头）的维护。

3. 信号微机监测设备的网线或电话线通道，以微机监测机房、信号机械室调制解调器为界，调制解调器端口以外由信息通信段负责维护管理。

4. 信息通信段在信号机械室内敷设通信线缆时，应与运输段共同协商线缆敷设径路，确保既有机械室的整体美观。需移动通信线缆时，须通知通信段配合。

第 30 条　集中监测与通信设备电源维护管理分界：以信号机柜内电源插座或电源屏输出端子为界，运输段负责电源插座或电源屏模块及输出端子的维护；通信段负责电源插头或电源配线至通信设备的维护。

第 31 条　集中监测与信号子系统接口维护管理分界：以信号子系统的通信接口插座为界，插头（含）至集中监测的连接线缆属集中监测范围，插座（含）至信号子系统属子系统范

围。运输段应明确接口系统维护职责分工和故障处理流程。

第 32 条　集中监测设备应实行寿命管理，集中监测不应超过使用寿命期限。主要设备、器材寿命期限见附件 2。

第四章　软件及地址管理

第 33 条　集中监测应用软件、数据配置文件等修改由监测厂家负责，任何人均不得随意修改源程序和数据库结构信息，以及配置文件。

第 34 条　集中监测软件、数据配置文件变更规定。

1. 软件变更等级分三类：

（1）一类软件变更：系统平台变更、应用软件架构变更。该类变更需经外部专家组测试、评审。

（2）二类软件变更：应用控制功能变更、接口功能变更、一般功能变更和缺陷克服等，该类变更应执行软件供应商内部安全评估流程。

（3）三类软件变更：数据变更及上述以外的变更，该类变更应执行软件供应商内部的检验测试发布流程。

2. 软件变更程序：

（1）建设单位或设备管理单位提供信号平面布置图和设备变化说明或软件变更需求。

（2）软件供应商根据设计文件编制软件变更需求和测试文件。

（3）软件供应商按采用软件工程方法，根据 IEC62279 相关要求进行管理。

（4）变更修改完成后并通过验证确认后，软件供应商应进行软件发布，软件发布后方可提出现场更换申请。

（5）软件供应商针对变更原因、变更内容及等级、影响范围和软件的版本号提出更换申请。软件变更申请应填写《信号集中监测软件变更申请表》（见附件 3）加盖公章，报设备管理单位，设备管理单位按专业审批权限进行专业技术审批后报运输管理部批准。《软件变更申请表》留存设备管理单位备查，直至下次修改为止。

（6）公司负责一类、二类软件变更审批，设备管理单位负责三类软件变更审批。

（7）设备管理单位应对集中监测软件进行仿真试验，主要测试与其他信号子系统接口功能的正确性。

（8）软件更换完毕后设备管理单位应对其采集精度和正确性进行验收。

（9）设备管理单位应督促软件供应商同步更换相关集中监测终端软件。

（10）集中监测站机软件及数据配置文件发生变化后，相关的服务器软件及数据配置文件的修改工作，应由站机软件供应商采用自动上传机制同步完成集中监测服务器软件变更工作。

第 35 条　集中监测 IP 地址管理。

1. IP 地址由运输管理部统一分配，运输管理部、运输段应设专人管理。

2. 增设或变更集中监测 IP 地址程序：

（1）监测厂家应在工程安装、调试前 15 天，填写《信号集中监测 IP 地址新增变更申请表》（参照附件 4），并附带网络拓扑图向运输管理部申请新 IP 地址，申请包括工程名称、新增监测终端、站机数量、位置及 IP 地址需求。运输管理部审查核实后，在 5 个工作日内批复。

（2）集中监测开通后 1 周内，运输段应及时将新增监测终端 IP 地址纳入台账。

第 36 条 集中监测软件管理。

1. 软件及数据维护以监测厂家提供的软件维护手册为依据，日常维护由运输段负责。

2. 系统运行环境与软件开发测试环境应分开管理，严禁在运行系统中直接进行软件调试。

第 37 条 集中监测设备设备开通、软件升级、数据更新办理交接手续时，系统集成商必须向系统维护管理单位交接可以投产运用的最新版本有效软件。

第 38 条 应用软件程序和数据配置文件备份必须是设备正式开通后实际使用的且不少于 2 套。备份软件中应有说明软件的使用地点、设备名称、路径、更新日期、功能等内容的文本文件，以便查阅和使用。运输段必须妥善保管软件并及时更新，不得擅自修改，防止出现数据或软件丢失、扩散、病毒侵害等现象。备份软件须采用光盘作为载体，同时应保存更换软件前一个数据存储周期内的旧数据。一、二级报警信息及相关数据应在运输段中心服务器自动保存 1 年。

第 39 条 监测厂家应建立软件版本管理制度，保证提供的备份软件与现场实际使用一致。

第五章　网络安全管理

第 40 条 使用和维护部门应建立计算机与网络安全管理制度，通过严格的管理体制来保证设备的物理安全性，使非可信任人员不能接近网络设备相关的基础设施，杜绝人为因素导致网络故障、网络中断、网络管理的漏洞，有效地防止"黑客"侵入造成的网络瘫痪、设备损坏及。

第 41 条 集中监测的使用、维护人员不得在终端上进行任何与使用、维护无关的操作，严禁在终端设备上玩游戏，严禁无关人员进行操作。

第 42 条 严禁在系统中安装非集中监测软件，并不得与互联网及其他网络相连，确需与其他系统相连时，须经公司运输管理部批准。

第 43 条 严格机房管理和交接班管理，保证设备物理安全。非工作人员未经批准不得进入机房，严禁无关人员随意接近网络设备及其他相关设备，杜绝人为因素导致的网络故障。

第 44 条 为保证集中监测系统安全，各级维护部门应对集中监测车站系统设备、各终端设备的软驱、光驱、USB 接口进行拆除、封闭、禁用或加封并定期检查。

第 45 条 用于调试的计算机需接入集中监测系统时，必须按规定进行设备病毒检测，严防系统调试、修改、升级、数据拷贝过程中将病毒带入集中监测网内。

第 46 条　各有关维护单位应有一台专用计算机，用于查杀病毒。各种数据存储介质在接入网络前必须经专用计算机检查，确认无病毒后，方可使用。运输段应配备专用的 U 盘（或移动硬盘）用于集中监测系统有关数据、软件的拷贝，数据、软件的拷贝只能在集中监测系统维护终端上进行。

第 47 条　防病毒系统是集中监测的信息安全设施，必须依据有关规定选取并安装安全的防病毒软件，保证其良好运用，每月进行病毒库升级。

第 48 条　集中监测更换计算机主机、硬盘或重装系统后，应当先杀病毒，再做系统备份，试运行正常后，再投入联网运行。

第 49 条　各级使用人员在发现病毒后，应及时清除并上报。处理不了时应采取断开网络措施，防止病毒在网络中蔓延。

第六章　设备安全管理

第 50 条　集中监测属于保证行车安全的重要设备，未经批准，任何单位和个人不得随意停电、停机或中断通信通道。

第 51 条　运输段应严格用户登录、修改配置权限和密码管理并做好每次密码修改记录。严禁随意修改、删除配置文件和历史数据。

第 52 条　严禁非电务人员操作集中监测设备，防止误操作电源对地漏电流等测试项目导致信号设备异常或误动配置文件、参数设置影响系统使用。遇特殊情况需查看数据信息时，应逐级汇报，经运输段同意后由电务人员进行操作。

第 53 条　各级集中监测设备使用和维护人员有义务对集中监测数据进行保密，不得删除、泄露数据。

第 54 条　系统维护、故障处理、软件升级时，应及时备份集中监测数据。

第 55 条　有计划的电源停电检修，应按照规定程序及时将集中监测系统和采集机关闭，供电恢复后依次开启，严禁采用切断电源等非正常手段关机；当电源停电超过 10 min 时，要求关断集中监测不间断电源（UPS），避免造成 UPS 过度放电影响使用。

第 56 条　更换采集机或集中监测部件时应关掉电源，禁止带电插拔电路板和工控机连接线。

第 57 条　信息通信段应保证集中监测数据通道畅通，通道不得随意变更。特殊情况下需要临时变更调整时，应及时向公司运输管理部报告，经公司运输管理部同意后，在保证通道不中断的前提下进行临时变更，恢复时也应按此程序进行。

第 58 条　信息通信段有计划地对通信设备进行检修、施工时，应做到不同时中断集中监测主通道和保护环通道，同时通知运输段配合。信息通信段和运输段共同对通道进行测试和切换试验，确认主通道或保护环通道畅通后，方可进行检修、施工作业。作业完毕后，通信段和运输段须共同对主通道和保护环通道进行再次测试确认，保证通道畅通。

第 59 条　未按规定办理手续，任何单位和个人不得随意停用集中监测设备。因工程改造、日常运用维护需停用集中监测系统时，停用时间在 24 h 以内由运输段批准；超过 24 h，应由施工单位提前一周提出停用计划，由运输段、运输管理部依次审批后方可组织实施。

第 60 条 设备故障处理有关规定：

1. 运输段生产调度室、微机监测车间、现场信号车间、信号工区发现集中监测设备故障应立即组织处理。集中监测车站终端故障修复时间不得超过 24 h；集中监测站机某一功能失效或故障，修复时间不得超过 48 h。遇特殊情况不能按时完成时，必须以专题报告形式写明原因和预计恢复时间，由电务主管副段长签字后备案。

2. 处理集中监测车站系统、车间和工区监测终端硬件设备故障的责任单位是信号工区、现场信号车间；处理集中监测系统软件故障及段生产调度室监测终端软硬件设备故障的责任单位是微机监测车间。

3. 运输段微机监测车间负责管内集中监测系统的网络监控工作，是处理管内集中监测网络故障的牵头单位，当发现网络状况不良或受理网络故障通知时，应首先组织检查所归属的网络设备，并按照有关规定逐级上报。能够判明为信息通信段设备故障或不能判明故障原因时，运输段调度须及时通知信息通信段调度。

4. 遇网络故障时，运输段微机监测车间有权指挥运输段和信息通信段故障处理人员进行故障处理，运输段和信息通信段故障处理人员必须听从指挥和调遣，不得推诿扯皮。

5. 信息通信段、运输段有义务配合任何一方进行故障查找、分析和处理，在未判明故障原因前，任何单位不得以任何理由拒绝配合、不到现场或提前离开现场。

第七章　设备维修管理

第 61 条 集中监测设备维修是对运用中的集中监测设备进行维护和检修，掌握设备性能和运用状态，及时预防和消除设备故障，保证设备经常处于良好的运用状态。

第 62 条 监测厂家负责集中监测软件的终身维护，运输段核心服务器、路由器、交换机、采集分机和通信分机等设备可实行委托修，其他硬件实行故障修。

第 63 条 返厂修的集中监测设备或器材，修理时间不得超过 30 天，因特殊情况超过规定期限时，监测厂家应提供相应的备品，返厂修后的设备或器材应保修 6 个月。

第 64 条 备品备件及仪器仪表管理。

1. 备品备件应按使用数量的 10%配备，关键器材应考虑备用或采用委托修。

2. 每个工区应配置专用工具，具体配置见附件 1。

3. 严禁将故障更换后的器材与备用器材混放。

4. 备品备件及仪器仪表应定期进行养护，保证完好。

第 65 条 集中监测系统设备按照信号设备进行管理，所有集中监测系统设备应纳入年、月度维修计划进行定期维修，完成巡视、日常维护、年度集中检修和定期测试，保证设备正常使用。

第 66 条 维护单位应按《铁路信号维护规则》信号设备鉴定细目表，每年对管内集中监测设备进行质量评定，并于 11 月底前将结果上报主管部门。

第 67 条　各运输段、信息通信段应根据年度集中监测系统设备鉴定质量和日常运用情况，制定年度专项整治计划，解决监测系统存在的问题，不断提高运用质量和通道质量。

第 68 条　对集中监测系统设备的测试是保证设备可靠工作，预防故障的重要手段，由各级维护部门负责组织实施。其中通道测试按专用通信设备和集中监测系统设备对通道的要求，由信息通信段负责，运输段配合。

第 69 条　集中监测系统设备的日常维护及集中检修参照附件 5 执行。

第 70 条　运输段应建立集中监测检查与考核制度

第八章　附　则

第 71 条　建设单位与施工单位要将本规则中的有关要求纳入施工承包合同，建设单位应加强督促并检查其执行情况。

第 72 条　各运输段应结合实际，制定和完善本单位的信号集中监测系统维护管理实施细则。

第 73 条　本规则由公司运输管理部负责解释，自发布之日起执行。

附　件

附件 1：信号集中监测仪器、仪表、工具配备表

附件 2：信号集中监测主要设备、器材寿命期限

附件 3：信号集中监测软件变更申请表（电信维表 98）

附件 4：信号集中监测 IP 地址新增变更申请表（电信维表 99）

附件 5：信号集中监测设备维修工作内容、周期及工时表

附件 6：信号集中监测模拟量检查表（电信维表 100）

附件 7：信号集中监测开关量核对表（电信维表 101）

附件 8：信号集中监测工程检查核对项目

信号集中监测仪器、仪表、工具配备表

序号	名　称	工区数量	车间数量	运输段数量
1	便携式计算机		1	1
2	逻辑笔	1	1	
3	网线钳	1	1	1
4	网线测试仪	1	1	1
5	查线器	1	1	1
6	常用工具包	1	1	1
7	2M 误码测试仪			1
8	网络性能分析仪			1
9	光功率计			1

信号集中监测主要设备、器材寿命期限

地　点	设备、器材	寿命/年
车站设备	各类板卡、模块、传感器	10
	通信机、工控机	8
	显示器	5
	网络设备	8
	UPS 电池	3
中心设备	服务器	8
	网络设备	8
	工控机、PC 机	8
	显示器	5

附件 3

信号集中监测软件变更申请表 （电信维表 98）

供应商编号　　　　　　　　　　　　　　　　设备管理单位编号

软（硬）件名称		企业发布单号	
		设备类型	
软（硬）件及数据信息		版本号	
变更原因、依据			
变更描述（变更等级）			
影响分析			
变更地点			
呈报时间		更改时间	
验证确认			
应用限制（范围）			
试验建议			

监测系统供应商（盖章）		设备管理单位（盖章）		铁　路　公　司（盖章）	
修　改		审核		审核	
测　试		复核		复核	
主　管		批准		批准	

备注：可附带补充说明的资料。

附件 4

信号集中监测 IP 地址新增变更申请表 （电信维表 99）

申请单位（章）：　　　　　　　　　　　　　　申请时间：

申请人		计划日期		完成日期	
处　所					
申请原因					
运输段 审核意见					（审核单位盖章）
运输管理部 批复意见					（批复单位盖章）
试验情况					（试验人签字）

备注：

1. 本表运输管理部、运输段、申请单位各 1 份。

2. 修改试验完成后，运输段返运输管理部 1 份。

附件 5

信号集中监测设备维修工作内容、周期及工时表

修程	工作内容	单位	工时/min	周期	备注
日常维护	1. 巡视检查信号集中监测系统主机、采集机、板卡及附属设备工作状态有无异常现象	站	20	每日1次	1. 非值班点车站系统设备与联锁设备巡视同步进行； 2. 公司、段监测中心设备、车间和工区终端日常维护、集中检修同此标准； 3. 模拟量测试精度校核和上下限设置必须同步进行。涉及服务器更新，由专业车间配合完成； 4. 站机时钟与段中心时钟服务器同步，当站机与时钟服务器通信中断时，需每日与TDCS时钟校对，误差小于2 min
	2. 检查站场表示、联网状态、报警信息、电源、时钟	站	10	每日2次	
	3. 网络工作状态检查	管内	10	每日2次	
	4. 服务器时钟检查	管内	5	每日1次	
集中检修	1. 信号集中监测设备清扫，主机、UPS防尘网清洁	站	20	每月1次	
	2. 网管设备检查	管内	120	每月1次	
	3. 电源设备检查测试（包括UPS充放电）	站	20	每季度1次	
	4. 集中监测系统插接件及各部螺丝检查紧固	站	100	每半年1次	
	5. 各部配线、设备和防雷地线、防雷元件及熔断装置测试、检查、整修	站	120	每半年1次	
	6. 机柜风扇检查，工作电源测试	站	20	每半年1次	
	7. 开关量采集信息校核	站	90	每年1次	
	8. 模拟量测试数据精度校核并记录	站	120	每年1次	
	9. 模拟量上下限检查并设置、记录	站	大站120，其余60	需要时	
	10. 站机、终端机、服务器等计算机开盖检查，机内除尘	台	20	每半年1次	
	11. 病毒库升级	管内	按需	每月1次	
	12. 存储文件整理，释放存储空间；配置文件（含网络）、数据备份检查清理	台	60	每半年1次	
	13. 信号集中监测功能检查试验	站	30	每年1次	
	14. 采集机、电路板、传感器等各类集中监测（含网络）设备用途名牌检查核对补齐	站	10	每年1次	
	15. 配合通信段进行通道引入线测试	站	按需	需要时	
	16. 信号集中监测备品检查试验	站	30	每年1次	
	17. 图纸、技术资料及台账整理	站	20	每年1次	
	18. 不良器材更换	站	按需	需要时	

备注：1. 具体负责部门由运输段制定。

附件 6

信号集中监测模拟量检查表　　　（电信维表 100）

运输段　　　　　　　　　　站（场）　　　　　　　　　　　年　　　月

设备	外电网、电源屏						设备	转辙机（直流、交流、驼峰 ZD7）					
序号	项目名称	实测值	监测值	是否达标	曲线	报表	序号	项目名称	实测值	监测值	是否达标	曲线	报表
1	外网一路输入 A 线电压						1	1#动作电流（直流）	定位　／ 反位　／	／			
2	外网一路输入 A 相电压						2	1#故障电流（直流）	定位　／ 反位　／	／			
3	外网一路输入 A 相电流						3	1#动作电流（交流）	定位　／ 反位　／	／			
4	一路输入 A 相电压						4	1#功率（交流）	定位　／ 反位　／	／			
5	一路输入 A 相电流						5	1#表示直流电压	定位　／ 反位　／	／			
设备	轨道电路（交流连续、25Hz 相敏、高压不对称脉冲、驼峰 JWXC-2.3）						设备	集中式移频（站内电码化、有绝缘移频自闭、无绝缘移频自闭）					
序号	项目名称	实测值	监测值（V）	是否达标	曲线	报表	序号	项目名称	实测值	监测值	是否达标	曲线	报表
1	1DG 交流电压						1	X1 功出电压					
2	1DG 相位角						2	X1 功出载频					
							3	X1 功出低频					
							4	X1 功出电流					
设备	电缆绝缘（含贯通）				设备	列车信号点灯回路电流			
序号	名称	实测值	监测值	是否达标	序号	名称	实测值	监测值	是否达标
1	1DGH				1	X—DJ			
2	D1—BAH				2	X—2DJ			

239

设备	电源对地漏泄电流				设备	半自动闭塞					
序号	名称	实测值	监测值	是否达标	序号	名称	实测值	监测值	是否达标	曲线	报表
1	电码化				1	SBS—电压					
2	局部				2	SBS—电流					
3	信号				3	XBS—电压					
4	轨道				4	XBS—电流					

设备	环境状态（温度、湿度、空调）						设备	站（场）间联系电压					
序号	信息名称	实测值	监测值	是否达标	曲线	报表	序号	名称	实测值	监测值	是否达标	曲线	报表
1	温度						1	XF					
2	湿度						2	XJ					
3	空调电压						3	SF					
4	空调电流						4	SJ					
	空调功率												

设备	防灾异物侵限											
1												
2												
3												
4												

检查人

备注：

1. 表中所列监测项目为举例说明，应依据有关标准及竣工资料核对本站信息。

2. 电源对地漏泄电流项目必须达到铁路公司规定的安全采集要求后方可进行核对。

附件 7

信号集中监测开关量核对表

（电信维表 101）

运输段 　　　　　　　　站（场）　　　　　　　　　年　　　月

序号	信息类型	信息名称	电务监测机表示	控制台（前台）表示	电务维修机表示	备注
1	轨道光带 （轨道继电器）	3DG--QH	√	√		6502
		3DG--QB	√	√		6502
2	信号复示器	S--L	√	√		6502
3	所有按钮	SLA-L	√	√		6502
4	道岔表示灯	1#FB--U	√	√		6502
		1#DB--L	√	√		6502
5	其他表示灯	XJBD-H	√	√		6502
6	报警灯	SDSBD-H	√	√	√	微机联锁
7	关键性继电器	闭塞、方向、锁闭、道岔启动、发码、区间信号机继电器等	√		√	微机联锁

检查人：

备注：表中所列监测项目为举例说明，应依据有关标准及竣工资料核对本站信息。

附件 8

信号集中监测工程检查核对项目

序号	项　目	内　容	资料
1	模拟量核对	各类模拟量数据、报表、曲线	核对表
2	开关量核对	各类开关量	核对表
3	计算机联锁接口核对	协议规定信息、接口方式	核对表
4	ZPW-2000 轨道接口核对	协议规定信息、接口方式	核对表
5	TDCS/CTC 接口核对	协议规定信息、接口方式	核对表
6	智能电源屏接口核对	协议规定信息、接口方式	核对表
7	灯丝报警接口核对	协议规定信息	核对表
8	道岔缺口监测接口核对	实际	核对表
9	其他接口核对	实际	核对表

序号	项 目	内 容	资料
10	站机功能核对	显示及储存、报警及事件管理、系统管理、数据处理及控制、其他功能	核对表
11	终端功能核对	显示及储存、报警及事件管理、系统管理、数据处理及控制	核对表
12	报警、预警功能核对	一、二、三级报警,预警	核对表
13	模拟量报警上下限设置核对	规定的模拟量报警限值	记录
14	接口仿真试验	所有接口	记录
15	软件备份	软件程序、数据配置文件	记录
16	站机硬件检查	工控机（含配置）、采集器、板卡、传感器、显示器、UPS、打印机、路由器（含模块）、交换机等	记录
17	联网检查	网络状态、协议等	记录
18	采集配线检查	线径、阻燃、隔离、颜色、位置	记录
19	配套防雷检查	防雷元件、地线、光通道	记录
20	其他项目检查	相关内容	记录
22	中心路由器检查	配置、动态路由协议、通道状态、CPU 及内存占用	记录
23	中心交换机检查	配置、端口状态、CPU 及内存占用	记录
24	中心通信前置机功能核对	基本功能、系统管理、通信管理、时钟自动校核	核对表
25	中心应用服务器功能核对	基本功能、系统管理、通信管理、数据处理及控制	核对表
26	中心数据库服务器功能核对	基本功能、系统管理、通信管理、数据处理及控制	核对表
27	中心网管服务器功能核对	基本功能、系统管理、通信管理	核对表
28	中心 WEB 服务器功能核对	基本功能、系统管理、通信管理	核对表
29	中心防病毒服务器功能核对	基本功能、功能要求	核对表
30	中心时钟服务器功能核对	基本功能、功能要求	核对表
31	中心接口服务器功能核对	基本功能、跨系统间连接、跨网络间连接	核对表
32	维护工作站功能核对	网络拓扑图状态管理、其他网管功能	核对表

备注:

1. 检查核对依据公司有关技术标准、安全要求等。
2. 运输段参考以上检查核对项目,建立相应记录。

第十一编　信号器材入所修管理规则

第一章　总　则

第1条　为加强对信号设备、器材的入所修管理，提高设备、器材入所检测修质量，做到有计划的科学管理，确保设备、器材在规定周期内良好运用，特制定本规则。

第2条　本规则适用于神朔铁路管内信号设备入所修管理，包括修配、检修设备、器材，由运输部负责解释。

第二章　技术管理

第3条　设备或器材入所轮修周期按运输段制定的检修周期计划执行。

第4条　运输段根据入所修周期计划编制年度检修、修配计划，在编制年度计划时应考虑月度均衡生产和现场天窗修更换能力。

第5条　运输段应建立设备、器材使用对位台账，明确使用地点、使用设备名称、更换周期等。

第6条　运输段每年底对管内存放的应急、备用器材进行全面清查，详细建立设备、器材台账，注明数量、名称和次年度计划轮修数量。

第7条　运输段轮修器材数量应保证库存与台账相符，消耗器材数量应与支出材料账目相符。

第8条　运输段应对设备、器材分类、分区存放，标识清晰、准确，并建立微机管理系统进行有效管理。

第9条　设备、器材周期更换或故障临时更换，运输段必须及时变更器材对位台账。

第三章　入所器材管理

第10条　运输段必须对入所设备、器材应建立检查验收记录，验收记录包括：

1. 核对设备品名、型号、规格尺寸是否相同。

2. 检查设备外观质量、有无磕、碰、撞痕迹。

3. 检查设备是否成套，应附带配件是否齐全。

4. 对有包装箱的设备，要开箱验收，但是应注意不损坏设备，验收后不急用时，恢复原包装。

第 11 条　运输段应对计件设备全部点清件数，对带有附件的设备要点清主件、部件、零件等。非计件设备要按规定计量方法验收。

第 12 条　运输段在验收中发现质量问题，应做好相应记录，并通知有关人员进行返厂。

第 13 条　运输段对入所设备，按设备状态分类入库管理；不合格器材进行标识和存放，统一进行返厂。

第 14 条　运输段对返修器材的交接应有详细记录，并进行检查测试分析。

第 15 条　运输段应对拆旧回收设备，按类别分类清点、保管，并建立台账，未超使用年限器材转为轮修器材，已超使用年限器材向公司物资管理部提出报废申请。

第 16 条　运输段报废设备管理。

对不能再使用的设备、器材，不得私自做主报废处理，必须与公司物资管理部及有关部门联系，经鉴定核准后方可报废处理，报废后及时消账，注明日期、原因及数量。

第四章　运输段工程器材入所检测管理

第 17 条　运输段管内车站信号系统更新改造或大修时，施工单位积极主动与运输段联系协商，并送检需要上道的工程器材。运输段及时安排检测，确保出所质量及出所时间。

第 18 条　运输段对入所检测的工程器材，施工单位应提供器材位置图（室内提供组合位置名称图、室外提供设备名称图），无位置图运输段不予接收。并建立详细的台账。

第 19 条　运输段工程器材的交接

1. 所有工程器材必须由施工单位送到运输段，由施工单位与接收各所当面进行器材外观、数量、型号的交接、记录，并双方签字，出所均在各所进行交接，同时施工单位要进行外观和部件验收。

2. 凡由于运输段管理不善，造成器材部件损坏或缺少部件的，施工单位有权拒绝接收。

3. 运输段器材一经出所交接后，发生破损、丢失部件、机械裂纹等问题，由施工单位自行负责，与检测所无关。

4. 各种工程入所检测，器材、设备的装卸由各施工单位自行负责，电转机等大型器材的装卸，由运输段提供叉车等方便条件。

5. 凡器材接收后，运输段在检测过程中发现有质量问题时通知各施工单位，由施工单位及时通知产品生产厂家，厂家要及时进行解决。

6. 涉及工程器材拆旧时，运输段统一安排组织好工程器材拆旧回收工作，并将拆回所的旧器材进行分类，统一管理。

第五章　运输段出所设备、器材管理

第 20 条　运输段对出所设备、器材必须进行全面验收，验收合格后方可出所。

第 21 条　出所器材应保证上道良好运用，凡发生隐蔽部位、现场检修检测无法发现的零部件等质量问题，由运输段负责。

第 22 条　运输段轮修设备、器材出所时应建立台账，设备、器材上标名现场使用设备名称及使用位置，要有出所记录单，记录出所时间、器材名称、数量、使用地点，并由信号工区进行签收。

第 23 条　因故障出所更换的器材，运输段应同时变更器材台账，并做好相应记录，分析故障原因，采取防范措施。

第 24 条　运输段对轮修、倒修和故障更换的设备、器材，应及时收回（不超过 7 天），并记录收回时间和交接人。

第 25 条　器材存放时间，超过有关规定时，运输段应重新检修或测试合格后，方可出所。

第 26 条　运输段器材出所的数量、型号应与计划一致，代用器材或设备必须经授权的上级部门批准后，方可出所，并做好相应记录。

第 27 条　运输段出所设备、器材出所时，在搬运过程中应做好防护措施，确保器材的安全。

第 28 条　运输段信号设备（器材）的取送必须办理交接手续，设备器材更换后应及时更改台账，做到准确无误。各类器材按编号位置更换，不得随意变换位置。

第 29 条　运输段应急抢险器材，任何部门、人员未经同意不得挪用。

第六章　运输段工程器材出所管理

第 30 条　工程器材出所时，必须按运输段相关规定执行。

第 31 条　运输段出所的工程器材，设备、器材上标名现场使用设备名称，以及使用位置，要有出所记录单，记录出所时间、器材名称、数量、使用地点，并由工程单位进行签收。

第 32 条　当工程调用各所器材后，运输段应根据型号和数量，补足所缺器材，保证正常生产。

第七章　工程检测设备

第 33 条　运输段对入所的各种器材要认真核查器材的"三证"和生产日期（应为本年度或上一年度）是否符合要求，对不符合要求的严禁入所检修。

第 34 条　运输段对入所的器材应建立完整的设备台账，及时安排检测人员按照相关技术标准认真进行检测，并严格履行出所逐级验收制度，确保器材出所质量。

第八章　运输段设备、器材对位管理

第 35 条　运输段设备、器材出所时，均应标名设备名称及使用位置，配有出所记录单，记录出所时间、器材名称、数量、使用地点、位置，双方进行签收确认。

第 36 条 运输段应按照设备、器材上所标位置进行对位更换或安装。

第 37 条 设备器材更换或安装完后，运输段按照出所记录对所更换或安装的设备进行对位验收，并做好记录、建立台账。

第 38 条 运输段对上道运行的设备均应建立台账，全部录入微机管理。对型号不同的设备、器材还应记明特殊规格型号，如：生产厂家、螺丝端子直径、连接方法、配线图等。

第九章　附　则

第 39 条 本规则由运输管理部负责解释。

第 40 条 本规则自下发之日起执行。

第十二编　信号专业技术资料、图纸管理规则

信号设备技术资料、图纸是公司重要的机密技术文件，也是信号设备维修工作和故障处理的重要依据。

第一章　管　理

第 1 条　属性：

四级管理制度：公司、段、车间、工区四级管理，公司负监督管理职责，各级管理实行逐级负责。

密级：机密。

期限：长期。

状态：正确、清晰、完整。

第 2 条　修改：

对涉及联锁的图纸变更，必须由设计单位书面签批，手续依据、公函纸质版加盖公章存档备案，保持技术资料档案一致性。不影响联锁关系的局部变更按照管理权限审批后执行。图纸修改后再修改处加盖图纸修改专用章，专用章应有"修改文号，修改人，修改日期"，同时附修改说明。

既有设备改造时，相关图纸必须及时修改，确保图纸正确，图实相符。

第 3 条　保存：

工区建立技术资料档案清单目录，一月一查；车间建立管内目录清单，一季一查；段建立管内目录清单，一年一查；公司建立涉及联锁图纸目录清单，按需抽查（附件 1）。

第二章　交　接

第 4 条　新建、改建、大修铁路信号设备，在交付使用前，项目管理方于一个月前向设备单位主管部门提供竣工资料，经专业主管部门审核盖章后提前三十天向使用单位交付。项目管理方按以下内容提报（既有设备发生更改时，由专业主管部门提供相应技术资料）

需在开通前一个月内交付的相关资料：

（1）标明信号楼、信号机（名称、号码、位置、距线路中心线距离）、道岔坐标、道岔编号、侵限绝缘、正线，以及到发线有效长的信号平面图（注明接发超限列车的线路）。

（2）控制台盘面图。

（3）联锁图表。

（4）使用说明书（计算机联锁设备、CTC 设备、纳入联锁的脱轨器使用说明书）。

项目管理单位需在开通后一个月内交付的资料为：

（1）竣工数量详表。

（2）图实相符的各类型竣工图六套。

（3）工程检查记录（包括隐蔽工程）。

（4）信号联锁试验检查表及联锁试验报告。

（5）主要设备的电气性能测试记录。

（6）设备和器材认定、认证证书复印件以及合格证及技术资料。

（7）信号设备建筑接近限界资料。

（8）综合防雷、地线走向图及标注（含隐蔽工程的视频影像资料）。

（9）特殊电路设计及有关说明。

（10）竣工验收交接报告。

第 5 条　信号设备技术资料档案是项目工程重要的组成部分。项目管理方必须保证图实相符，联锁正确，对于错误的技术资料档案管理单位应拒绝接收并要求项目管理方限期修正并交付。

第 6 条　设备经过大修或技改后，原有技术资料档案在专业主管部门确认没有使用价值的，车间统一回收填写（附件 2）一式两份，车间主任、主管和工长确认签名后，随图交专业主管部门签收，车间留存一份，专业主管部门一份。

第 7 条　设备管理单位要执行三级图实核对验收制度。即段、车间、工区联合对图纸进行图实核对-验收-审核，公司认为有必要的由公司组织审验，项目管理方须指派有资质的专业负责人员配合，按照设备管理单位要求，交付完整合规图纸。

第三章　核　对

第 8 条　图实核对对于确保图实正确有重要作用，具有专业性强、技术性强的特点。

第 9 条　设备单位专业主管部门应按需将图实核对工作纳入年度生产计划，定期对图纸内容指派有责任心、技术性强的专业人员进行图实核对，公司主管部门不定期抽查。对于联锁关系变更、站场设备移设、技术电路修改方面的施工完毕即图实核对跟进。

第 10 条　经图实核对发现问题后确需修改的，经书面函请示专业主管部门，主管领导签字后进行修改，书面函长期保存备查。

第 11 条　鉴于图实核对工作的重要性，图实核对完成后，应总结，对于图实核对人员应给与奖励。

第四章　责任与考核

第 12 条　设备管理单位须确保现场各级使用的图纸必须是最终竣工图纸，一切前期设计类的、施工类的图纸均为非法图纸，不具有使用效力，且不得在现场使用。

第 13 条　段、车间辖区内各站（场）的信号设备技术图纸，段、车间专人负责，工区由工长负责管理工作。人员变更时应有交接手续，做到更替原因、更替时间清楚，图纸有据可查（附件 3）。

第 14 条　技术资料档案执行可追溯制度。即项目管理方作为第一责任人对所施工项目图纸、竣工图纸保证正确，承担责任；设备管理单位对于经过验收审核已经交付后的图纸出现问题时与项目管理方同责。

第 15 条　信号设备技术资料档案属保密技术资料，不得擅自外借。公司管内单位需借阅时由运输段批准，并办理借阅手续；管外单位借阅时，由运输段报公司运输管理部批准，并办理借阅手续。

第 16 条　查阅图纸、技术资料必须爱惜，不准损坏、涂改、拆散、丢失，对检查发现的问题，要督促整改，对段、车间、班组图纸管理不善或图物不符的，纳入考核。

第 17 条　为保证档案室存档图纸的整洁和完整，除故障处理急需外，必须在档案室查阅。借阅图纸要在借阅登记簿上登记后再进行借阅，并及时归还，遇节假日应先将图纸交回，仍需使用应另办手续。

第五章　附　则

第 18 条　本规则由运输管理部负责解释。
第 19 条　本规则自发布之日起执行。

附　件

附件 1：技术资料档案目录清单（电信维 102）
附件 2：车间技术图纸回交登记表（电信维表 103）
附件 3：技术图纸检查登记和交接表（电信维表 104）

附件 1

_____技术资料档案目录清单　　（电信维表 102）

图 纸 名 称	成图日期	施工单位	数量	负责人	备注
总　计	册				

附件 2

_____车间技术资 料回交登记表　　（电信维表 103）

图 纸 名 称	成图日期	数 量	回交时间	备注
总　计				册

主任：　　　　车间主管：　　　　　工长：　　　　　段主管长：

附件3

<u>　　　　　　　</u>技术资料台账清查和交接表　　（电信维表104）

图纸名称	清点划 "√"	一月	二月	三月	四月	五月	六月	七月	八月	九月	十月	十一月	十二月	备注

检查人（专人）：　　　　　　　　接收人：　　　　　　　日期：

注：该表格通用。人员更替时和检查表同时移交，检查表作为移交手续进行签字确认。

第十三编　道岔手摇把管理规则

为进一步规范道岔手摇把的使用和管理，严肃作业纪律，加强联锁管理，杜绝违章使用道岔手摇把，保证在维修施工作业和处理故障中信号联锁关系的绝对正确，根据公司管内实际情况，特制定本规则。

第一章　手摇把的配备数量、编号及加封

第1条　电动（液）转辙机手摇把的配置数量，由运输段、机务段根据站（场）设备的数量和类型协商确定，每站（场）配备2-4把，较大站场可适当增加配备数量。速动扳手视同手摇把管理。

第2条　手摇把的编号和颜色

1. 车站（机务段）存放的手摇把（含速动扳手），由修配基地统一编号，手摇把（含速动扳手）把柄部分涂为红色。

河东运输段道岔手摇把编号按照电动D***，电液Y***，范围为001-099；河西运输段按照电动D***，电液Y***进行编号，范围为101-199。

2. 修配基地检修用手摇把（含速动扳手）把柄涂为黄色，统一编号为电动DD**，DY**（00-99）专属专用，不得上道使用，加锁入箱专人负责固定地点存放，使用和使用完毕时由负责人负责清点，存放，每月定期进行检查，段管理部门不定时抽查。

第3条　手摇把的加封

1. 在手摇把插孔处加封。

2. 在速动扳手及方铁中间部位打孔，将两部件叠放在一起加封。

第二章　手摇把的管理

第4条　电动（液）转辙机手摇把实行电务统一编号加封，总量控制，车务（机务）集中管理、双方加锁装箱保管制度。无电务人员值守的车站（场），电务加封，车务（机务）加锁。手摇把（含速动扳手）的配置数量及编号，电务部门登记造册一式三份，经双方签认后各持一份，一份放置在手摇把箱内。

第5条　手摇把存放箱安装两套锁具，钥匙分别由车务（机务）和电务保管（电务保管的钥匙，装入专用袋内，由工长加封签字后放在备用器材柜内指定位置）。无电务人员值守的车站（场），钥匙由车务（机务）保管。存放箱和锁具由电务段或运输段统一制作，存放位置由车务（机务）站段确定。

第6条　电务人员每月会同车务（机务）对手摇把存放箱的加锁（加封）情况进行共同检查确认，将检查结果在《行车设备检查登记簿》内登记签认。

第7条　除修配基地、车务（机务）手摇把存放箱的手摇把外，严禁各现场车间、工区在任何地点存放手摇把（含速动扳手）。

第8条　因站（场）道岔拆除，该站（场）车务（机务）管理的手摇把（含速动扳手）应立即停止使用，由管理的现场车间当天收回并全部交修配基地封存，建立交接手续。

第9条　随新购转辙机配备的手摇把和多余的手摇把由修配基地统一装箱，由修配基地负责加锁、存放，并做好记录。

第10条　各工区于每月5日前，会同车站值班员对手摇把存放箱的加锁（加封）情况共同检查确认后，将检查结果在《行车设备检查登记簿》内登记确认。各段、所属车间必须严格掌握手摇把数量，特别是对于施工用手摇把的数量、去向，要认真登记备查，杜绝编外手摇把。

第三章　手摇把的使用

第11条　电液转辙机速动扳手仅为电务部门使用。

第12条　车务（机务）部门使用配备在车站（场）的手摇把时，需向所属段调度要令使用，需电务人员配合时出示使用的调度令，电务人员方可共同开箱，使用完后，车站人员及时向调度进行销号，会同电务人员清点后进行加封加锁。

第13条　电务部门使用配属在车务（机务）的手摇把时（包括配合施工），首先向所属段专业调度要命令，调度在《运输段使用道岔手摇把（速动扳手）命令簿》内登记，使用人员然后在《行车设备检查登记簿》内登记，经车务（机务）部门同意后方可使用。手摇把使用完毕，要及时交回，由车务（机务）、电务双方共同清点数量和核对号码后，加封、加锁，并在《行车设备检查登记簿》内销记，报调度指挥中心销号。

第14条　手摇把使用范围仅限于更换转辙机施工、预装更换道岔、配合工务整修道岔、更换挤切销、处理道岔故障、非正常行车准备进路。电务人员使用手摇把时，必须严格执行"先扳后摇"（故障不能扳动的除外）和要点、要令的作业制度。

第15条　新建线路开通前现场车间及时与施工单位办理手摇把（含速动扳手）交接手续，并送修配基地统一管理。

第四章　附　则

第16条　本规则适用于公司管内及所管辖的合资铁路和专用线的各站场。

第17条　本规则由运输管理部负责解释，自发布之日起执行。

第十四编　道岔二极管管理规则

为了严肃作业纪律，加强联锁管理，杜绝违章使用道岔整流二极管造成事故。结合公司管内实际，制定本规则。

本管理使用规则包括日常、急备及工程用道岔整流二极管的管理。

第一章　道岔整流二极管的日常管理

第1条　设备正常使用的道岔整流二极管分为电动道岔整流二极管和液压道岔整流二极管，现场车间须按站（场）为单位建立二极管管理台账。二极管管理台账内容包括站（杨）名称、道岔号码、整流二极管编号、姑（场）二极管使用数量、急备整流二极管编号。

第2条　现场车间、工区每年对使用中的道岔整流二极管进行一次检查、测试、核对；发现不良，现场车间提出申请，进行更换。

第3条　信号工区、信号机械室不得存放除急备外的道岔整流二极管。

第4条　道岔二极管的制作由修配基地负责（制作标准根据站场道岔使用型号一律采取两并两串以上方式）。

第二章　急备道岔整流二极管的管理：

第5条　急备整流二极管按站场使用型号每一个站（场）配备4个的原则配备，并有编号（上圪佬、九圪塔配备2个）；站（场）配备的急备整流二极管须装人各段统一编号的盒或袋中，由现场车间统一加封，放置在信号机械室。

第6条　处理故障需更换"道岔整流二极管"和发现不良需更换道岔整流二极管时，现场车间或工区须向运输段调度（电务）要令，命令下达后方可更换，更换时必须要死点，更换下来的不良道岔整流二极管交回段生产技术部，按照流程交回修配基地交旧领新，办理登记手续。

第三章　工程用道岔整流二极管的管理

第7条　遇有站（场）大修、更新改造施工时，道岔整流二极管应按站（场）或咽喉整体更换，并重新编号、修改管理台账。

第8条　站（场）大修、更新改造的备用道岔整流二极管，由各段生产技术部与工程部门联系，相同型号的一次配备到位，出所的道岔整流二极管要办理交接手续，开通前由施工单位负责，各段负责监管；开通后由设备管理单位负责。

第 9 条　各段技术培训、演练基地使用的道岔整流二极管必须按照以上规则进行管理。

第四章　附　则

第 10 条　本规则在发布之日起执行。

第十五编　机车信号维护管理规则

第一章　总　则

第1条　机车信号设备是中国列车运行控制系统的重要组成部分，是保证行车安全、提高运输效率、改善机车乘务人员劳动条件的重要设备，是提高行车指挥自动化水平的必要手段。

第2条　机车信号设备具有技术先进、设备复杂的特点，其运用维护管理工作有一定的特殊性，为确保其正常运行，根据《铁路技术管理规程》《铁路信号维护规则》《JT-C机车信号车载系统设备检修规程》的有关要求，特制定本规则。

第3条　本规则适用于管内机车信号系统（包括机车信号主机、机车信号机、接收线圈、接线盒、相关线缆、机车信号通信板、远程传输模块）设备的维护管理。

第4条　机车信号设备系统结构、基本功能、技术性能应符合原铁道部《机车信号系统技术条件》及相关技术规范，机车信号设备按总公司相关规定实行准入制度。其中JT-C系列机车信号的技术性能、维护检修应符合《JT-C系列机车信号车载系统设备技术规范（暂行）》《JT-C系列机车信号车载系统设备安装规范（暂行）》。

第二章　机构设置与职责

第5条　机车信号设备维护工作实行铁路分公司、运输段分级管理。运输段实行段、车间、工区三级维护管理。

第6条　运输管理部是铁路分公司机车信号设备维护管理的主管业务部门，具体业务管理事宜由运输管理部工电科负责，负责贯彻落实上级颁布的有关机车信号技术政策，制定铁路分公司有关机车信号设备维护管理规则。其主要职责：

1. 贯彻落实国家机车信号设备的技术政策、技术标准，并参照铁路总公司的技术标准、规章制度，结合公司实际制定管内机车信号设备维护管理规则及作业标准。

2. 负责推广机车信号新技术、新器材、新工艺和先进的检测手段。

3. 按照上级有关铁路运输安全设备生产企业认定规定，把好产品上道关。

4. 参与机车信号新设备的开发、研制、试验、审查工作，并组织安排好上道试验工作。

5. 参与铁路工程机车信号技术方案论证、审查、设备选型及竣工验收。

6. 负责掌握全公司机车信号设备的运用质量。检查、指导运输段机车信号设备的维护管理工作。按照上级主管部门要求，做好报表的统计、分析、上报工作。

7. 指导全公司机车信号设备运用中存在技术问题的分析研究，提出解决措施和方案，并组织实施，组织并参加机车信号设备典型故障的分析。

8. 负责编制公司机车信号设备Ⅲ级修、更新改造建议计划、竣工验收计划、机车信号年度重点工作计划并督促实施。

9. 负责制定管内机车信号设备各修程的工作项目及技术标准，抽查各单位执行修程的工作质量。

第7条　运输段是机车信号设备维护管理的责任主体，应设置机车信号设备管理专业部门及专职技术管理人员，按业务需求，在对口的机务段所在地设置电务车载设备车间，主要职责有：

1. 负责贯彻落实上级有关机车信号设备的技术政策、规章制度，执行机车信号设备相关的技术标准和作业标准，结合本段实际制定相应的维护管理细则及检修作业流程。

2. 根据机车的检修计划，组织编制机车信号年、月度检修工作计划，并组织实施。按月度对机车信号设备的运用、检修及故障情况进行统计分析。

3. 负责提报设备更新改造、Ⅲ级修计划并按批准的计划实施。

4. 负责制定机车信号设备有关软件升级及技术改造的安全措施及方案，并组织实施。

5. 建立机车信号监测分析制度及车、地跨段联动和闭环处理机制，收集机车信号设备和地面设备的电气特性数据和报警信息，消除设备缺陷和安全隐患，预防设备故障的发生。

6. 制定机车信号设备检查、验收工作制度，组织开展设备检查，对存在问题组织解决并制定整改措施。

7. 负责组织全公司机车信号设备年度质量鉴定工作。根据鉴定结果，提出设备运用质量提高计划。

8. 负责协调与其他单位的联劳、协作关系，负责签订跨公司（段）机车信号设备（或车载设备）检修、维护和故障应急协议。

9. 负责职工培训和教育工作，有针对性地开展应知应会、实作技能、标准化作业程序和故障处理为重点的实用性培训。

10. 制定应急抢险预案，建立应急抢修组织并定期进行演练，组织指挥事故抢险及故障处理。

第8条　运输段车载设备车间负责机车信号设备维护的实施和管理工作。设置分管机车信号的副主任及主管机车信号工作的工程技术人员。按照工作量设置出入库检测、设备库修、检修、分析工区。车载设备车间主要职责是：

1. 负责贯彻落实上级有关机车信号设备的技术政策、规章制度，执行机车信号设备相关的技术标准和作业标准。

2. 根据机车的检修计划，编制机车信号年、月度检修工作计划，经批准后实施。按月度对机车信号设备的运用、检修及故障情况进行统计分析。

3. 负责机车信号设备Ⅲ级修及更新改造工作的实施。

4. 负责收集及分析机车信号设备的电气特性数据和报警信息，消除设备缺陷和安全隐患，预防设备故障的发生。

5. 负责协调与相关单位的联劳、协作关系。

6. 组织职工开展技术业务学习，有针对性地开展应知应会、实作技能、标准化作业程序和故障处理为重点的实用性培训。

7. 建立和更新机车信号设备台账。

第三章　技术管理

第9条　机车信号设备的功能、性能、结构须符合铁路总公司规定的技术条件或技术规范，软件升级或硬件改造未经铁路分公司批准，任何单位和个人不得进行扩充、删减或变更。需要变更时应按如下要求执行：

1. 机车信号设备软件升级按《铁路信号软件变更暂行管理规则》有关要求，由设备厂家在实施前向运输段提报申请和实施方案，说明软件升级的变动内容、实施计划，经运输段审核同意，报运输管理部批准后方可实施。

2. 机车信号设备软件升级或硬件改造后，首列必须经过静、动态试验，确认升级改造后的设备状态良好后方可进行后续升级工作。

第10条　机车信号设备应建立设备履历台账。设备履历应尽可能采用信息化的手段，按检修互换单元逐台设立电子技术履历簿，准确反映设备类型、主要技术参数、生产厂家、出厂时间和编号，跟踪记载设备安装使用、技术状态及修理等情况，及时更新，保证履历台账完整、准确。

1. 运输段要建立完整的电码化径路图，径路图应包括上下行开关转换点、电码化制式、多方向发车进路表示灯组合、枢纽特殊发码区段标注及发码对照表。

2. 车载设备台账应按一车一档建立，其内容应包含：机车型号和号码以及相对应的机车信号类型（以主机上标注的型号为准）、主机信息（包括主机号码、生产厂家、出厂日期、板卡编号等）、接线盒、机车信号机号码、感应线圈型号及号码等。

3. 地面发码设备台账以车站为单位建立，其内容应包含：线别、站名、股道总数、电码化股道数、电码化设备类型、电码化发码方式、股道发码方式、需要区分上下行方向的股道、半自动闭塞接近发码制式、未设计电码化的区段（含股道、接近区段）。

4. 备品配置标准需注明各工区、各检测点和各故障应急处理点的配置类型及数量。

第11条　段车载技术科、车间、工区应有管内各型机车的机车信号车载设备的安装图、相关电气原理图、各种机车信号设备的维护使用手册等技术文件，并纳入段、车间、工区技术管理资料。

第12条　新配属和机车修程后的设备，上道前应进行设备检查验收确认。

第13条　测试设备（发码器、环线、便携式发码器）、仪器仪表和维护工具需建立专门台账，并由专人负责使用保养，定期检验、检修，特殊测试仪器应按厂家指导意见进行校验，确保其处于良好状态。

第14条　保质期内设备、器材出现问题，生产厂家必须负责维修或更换。维修后的设备、器材保质期自办理交接手续后重新开始计算保质期。返厂维修的重要部件，厂商须出具故障分析报告。

第 15 条 已装用的机车信号设备未经运输管理部批准不得拆除或停用，不得添加任何设备和接口设备。

第 16 条 装有机车信号车载设备的机车转配属时，机车信号车载设备应随机车整体调配。

第 17 条 新出厂或调拨机车的机车信号车载设备须经验收合格后，方可办理交接手续，并同步办理设备履历的交接。

第 18 条 禁止带电插拔机车信号设备的任何板卡及插接件。插拔、清扫印刷电路板时，应采取防静电措施，防止被静电击伤或损坏电路板。

第 19 条 机车信号车载设备寿命周期为 8 年，为保证机车信号设备的安全性能和作用可靠，计划、电务部门应根据使用环境条件和运用质量指标的变化情况及时按寿命期管理要求更新设备。

第四章　检测维修

第 20 条 机车信号设备检修工作，应坚持"质量第一，预防为主"的方针，实行预防修与状态修相结合的维修体制。运输段须建立完善的管理制度和检修体系，加强组织管理和质量控制。

1. 机车信号设备检修工作，应结合机车的检修修程，合理制定检修计划，以提高检修工作效率。

2. 检修工作应按标准化作业流程操作，确保检修质量。

3. 机车信号设备检修人员应具备专业知识和技能，检修单位应配备必要的检修工具及检测设备；检修所需的部件、材料的规格、型号、性能须满足设备的设计要求。

第 21 条 根据机车信号设备的结构特性、工作环境、性能和一定时期的制造技术水平，结合机车的运用、检修体制等因素，规定机车信号设备检修修程和周期如下：

1. 检修修程设置：出入库检测、Ⅰ级修、Ⅱ级修、Ⅲ级修。

出入库检测：与机车整备相结合进行，对机车信号设备进行检查试验，确保技术状态良好。

Ⅰ级修：与机车修程相结合进行，通过测试、试验等方法，结合机车信号记录数据分析等手段，对机车信号设备进行检查和维护。

Ⅱ级修：与机车修程相结合进行，对机车信号主机及机车信号机进行下车检修，对部分易损件进行更换，使机车信号设备电气性能和机械强度符合规定标准。

Ⅲ级修：与机车修程相结合，对机车信号设备全部下车检修，以恢复设备的出厂状态为标准，对部分部件进行更换。由设备生产厂家或具备资质的专业维修机构实施。

2. 检修周期设置：

机车信号设备检修周期设置见表 15-1。

表 15-1

机车信号设备检修修程	机车信号设备检修周期	备　注
出入库检测	出库或入库	
Ⅰ级修	60 天	
Ⅱ级修	2 年	
Ⅲ级修	4 年	

第 22 条　检修计划管理。铁路分公司制定年度机车信号设备Ⅲ级修检修计划。运输段制定Ⅰ、Ⅱ级修检修计划，根据铁路分公司下达的Ⅲ级修检修计划，结合机车的检修修程，组织完成检修任务。

第 23 条　机车信号计划检修各种修程的质量技术要求，详见附件 1《机车信号质量技术要求》。机车信号设备Ⅰ、Ⅱ、Ⅲ级维修完成后，应在设备履历簿上进行登记。

第 24 条　机车信号设备出入库检测工作内容见附件 2《机车信号设备出入库检测范围及要求》。

1. 机车信号设备检查试验前要询问司机设备运转情况，检查试验良好后方可在出入库检查记录本内记录并签发合格证。

2. 运行/试验开关须在运行位，Ⅰ、Ⅱ端换向功能的试验应由司机配合。

第 25 条　机车信号设备Ⅰ级修检修内容见附件 3《机车信号设备Ⅰ级修修程范围》。Ⅰ级修检修应将测试的参数做好记录，如接收线圈安装高度、左右安装偏差、电缆绝缘对地测试记录等；对记录器的数据进行下载分析，数据下载功能正常。

第 26 条　机车信号设备入所修管理。

1. 机车信号设备入所采用故障检修和Ⅱ级修、（Ⅲ级修）同步两种形式。

2. 机车信号主机板件应采取同一厂家同一型号的板件，避免不同厂家板卡的混用，造成设备不兼容。设备在维修过程中，需要更换零配件时，必须严格按照图纸标注的元器件进行替换，严禁随意使用其他元件代替，确保设备的可靠性。

3. 应建立机车信号设备动态管理台账。

4. 机车信号出所必须落实验收制度，验收合格后填写验收记录。

第 27 条　机车信号Ⅱ级修的内容见附件 4《机车信号Ⅱ级修修程范围》。修程完成后，段技术科应组织对设备进行验收并做好验收记录，对于检查发现的问题，车间要及时组织进行解决，以保证修程机车按时上线运行。

第 28 条　机车信号设备Ⅲ级修内容见附件 5《机车信号设备Ⅲ级修修程范围》，运输段应与承修单位签订维修合同，明确双方责任和义务，明确维修时限，确保设备质量。运输段要建立设备验收制度，确保修竣设备的良好。

第 29 条　机车信号更新改造：

1. 为确保机车信号设备正常运用，每年根据秋鉴的结果、设备的寿命周期以及运输生产的需要和新技术的发展水平，进行更新改造。

2. 机车信号设备的选型及使用必须符合上级有关产品准入认证规定。

3. 机车信号的更新改造任务，原则上由设备配属运输段的车载设备车间负责完成。运输段应根据更改计划负责实施，制定验收制度和措施，保质保量，按期完成。

第30条　机车信号设备跨局（段）维修管理：

1. 机车信号设备跨局、进行跨段Ⅱ级检修时，运输段应与承修段签订《车载设备跨局（段）检修协议》，明确双方的责任义务，明确检修内容和时限，根据检修内容编制验收标准，有条件的应在完成静态试验、动态运行试验，设备管理运输段验收合格后方可上线运行。

2. 凡跨局（段）运用的机车，运输段应与运行区段运输段签订代维协议，当机车信号设备发生故障时，机车入库后由代维段对机车信号设备进行故障处理并提供分析报告和原始记录数据。

3. 运输段应向代维段提供设备备品备件，并在协议中明确设备备品的型号、数量，代维段对备品独立存放。

第31条　机车信号测试环线设备维修管理。

1. 段、车间应建立机车信号发码环线台账，绘制环线布置图（标明环线长度）、电缆的径路图和电缆盒内部配线图，做到图实相符。

2. 机车信号测试环线实行月检查、年整治制度。每月对环线及发码器进行外观检查，对发码器进行功能、电气特性测试，并做好记录。

3. 环线发送电流模拟量，应以机车信号可靠工作最小的电流±15%为准，因股道条件不利或其他特殊情况可适当提高室内环线发码设备的发送电流。

第五章　数据分析

第32条　运输段应建立机车信号数据分析及相关干部的量化分析制度，段生产调度指挥中心应设立机车信号数据分析岗位，对机车信号及相关记录数据进行定期分析和汇总。

第33条　机车信号记录器的数据转储U盘和分析用计算机，应定期进行病毒检查，不得使用专用U盘做其他工作，防止病毒感染。

第34条　各运输段应结合机车修程（解备）进行数据下载，制定机车信号记录数据的日常数据下载计划，并按标准进行数据分析，数据按时序和车号进行保存，期限为一年。故障数据需另建台账，长期保存。数据基本分析标准见附件6：《机车信号运行记录数据基本分析标准》。

第35条　发生监控装置、机车信号故障时，应及时提取机车信号和监控装置的数据，共同分析，查找原因。发现本段管辖内地面发码设备异常情况，应及时报运输段生产调度指挥中心。发现设备异常问题及外段设备故障信息经确认后，由运输段报运输管理部。

第 36 条　如本局外段需要调用机车信号运行数据时，必须经过运输段技术科同意；外局需要调用机车信号运行数据时，必须经铁路分公司运输管理部批准。

第六章　安全管理

第 37 条　机车信号故障机车入库后，机务部门人员、电务部门人员应一同登乘机车，共同检查双方设备，一方在进行设备试验时，另一方必须无条件配合。查出故障原因后，双方应及时克服。设备恢复后，双方应对设备进行彻底试验。

第 38 条　禁止在机车行驶中检修机车外部的电务设备，机车入库或在车站停车检修机车外部的电务设备时，应挂红色信号旗或红灯防护，并在操纵手柄上悬挂红色"禁止操纵牌"。车下设备检查作业时，须通知在场的机务人员。

第 39 条　电务作业人员严禁对非电务类设备进行操作，需进行加电、换向等工作时，必须由机务人员配合进行机车相关操纵。

第七章　结合部管理

第 40 条　机车信号设备维护管理分工界面。

1. 设备安装结构分界：设备安装结构以将设备固定在车体、机架或安装台上的螺孔、螺丝（栓）分界，车体、机架或安装台由机务部门负责。如机车上需要加装改造机车信号设备时，本着"谁管理、谁负责"的原则完成加装改造相关工作。

2. 电气设备分界：机车信号设备之间的连接电缆及电源、换向连接电缆由电务部门负责，以机车的电源及换向工况端子分界。电务部门在进行连接电缆检修时，机务部门须予以配合。

第 41 条　入库机车，经检测机车信号技术状态良好，电务检测人员须向司机或机车运用部门出具《LKJ 系统（含机车信号）检测合格证》，未取得有效合格证的机车不得出库担当牵引任务。

第 42 条　机车司机对列车运行中发现的机车信号问题，应在机车入库时填写《电务车载设备使用信息反馈单》交电务车载设备检测工区。电务车载设备检测工区应及时对《电务车载设备使用信息反馈单》反馈的问题安排处置。

第 43 条　机车新配属到段或经委外修理后返段，以及机车由长期备用解备后，由机车配属的机务段负责在机车出库 48 h 前通知对口的运输段车载设备车间，由运输段将机车信号各项设备调整到运用状态。

第 44 条　列车运行中，机车信号设备必须全程运转，不得擅自关机。

第八章　附　则

第 45 条　运输段应结合本单位实际制定维护管理实施细则。

第 46 条　本规则由路局运输管理部负责解释，自发布之日起执行。

附 件

机车信号设备质量技术要求

序号	设备名称	部位	技术标准	Ⅰ级修	Ⅱ级修	Ⅲ级修
1	一体化机车信号主机	整机	1. 外观干净整洁，表面无裂痕、无严重划痕，铭牌清晰，整机及各部件外观符合图纸及设计要求	√	√	√
			2. 面板、机箱底座安装螺钉紧固无松动	√	√	√
			3. 机箱门锁完好，安装紧固	√	√	√
			4. 助力把手完整、无破损、字符清楚、插装位置正确。紧固螺钉无锈蚀、松动	√	√	√
			5. 航空插头连接可靠、插装到位、无破损	√	√	√
			6. 航空插头插针无弯曲、退针情况		√	√
			7. 机箱内无污垢及杂物。导轨无变形、松动		√	√
			8. 接地符合安装要求	√	√	√
			9. 未连接设备时，线与屏蔽层之间、线与插头外壳之间，应不低于25MΩ		√	√
			10. 更换主机供电保险管		√	√
		记录板	1. 面板及印刷电路板干净整洁		√	√
			2. 元器件及印刷电路板连线无高温变色、无烧损、开路、短路等现象。电容、电源模块无漏液、鼓包、开裂等情况		√	√
			3. 处理模块同底板插接可靠，无错位。固定扎带牢固可靠		√	√
			4. 插座上的插针无弯曲、断针、退针情况		√	√
			5. 测试标准			
			5.1 上电后，面板指示灯正常	√	√	√
			5.2 U盘转储数据过程正常	√	√	√
			5.3 时钟芯片时间准确	√	√	√
			5.4 主机板工作、切换状态记录正常	√	√	√
			5.5 灯位、SD等级信息、JY信息、ZS信息、上下行信息、司机室信息（Ⅰ、Ⅱ端）等信息记录正常	√	√	√
			5.6 载频、低频、幅度、主机代码等信息记录正常	√	√	√
			5.7 TAX箱信息记录正常	√	√	√
			5.8 供电电源高压、低压判定记录正常		√	√
			5.9 波形记录正常		√	√
			6. 更换时钟芯片、更换USB转录接口板		√	√
			7. 更换CF卡			√

序号	设备名称	部位	技术标准	Ⅰ级修	Ⅱ级修	Ⅲ级修
1	一体化机车信号主机	主机板	1. 面板及印刷电路板干净整洁		√	√
			2. 元器件及印刷电路板连线无高温变色、无烧损、开路、短路等现象。电容、电源模块无漏液、鼓包、开裂等情况		√	√
			3. CPU芯片同底板插接可靠，无错位		√	√
			4. 插座上的插针无弯曲、断针、退针情况		√	√
			5. 测试标准			
			5.1 上电完成后，面板指示灯正常	√	√	√
			5.2 设置线设置正确		√	√
			5.3 测试灯位、SD、JY、ZS等信息输出正常	√	√	√
			5.4 利用测试台注1测试灵敏度及返还系数，符合要求，输出正常		√	√
			5.5 利用测试台测试ZS转换、应变时间，符合要求，输出正常		√	√
			5.6 利用测试台测试无码切机功能，符合要求，输出正常		√	√
			5.7 常规巡检1 h		√	√
			5.8 更换主机板电源模块及滤波电容			√
		连接板	1. 面板及印刷电路板干净整洁		√	√
			2. 元器件及印刷电路板连线无高温变色、无烧损、开路、短路等现象。电容无漏液、鼓包、开裂等情况		√	√
			3. 插座上的插针无弯曲、断针、退针情况		√	√
			4. 测试标准			
			4.1 上电后，面板指示灯显示正常	√	√	√
			4.2 上下行指示灯显示与实际一致	√	√	√
			4.3 A、B机按钮切换主机功能正常	√	√	√
			4.4 Ⅰ、Ⅱ端切换功能正常	√	√	√
			5. 测试主备机切换时间不大于0.5 s		√	√
			6. 更换切换继电器或保持电容器件，或更换整板			√
			7. 更换保险管		√	√
		电源板1	1. 面板及印刷电路板干净整洁		√	√
			2. 印刷电路板连线及元器件无高温变色、无烧损、开路、短路等现象。电源模块、电容无漏液、鼓包、开裂等情况		√	√
			3. 插座上的插针无弯曲、断针、退针情况		√	√

265

序号	设备名称	部位	技术标准	I级修	II级修	III级修
1	一体化机车信号主机	电源板1	4. 测试标准			
			4.1 上电后,面板指示灯显示正常	√	√	√
			4.2 测试电源模块的输出电压值,符合48 V±2.4 V的标准		√	√
			4.3 "测试/运行"开关功能测试正常		√	√
			5. 更换电源板1			√
		电源板2	1. 面板及印刷电路板干净整洁			
			2. 元器件及印刷电路板连线无高温变色、无烧损、开路、短路等现象。电源模块、电容无漏液、鼓包、开裂等情况	√	√	√
			3. 插座上的插针无弯曲、断针、退针情况		√	√
			4. 测试标准			
			4.1 上电后,面板指示灯显示正常			
			4.2 测试电源模块的输出电压值,符合48 V±2.4 V的标准	√	√	√
			5. 更换电源板2			√
2	机车信号机	整机	1. 外观干净整洁,表面无裂痕、无严重划痕,铭牌清晰,整机及各部件外观符合图纸及设计要求	√	√	√
			2. 信号机底板安装螺钉紧固无松动		√	√
			3. 信号机门锁安装紧固	√	√	√
			4. 航空插头连接可靠、插装到位、无破损	√	√	√
			5. 航空插头插针无弯曲、退针情况		√	√
			6. 各灯罩完好紧固		√	√
			7. 机箱内无污垢及杂物		√	√
			8. 内部印刷电路板干净整洁		√	√
			9. 印刷电路板上连线及元器件无高温变色、无烧损、开路、短路等现象		√	√
			10. 测试标准			
			10.1 进行色灯发码测试,八显示灯的双面16个LED灯指示正确。不能出现不亮、错亮、多灯等错误现象	√	√	√
			10.2 进行载频开关测试,信号机"上下行"指示灯显示正确	√	√	√
			10.3 进行"操作端"测试,操作端对应操作显示正确	√	√	√
			10.4 "ZS"灯显示正确	√	√	√
			11 更换信号机LED灯发光体			√

序号	设备名称	部位	技术标准	Ⅰ级修	Ⅱ级修	Ⅲ级修
3	双路接收线圈	整机	1. 接收线圈安装牢固	√	√	√
			2. 接收线圈外观无裂纹、防水良好	√	√	√
			3. 在平直良好轨道的条件下，调整线圈底部距轨面距离在 155 mm ±5 mm 范围内	√	√	√
			4. 在平直良好轨道的条件下，接收线圈水平中心正对钢轨中心，偏差不得超过 ±5 mm	√	√	√
			5. 在平直良好轨道的条件下，同一端两接收线圈距轨面高度差小于 5 mm	√	√	√
			6. 电缆绑扎良好、外观无破损	√	√	√
			7. 测试标准			
			7.1 测试接收线圈同名端连接关系正确，安装方式、方向正确		√	√
			7.2 测试单个接收线圈的每路电感应不小于 60 mH；直流电阻应不大于 8 Ω		√	√
			8. 更换接收线圈胶皮护套及线缆防护管		√	√
			9. 更换接收线圈（本条针对高寒地区，视具体情况应用）			√
4	接线盒	整机	1. 接线盒安装牢固	√	√	√
			2. 接线盒外观无裂纹、插接件无破损、防水良好	√	√	√
			3. 端子螺丝无松动，配线良好	√	√	√
			4. 接线盒插头配线无误	√	√	√
			5. 更换接线盒			√
5	电缆	整套	1. 电缆外观良好，护套无破损	√	√	√
			2. 电缆走向平整，绑扎牢固	√	√	√
			3. 插头连接可靠、插装到位、无破损	√	√	√
			4. 插头插针无弯曲、退针情况		√	√
			5. 测试标准			
			5.1 未连接设备时，线与屏蔽层之间、线与插头外壳之间、屏蔽层与插头外壳之间绝缘电阻应不低于 25 MΩ		√	√
			6. 更换电缆			√
6	远程监测模块（可选）	整机	1. 远程监测模块安装稳固，螺丝无松动。天线及连接线连接可靠，插装到位	√	√	√
			2. 排线完好，插排无损坏，插针插头无弯曲、退针情况		√	√
			3. 测试标准			
			3.1 安装位置正确，位于司机室Ⅰ端信号机内	√	√	√
			3.2 上电后指示灯显示正确	√	√	√
			3.3 通过远程监测客户端软件查看远程传输数据正确	√	√	√

注：上表中，测试方法中的测试台为各产品适用的机车信号综合车载设备测试台，测试时，要将主机的所有电缆正确连入测试台。

附件2

机车信号设备出入库设备检测范围及标准

序号	部位	项目	检测范围	技术标准
1	车下	机车信号接收线圈（含电缆）	安装、外观、接插、线缆	1. 检查接收线圈安装情况，整体应牢固可靠，各螺丝、开口销或其他防松措施良好、有效； 2. 检查接收线圈外观，线圈主体及吊装杆应无裂纹、无明显破坏性或失效性损伤； 3. 检查各个接插头，应牢固可靠，接插良好； 4. 检查接收线圈防水措施，应防水性良好； 5. 检查线缆，应无破损、挤压，绑扎牢固
2		机车信号接收线圈接线盒及线缆	安装、外观、接插、防水	1. 检查接线盒安装情况，整体应牢固可靠，无明显锈蚀或失效性损伤； 2. 检查接线盒外观，应无裂纹、无明显破坏性或失效性损伤； 3. 检查各个接插头，应牢固可靠，接插良好； 4. 检查接线盒防水措施，应防水性良好； 5. 检查线缆连接情况，应连接正确，牢固可靠
3		机车信号机	安装、外观、功能、接插、开关、铅封	1. 检查机车信号机安装情况，整体应牢固可靠，无明显锈蚀或失效性损伤； 2. 检查机车信号机外观，无明显破坏性或失效性损伤； 3. 检查各个接插头，应牢固可靠，接插良好； 4. 检查机车信号机各灯位及指示灯，应显示正常； 5. 检查机车信号机上下行开关，应转换灵活，功能良好； 6. 检查铅封，应无破坏痕迹，完整有效
4	车上	主机及线缆	安装、外观、功能、接插、开关、铅封、螺丝、接地	1. 检查主机安装情况，整体应牢固可靠，无明显锈蚀或失效性损伤； 2. 检查主机外观，应无裂纹、无明显破坏性或失效性损伤； 3. 检查各个接插头，应牢固可靠，接插良好； 4. 检查线缆，应无破损、挤压，绑扎牢固； 5. 检查主机地线，应接地良好； 6. 加封加锁良好； 7. 检查主机功能： （1）主机各板件指示灯显示正常； （2）A和B套工作主机切换正常； （3）A和B套工作主机译码功能（含上、下行）正常； （4）Ⅰ、Ⅱ端切换功能正常（须由配合人员操纵）

268

附件3

机车信号设备 I 级修修程范围

序号	部位	项 目	检修范围	I 级修
1	接收线圈	安装、外观、接插、防水、螺丝、开口销或其他防松措施、线缆、功能测试、技术指标测试、清洁	1. 检查接收线圈安装情况，整体应牢固可靠，各螺丝、开口销或其他防松措施良好、有效，无明显锈蚀或失效性损伤； 2. 检查接收线圈外观，线圈主体及吊装装置应无裂纹、无明显破坏性或失效性损伤； 3. 检查各个接插头，应牢固可靠，接插良好； 4. 检查接收线圈防水措施，应防水性良好； 5. 检查接收线圈线缆，应无破损、挤压，绑扎牢固； 6. 线缆对地绝缘电阻应不低于 25 MΩ； 7. 在平直良好的轨道条件下，调整线圈底部距离轨面距离在 155 mm±5 mm 范围内； 8. 在平直良好的轨道条件下，调整接收线圈水平中心正对钢轨中心，偏差不得超过 ±5 mm； 9. 在平直良好的轨道条件下，调整同一端两接收线圈距轨面高度差小于 5 mm； 10. 对表面进行清洁	每次
2	电缆	安装、外观、接插、防水、线缆、功能测试、技术指标测试、清洁	1. 检查电缆外观及安装情况，应绑扎良好、外观无破损、挤压； 2. 检查各个接插头，应牢固可靠，接插良好； 3. 线缆对地绝缘电阻应不低于 25 MΩ； 4. 对表面进行清洁	每次
3	接收线圈接线盒	安装、外观、接插、防水、线缆、技术指标测试、清洁	1. 检查接线盒安装情况，整体应牢固可靠，无明显锈蚀或失效性损伤； 2. 检查接线盒外观，应无裂纹、无明显破坏性或失效性损伤； 3. 检查各个接插头，应牢固可靠，接插良好； 4. 检查接线盒防水措施，应防水性良好； 5. 对表面进行清洁	每次
4	机车信号机	安装、外观、接插、功能、技术指标测试、清洁	1. 检查机车信号机安装情况，整体应牢固可靠，无明显锈蚀或失效性损伤； 2. 检查机车信号机外观，应无裂纹、无明显破坏性或失效性损伤； 3. 检查各个接插头，应牢固可靠，接插良好；	每次

269

序号	部位	项　目	检修范围	I级修
4	机车信号机	安装、外观、接插、功能、技术指标测试、清洁	4. 检查机车信号机各灯位及指示灯，应显示正常； 5. 检查机车信号机上下行开关，应转换灵活，功能良好； 6. 检查远程监测模块（如有安装），应牢固可靠，数据线连接良好，指示灯应显示正常； 7. 检查铅封，应无破坏痕迹，完整有效； 8. 检查防水措施； 9. 对表面进行清洁	
5	主机	安装、外观、接插、功能、技术指标测试、清洁	1. 检查主机安装情况，整体应牢固可靠，无明显锈蚀或失效性损伤； 2. 检查主机外观，应无裂纹、无明显破坏性或失效性损伤； 3. 检查各个接插头，应牢固可靠，接插良好； 4. 检查线缆，应无破损、挤压，绑扎牢固； 5. 检查主机地线，应接地良好； 6. 检查铅封，应无破坏痕迹，完整有效； 7. 检查主机功能： （1）主机各板件指示灯显示正常； （2）A和B套工作主机切换正常； （3）A和B套工作主机译码（含上、下行）正常； （4）Ⅰ、Ⅱ端切换功能正常； （5）测试/运行开关良好，功能正常； （6）记录器数据转储正常； （7）环线发各种制式信号，主机接收信号正常，译码正确； 8. 转储并分析记录器数据，应无异常。发现异常应及时分析，查明原因，排除故障及隐患； 9. 对设备表面进行清洁； 10. 检查主机供电电源保险座应紧固可靠	每次

附件 4

机车信号设备Ⅱ级修修程范围

序号	部位	项 目	检修范围	Ⅱ级修
1	接收线圈	安装、外观、接插、防水、线缆、技术指标测试、清洁、部件检修或更新	1. 检查接收线圈外防护套及线缆防护管，不良时更换； 2. 测量单个线圈内阻，每路直流电阻应不大于8Ω，电感量不小于60 mH； 3. 未连接设备时，线与屏蔽层之间、线与插头外壳之间、屏蔽层与插头外壳之间绝缘电阻应不低于25 MΩ； 4. 在平直良好的轨道条件下，调整线圈底部距离轨面距离在（155±5）mm范围内； 5. 在平直良好的轨道条件下，调整接收线圈水平中心正对钢轨中心，偏差不得超过±5 mm； 6. 在平直良好的轨道条件下，调整同一端两接收线圈距轨面高度差小于5 mm； 7. 对表面进行清洁； 8. 检查接收线圈安装情况，整体应牢固可靠，各螺丝、开口销或其他防松措施良好、有效，无明显防锈蚀或失效性损伤； 9. 检查接收线圈外观，线圈主体及吊装装置无裂纹、无明显破坏性或失效性损伤； 10. 检查各个接插头，应牢固可靠，接插良好； 11. 检查接收线圈防水措施，应防水性良好； 12. 检查接收线圈线缆，应无破损、挤压，绑扎牢固	每次
2	电缆	安装、外观、接插、防水、线缆、技术指标测试、清洁、部件检修或更新	1. 未连接设备时，线与屏蔽层之间、线与插头外壳之间、屏蔽层与插头外壳之间绝缘电阻应不低于25 MΩ； 2. 对表面进行清洁； 3. 检查电缆外观及安装情况，应绑扎良好、外观无破损、挤压； 4. 检查各个接插头，应牢固可靠，接插良好； 5. 视情况修整走线布局，更换绑扎带	每次
3	接收线圈接线盒	安装、外观、接插、防水、线缆、技术指标测试、清洁、部件检修或更新	1. 未连接设备时，线与屏蔽层之间、线与插头外壳之间、屏蔽层与插头外壳之间绝缘电阻应不低于25 MΩ； 2. 对表面进行清洁； 3. 检查接线盒安装情况，整体应牢固可靠，无明显防锈蚀或失效性损伤； 4. 检查接线盒外观，应无裂纹、无明显破坏性或失效性损伤； 5. 检查各个接插头，应牢固可靠，接插良好； 6. 检查接线盒防水措施，应防水性良好	每次

序号	部位	项目	检修范围	Ⅱ级修
4	机车信号机	外观、接插、功能、技术指标测试、清洁、部件检修或更新	1. 对设备进行解体清洁，清除内部异物； 2. 观测灯位明暗度，发现亮度不稳定或明显灰暗的，应予以更换； 3. 未连接设备时，线与屏蔽层之间、线与插头外壳之间、屏蔽层与插头外壳之间绝缘电阻应不低于 25 MΩ； 4. 重新安装； 5. 检查机车信号机外观，应无裂纹、无明显破坏性或失效性损伤； 6. 检查各个接插头，应牢固可靠； 7. 检查机车信号机各灯位及指示灯，应显示正常； 8. 检查机车信号机上下行开关，应功能良好； 9. 检查远程监测模块（如有安装），应牢固可靠，数据线连接良好，指示灯应显示正常； 10. 检查铅封，应无破坏痕迹，完整有效	每次
5	主机	外观、接插、功能、技术指标测试、清洁、部件检修或更新	1. 对设备进行解体清洁，清除内部异物； 2. 更换主机供电保险管； 3. 更换记录器时钟芯片或时钟芯片电池； 4. 更换记录器板 USB 接口插件； 5. 检查主机外观，应无裂纹、无明显破坏性或失效性损伤； 6. 通过测试台对以下项目进行测试，结果应正常： （1）主机各板件指示灯显示正常； （2）Ⅰ、Ⅱ端及 A、B 机手动和自动切换； （3）A、B 机系统干扰电压及接收线圈频响； （4）主机接收线圈断线功能； （5）上电自检时间； （6）主机 50 V 电源输出； （7）A、B 机工作灵敏度及返还系数； （8）A、B 机应变时间； （9）SD 及 JY； （10）A、B 机上灯时间； （11）A、B 机运行数据输出接口功能； （12）A、B 机 ZS 转换及其应变时间； （13）载频锁定及切换功能； （14）主机 Ⅰ-SZ、Ⅱ-SZ、X22、X26、X27、X28、LX30 接口； 7. 通过测试台，对主机进行循检试验，读取记录器数据，检查记录装置功能，结果应正常	每次

序号	部位	项 目	检修范围	Ⅱ级修
5	主机	外观、接插、功能、技术指标测试、清洁、部件检修或更新	8. 转储并分析记录器数据，应无异常。发现异常应及时分析，查明原因，排除故障及隐患。 9. 重新安装后检查主机功能： （1）主机各板件指示灯显示正常； （2）A和B套工作主机切换正常； （3）A和B套工作主机译码（含上、下行）正常； （4）Ⅰ、Ⅱ端切换功能正常； （5）测试/运行开关良好，功能正常； （6）记录器数据转储正常； （7）环线发码，按主机设置线设备接收信号正常，译码正确； 10. 检查各个接插头，应牢固可靠，接插良好	每次

附件5

机车信号设备Ⅲ级修修程范围

序号	部位	项 目	检修范围	Ⅲ级修
1	接收线圈	安装、外观、接插、防水、线缆、技术指标测试、清洁、排除故障隐患、关键部件更新	1. 更换接收线圈外防护套及线缆防护管（高寒地区结合机车大修更换接收线圈）； 2. 测量单个线圈内阻，每路直流电阻应不大于8Ω，电感量不小于60 mH； 3. 未连接设备时，线与屏蔽层之间、线与插头外壳之间、屏蔽层与插头外壳之间绝缘电阻应不低于25 MΩ； 4. 重新安装感应线圈； 5. 在平直良好的轨道条件下，调整线圈底部距离轨面距离在155 mm±5 mm范围内； 6. 在平直良好的轨道条件下，调整接收线圈水平中心正对钢轨中心，偏差不得超过±5 mm； 7. 在平直良好的轨道条件下，调整同一端两接收线圈距轨面高度差小于5 mm； 8. 设备表面清洁； 9. 检查接收线圈安装情况，整体应牢固可靠，各螺丝、开口销或其他防松措施良好、有效，无明显锈蚀或失效性损伤； 10. 检查接收线圈外观，应无裂纹、无明显破坏性或失效性损伤； 11. 检查各个接插头，应牢固可靠，接插良好； 12. 检查接收线圈防水措施，应防水性良好； 13. 检查接收线圈线缆，应无破损、挤压，绑扎牢固	每次

序号	部位	项 目	检修范围	Ⅲ级修
2	电缆	更换（结合机车大修）	1. 更换机车信号电缆； 2. 未连接设备时，线与屏蔽层之间、线与插头外壳之间、屏蔽层与插头外壳之间绝缘电阻应不低于 25 MΩ； 3. 对表面进行清洁； 4. 检查电缆外观及安装情况，应绑扎良好、外观无破损、挤压； 5. 检查各个接插头，应牢固可靠，接插良好； 6. 视情况修整走线布局，更换绑扎带	每次
3	接收线圈接线盒	更换，重新安装	1. 更换接线盒； 2. 未连接设备时，线与屏蔽层之间、线与插头外壳之间、屏蔽层与插头外壳之间绝缘电阻应不低于 25 MΩ； 3. 检查接线盒安装情况，整体应牢固可靠，无明显锈蚀或失效性损伤； 4. 检查接线盒外观，应无裂纹、无明显破坏性或失效性损伤； 5. 检查各个接插头，应牢固可靠，接插良好； 6. 检查接线盒防水措施，应防水性良好	每次
4	信号机	外观、接插、功能、技术指标、排除故障隐患、关键部件更新	1. 对设备进行解体清洁，清除内部异物； 2. 更换 LED 发光体； 3. 未连接设备时，线与屏蔽层之间、线与插头外壳之间、屏蔽层与插头外壳之间绝缘电阻应不低于 25 MΩ； 4. 检查机车信号机外观，应无裂纹、无明显破坏性或失效性损伤； 5. 检查各个接插头，应牢固可靠； 6. 检查机车信号机上下行开关，应转换灵活，功能良好	每次
5	主机	外观、接插、功能、技术指标、排除故障隐患、关键部件更新	1. 对设备进行解体清洁，清除壳内异物； 2. 更换主机供电保险管； 3. 更换记录器板 USB 接口插件、时钟芯片、CF 卡； 4. 更换连接板相关切换继电器和保持电容器，或更换整板； 5. 更换电源板 1、电源板 2； 6. 更换主机板电源模块及输入滤波电容； 7. 检查主机外观，应无裂纹、无明显破坏性或失效性损伤； 8. 通过测试台对以下项目进行测试，结果应正常： （1）主机各板件指示灯显示正常； （2）Ⅰ、Ⅱ端及 A、B 机手动和自动切换； （3）A、B 机系统干扰电压及接收线圈频响； （4）主机接收线圈断线功能； （5）上电自检时间；	每次

序号	部位	项 目	检修范围	Ⅲ级修
5	主机	外观、接插、功能、技术指标、排除故障隐患、关键部件更新	（6）主机 50 V 电源输出； （7）A、B 机工作灵敏度及返还系数； （8）A、B 机应变时间； （9）SD 及 JY； （10）A、B 机上灯时间； （11）A、B 机运行数据输出接口功能； （12）A、B 机 ZS 转换及其应变时间； （13）载频锁定及切换功能； （14）主机 I-SZ、Ⅱ-SZ、X22、X26、X27、X28、LX30 接口； 9. 通过测试台，对主机进行循检试验，读取记录器数据，检查记录装置功能，结果应正常； 10. 转储并分析记录器数据，应无异常。发现异常应及时分析，查明原因，排除故障及隐患； 11. 重新安装后检查主机功能： 1）主机各板件指示灯显示正常； 2）A 和 B 套工作主机切换正常； 3）A 和 B 套工作主机译码（含上、下行）正常； 4）I、Ⅱ端切换功能正常； 5）测试/运行开关良好，功能正常； 6）记录器数据转储正常； 7）环线测试按主机设置线设置接收信号正常，译码正确； 12. 检查各个接插头，应牢固可靠；	

附件 6

机车信号运行记录数据基本分析标准

序号	项 目	分析标准
1	主机 A/B 状态信息	记录数据显示正常，表明当前主机工作正常；如出现异常，应及时结合其他数据，分析故障原因，尽早排除故障
2	主备机切换信息	记录数据显示主备机发生切换，应及时分析切机原因
3	掉码或无码区段上码	如记录数据中显示有码区段掉码或无码区段上码应及时分析故障原因
4	灯位信息	如记录数据中显示有灭灯、多灯等灯位异常情况，及时结合其他数据，分析故障原因

序号	项　目	分析标准
5	JY/ZS/SD 信息	如记录数据中显示的 JY/ZS/SD 信息与相应低频信息定义表不符，应及时结合其他数据，分析故障原因
6	电源信息	如记录数据中显示有明显的、长时间的低压、高压等情况，应及时分析故障原因
7	TAX 箱信息	如记录数据中"机车类型"、"机车号"、"机车速度"、"公里标"、"信号机类型"及"信号机编号"、"车次"、"交路号"、"车站号"等信息显示异常时，应安排检查相关记录器、TAX 箱等设备，及时排除故障
8	上下行信息	记录数据中显示上下行信息
9	载频切换状态信息	记录数据中显示载频自动切换信息
10	温度信息	记录数据中显示温度信息
11	主机故障信息（代码）	如记录数据中显示表示故障信息（代码），应及时分析，查找故障原因
12	轨道电路信息	如记录数据中显示载频、低频、幅度等信息异常，应及时分析故障原因
13	特殊信息	如记录数据中显示特殊信息异常，应判断主机板设置线是否发生异常

第十六编 轨道车运行控制设备（GYK）维护管理规则

第一章 总 则

第 1 条 为规范我公司轨道车运行控制设备（以下简称 GYK 设备）的维护管理，根据《铁路技术管理规程》《轨道车运行控制设备运用维护管理规则》，特制定本规则。

第 2 条 本规则适用于公司管内 GYK 设备安装、控制模式设定、基本数据文件编制、运行揭示数据文件编制、模拟检验、运行试验、数据文件更换、检修及相关使用的管理，明确相关工作必须遵循的基本原则、部门管理职责、工作方法、作业要求，以及设备应达到的质量标准。

第 3 条 在铁路营业线上运行的轨道车（含过轨）、接触网作业车、大型养路机械等具有自运行能力的自轮运转特种设备（以下简称轨道车）须安装 GYK 设备。

第 4 条 铁路公司、运输段应按照国家行政许可、铁路总公司铁路产品认证管理相关规定，采购和使用 GYK 设备及相关配件。

第 5 条 GYK 设备是列车运行控制系统的组成部分，是防止轨道车冒进信号、运行超速并辅助司机提高操纵能力的重要行车设备。

GYK 设备采用速度分级控制模式，监控轨道车安全运行。

第 6 条 GYK 设备由主机、人机界面单元（DMI）、机车信号接收线圈、机车信号机、速度传感器（不含大型养路机械作业车）和外部接口（包括压力传感器、电磁阀、制动隔离装置、信息输入输出接口设备等）等组成。

GYK 相关设备包括装设于轨道车上的公用数据箱、GYK 设备远程维护监测系统（GMS）综合等。GYK 设备和 GYK 相关设备的性能要求应符合相关技术文件规定。

第 7 条 GYK 设备的功能、技术性能、控制模式设定、数据文件编制、数据文件更换、检修等，应实行规范化管理和标准化作业。GYK 设备的维护、运用工作由运输段电务与工务、供电专业以及配备轨道车的部门实行专业化分工管理，按照《神朔铁路分公司行车组织规则》规定执行，电务部门管理的设备列运输段资产，轨道车所属部门管理的设备列轨道车所属部门资产。

第 8 条 铁路公司每年应按专业组织一次对 GYK 设备运用维护管理工作的全面检查，运输段电务专业每半年组织一次对 GYK 设备运用维护管理工作的全面检查。

第 9 条 从事 GYK 设备检修、基本数据文件编制、运行揭示数据文件编制、记录数据分析和专业管理等工作的专业人员应具备相应的专业知识和技能。基本数据文件编制、运行揭示数据文件编制、模拟检验等主要业务工作由专业工程师担当。

第 10 条 运输段电务专业应结合本段工作实际制定 GYK 维护管理实施细则，根据车型细化作业内容、作业流程，及时处理设备质量问题、指导使用人员正确操作 GYK 设备。

运输段电务专业应加强检查督导，每半年组织运用单位召开一次 GYK 设备管、用、修联席会议，解决运用、维护中存在的问题，制定相应措施，提高维护质量，并将会议纪要抄送公司运输管理部。

第 11 条　铁路公司应将 GYK 设备检修、基本数据文件和软件更换、故障处理等费用纳入预算计划。

第二章　组织机构与职责分工

第 12 条　运输管理部是铁路公司 GYK 设备技术业务主管部门，其主要职责是：

1. 贯彻执行国家铁路局及参照铁路总公司 GYK 设备规章及有关要求，遵循相关技术标准，牵头制定 GYK 设备运用维护管理实施规则，对运输段电务专业工作检查督导，协调与其他铁路公司（局）间的 GYK 设备业务协作。

2. 负责 GYK 设备使用的技术支持管理，与相关部门、GYK 设备制造商的联系，协调处理 GYK 设备运行中出现的问题。

3. 负责组织并参与 GYK 设备新技术、新设备的审批、试验和推广应用。组织有关 GYK 设备工作经验交流工作。

4. 负责在本系统管理的外公司或路外轨道车的 GYK 设备运用管理工作，及时组织轨道车运用单位与相关运输段电务专业签订维护协议。

5. 负责批准 GYK 设备基本数据文件的发布。

第 13 条　运输段电务专业是 GYK 设备维护管理工作的责任主体，应配备 GYK 设备专职管理人员，设置 GYK 设备维护工区（车间），配备工装设备和交通工具。其主要职责是：

1. 贯彻铁路公司 GYK 设备规章制度及有关要求，执行 GYK 设备相关技术规范、技术标准和作业标准。依照路公司发布的《列车运行图技术资料》，负责所辖区域线路的 GYK 设备基本数据文件的编制、模拟检验、设备检修、控制模式等业务管理及公司 GYK 设备基本数据资料管理。

2. 负责制定 GYK 设备维护管理实施细则和工作制度。

3. 负责管内配属轨道车或签有协议单位的 GYK 设备的检修、车载控制软件升级、基本数据文件更换和故障处理。

4. 负责 GYK 设备技术及配套软件的管理。掌握设备技术状态及 GYK 设备配套软件的应用状态；制定软件升级更新计划并组织实施。

5. 负责组织与相关轨道车运用单位对 GYK 设备基本数据文件进行实验室模拟检验复核、参加 GYK 设备控制功能运行试验。负责 GYK 设备基本数据文件的交接及确认。

6. 负责编制、提报、实施 GYK 设备更新、改造和检修成本计划。

7. 负责向外公司、路外单位在公司管内施工运用单位提供 GYK 设备提供所需数据。即 GYK 设备主控软件、基本数据文件、分析软件、运行揭示编辑软件，掌握软件版本。

8. 负责对口轨道车运用单位 GYK 设备的技术支持。

9. 负责 GYK 设备质量管理工作。掌握 GYK 设备质量动态，对惯性、疑难故障组织技术攻关。

10. 负责 GYK 设备的技术履历管理；负责 GYK 设备安装、运用情况的统计上报工作。

11. 负责 GYK 设备的技术资料管理，负责设备报废、固资移交的审核、办理工作。

12. 承担 GYK 设备使用的技术支持。根据 GYK 设备控制模式及数据变化情况，及时向运用管理部门提供编制 GYK 设备操作使用手册的技术说明资料。

13. 负责 GYK 设备工作的监督检查、设备故障分析定责。

14. 负责 GYK 设备的教育培训工作。

15. 对于签有协议、办理过轨手续的 GYK 设备，运输段电务专业需按期进行性能检测、数据与模式核查或换装，发放 GYK 设备合格证、出具检测状态书。

16. 负责 GYK 设备检修技术管理，制定设备维护管理的应急预案；制定设备更新、改造、Ⅲ级修计划，并组织实施。

第 14 条　运输段电务专业综合车间是 GYK 维护工作的执行主体，主要职责是：

1. 负责对口运用单位 GYK 设备的检测、维修、数据换装、故障处理等工作，负责 GYK 设备基本数据文件进行实验室模拟检验复核、参加 GYK 设备控制功能运行试验。

2. 负责对口运用单位 GYK 设备更新、大修项目及改造工程的具体实施工作。

3. 负责对口运用单位 GYK 车载软件的升级与维护工作，按照总公司、铁路公司相关规章和应用版本要求，掌握软件运用状态，实施配套软件升级计划。

4. 在 DMI 显示器右上角粘贴"110"联系标识（附件 1），负责应急故障处理的技术指导。

5. 负责对签有协议在运输段电务专业管辖区域自轮运行的外公司、路外作业的 GYK 设备进行性能检测、故障处理、数据换装、合格证发放等工作。

6. 按时完成上级部门交给的临时性任务。

第 15 条　轨道车运用单位是 GYK 设备运用管理工作的责任主体，主要职责是：

1. 贯彻执行总公司、铁路公司 GYK 设备运用管理各项规章制度、GYK 设备运用作业标准，制定 GYK 设备运用维护管理实施细则并检查落实，包括 GYK 设备运用管理、运行记录数据管理、运行揭示数据文件管理等。督导、检查轨道车各运用单位 GYK 设备运用管理的各项工作。

2. 负责核对 GYK 设备基本数据和软件的版本信息；参加 GYK 设备的室内模拟检验和运行试验。

3. 负责向运输管理部提供轨道车调拨（含报废）、大修计划及轨道车运用、配属的变化情况。

4. 建立 GYK 设备运行记录数据分析制度，明确分析内容、考核标准；负责 GYK 设备运行记录数据文件管理，完成 GYK 设备运行记录数据分析、考核等工作。

5. 按"GYK 设备维护管理分工"负责相关设备的检修管理。

负责 GYK 设备的日常保养及分管设备的检修和更新改造，配合运输段电务专业完成 GYK 设备的检修和更新改造工作。

6. 向运输段电务专业提供有关 GYK 设备基本数据的更换计划，制定相应的安全保障措施，并配合电务部门实施更换。

7. 负责 GYK 设备运行揭示数据编辑、核对、验证、审核、发布。

8. 负责组织编写轨道车 GYK 设备司机操作手册并及时组织修订；负责轨道车司机 GYK 设备使用培训工作。

9. 每季末向对口运输段电务专业反馈 GYK 设备使用及分析软件存在问题，并抄送主管业务处和运输管理部。

10. 负责与相关铁路公司 GYK 设备基本数据文件的交接。

第 16 条 跨运输段电务专业管辖区域作业的 GYK 设备采取属地管理方式，运输段电务专业间需互签协议，明确相关事宜。

第三章　技术管理

第 17 条 GYK 设备及相关设备的功能、结构、控制模式须符合铁路总公司发布的技术条件。GYK 设备的软、硬件变更应符合铁路公司相关规定，未经批准，任何单位和个人不得进行扩充、删减或变更。

第 18 条 GYK 设备维护或故障处理所需备品、配件及器材等应符合相关技术规范规定的质量标准，严禁使用不合格产品。

第 19 条 GYK 设备达到寿命年限或损坏无法修复需报废时，根据《轨道车运行控制设备检修规程》规定，由所属单位按照有关规定办理报废手续。

第 20 条 运输管理部、运输段电务专业应备份管内 GYK 设备控制软件并建立软件版本信息台账，实施动态管理，台账及备份软件须与现场一致。

各型轨道车安装图及相关电气原理图等技术文件由制造（运用）单位向运输管理部、运输段电务专业提供备案，发生变更应及时更新。轨道车型号相同时 GYK 的安装位置应相对固定、统一，便于统一标准、故障处理。各型轨道车 GYK 设备安装技术文件档案由运输管理部、运输段电务专业分别集中管理。

第 21 条 运输段电务专业应建立 GYK 技术履历簿台账(附件 2)，准确反映设备类型、主要技术参数、生产厂家、出厂时间、设备编号和软件版本号，跟踪记载 GYK 安装使用、技术状态及更换、维修、检测等情况。

第 22 条 新购置的轨道车出厂时必须安装 GYK 设备，GYK 设备纳入轨道车制造、大修出厂监造范围。

运输段电务专业应按照相关规定及使用情况，合理提报更新计划，运输管理部负责专业审查。

第 23 条 已安装使用的 GYK 设备，未经铁路公司业务主管部门批准不得拆除或停用。轨道车配属单位（含车间）变化后，变化双方应书面通知对口运输段电务专业调度、运输管理部、财务处和主管业务处，GYK 设备随车调拨，并保证技术状态完好，相关运输段电务专业须办理技术履历簿、固资移交手续。

第 24 条　装有 GYK 设备轨道车（含新购置）经检测满足运用标准后，由运输段电务专业发放《GYK 设备合格证》（附件 3），作为上线凭证，合格证应随车携带，有效期为 3 个月，过期或无 GYK 检测合格证的轨道车禁止上道运行。

GYK 数据更换或故障处理完成后，经检测 GYK 设备合格，合格证有效期可顺延。

第 25 条　合格证按编号管理，格式为 20XX-XXX（年-序号），从 001 至 999 编号。一式两份，一份随车携带，一份由运输段电务专业车载车间保管。

第 26 条　GYK 设备的专用检修测试设备实行定期检验制度。GYK 设备硬件改造和 GYK 设备控制软件版本升级工作由铁路公司按照铁路总公司的部署实施，相关费用列入铁路公司更改计划或无形资产。

第四章　基本数据和模式管理

第 27 条　GYK 设备基本数据编制的依据是铁路公司发布的《列车运行图技术资料》，包括线路固定限速、线路里程断链、长大下坡道、车站信息、进站信号机等资料。

第 28 条　GYK 设备基本数据的编制须符合总公司《轨道车运行控制设备（GYK）基本数据编制规范》的要求。

铁路公司按照所辖线路设备管界确定 GYK 设备基本数据的编制范围，编制到相邻铁路公司的第一个车站，所需基本数据与相邻铁路公司电务检测所相互交接并办理交接手续。

第 29 条　GYK 设备基本数据编制基本步骤和要求：

1. 运输段制定 GYK 设备基本数据编制方案，明确编制项目、复核和模拟检验内容、完成时限等事项。

2. 运输段对编制、修改后的 GYK 设备基本数据应进行复核、模拟检验，编制与复核工作应由不同人员完成。核对无误后的 GYK 设备基本数据及修改说明一并交付运输段电务专业，运输段电务专业与运用单位应在 2 个工作日内完成数据模拟检验工作并上报检验结果。

3. 模拟检验通过后的 GYK 设备基本数据须经运输管理部批准，经发布后并存档管理，保存期 1 年。

第 30 条　运输段应将发布后的 GYK 设备基本数据及修改说明资料与运用单位进行交接。交接双方按照"GYK 设备基本数据文件（软件）交接表"（附件 4）办理交接手续，并存档备查。运用单位收到修改说明后，应及时组织轨道车司机等人员进行学习、模拟，并做好记录。

第 31 条　运输段负责 GYK 设备基本数据编制、模拟检验。运输段电务专业负责组织运用单位核对修改的基本数据、模拟检验、更换基本数据。

运输段电务专业接到 GYK 数据交接表后，应及时组织在基础数据变化区段运行轨道车的单位进行模拟试验，并将试验结果在交接表上注明，保留 GYK 试验记录文件。

第 32 条　装有 GYK 车载数据、管理等资料的微机应专机专用，不得与外网连接；装有 GYK 车载数据的 U 盘需进行编号，每次修改数据或模式前须在专用微机上进行格式化处理，防止感染病毒。车载车间负责将正确的 GYK 车载软件写入专用 U 盘，并将 U 盘写保护。

第 33 条　运用单位接到换装书面通知（文件形式）后，应根据轨道车实际运行交路及时向运输段电务专业调度书面提供换装计划，计划内容包括轨道车车号、停留地点、联系人及联系方式等，一式两份（维护、运用单位各一份）；与运输段电务专业共同制定 GYK 基本数据换装安排，并配合完成更换工作。

第 34 条　过渡数据启用与取消时间以路公司换装书面通知为准；运用单位应制定换装过渡期间安全措施。施工完毕后，未更新车载数据的轨道车不得进入数据变化区段。

第 35 条　运用单位需将计划换装的轨道车集中在适合电务人员换装作业的处所，确保换装工作有序可控；运输段电务专业应与运用单位 GYK 主管人员共同卡控确认、逐台登记，不得少换、漏换，做好销号等工作，直至换装工作结束。GYK 设备基本数据更换工作完毕后，运用单位电务专业形成基本数据更换工作小结，并上报运输管理部等部门。

第 36 条　运输段电务专业作业人员更新完成数据后，在 GYK 设备合格证备注栏内注明版本号及换装日期，输入"1111"车次及本人工号进行基本功能检测，形成测试文件并转储回段分析（文件转储含近期运行文件 5 个）；运用单位须做好版本确认工作，由轨道车司机负责签字确认，并向本单位汇报换装情况；轨道车同一驻地超过 3 辆（含）以上时需有指导司机（工长）以上人员配合换装、确认。

第 37 条　轨道车跨运用单位管辖区域内运行前，运用单位须提前 3 个工作日以书面通知（文件）方式通知相关运输段电务专业，通知中须注明在用数据版本号，由运输段电务专业进行核对或换装，确认 GYK 数据版本与实际运行区段吻合后出具检测状态书，经运输管理部审核按相关规定执行。

跨公司运用前，运用单位须提前 3 个工作日向当地运输段电务专业提出 GYK 设备基本数据更换申请，由当地运输段电务专业负责更换本公司基本数据；在外公司运用期间由运用单位与当地运输段电务专业签订维护协议。

第五章　设备检修

第 38 条　GYK 设备维护实行定期检修与故障报修相结合的维护制度。

第 39 条　定期检修是根据 GYK 设备修程周期和范围开展的设备维修工作；定期检修需在具备综合检修条件的地点进行，由电务检修人员和轨道车运用单位共同完成。具体流程如下：

1. 运输段电务专业会同运用单位共同编制 GYK 设备检修计划，运用单位按计划将轨道车停放在规定地点，入检修基地时需以铁路传真电报通知相关运输段电务专业）。如有变化需提前 3 个工作日书面通知对口运输段电务专业调度。

2. 按照 GYK 设备维护管理分工，运输段电务专业和运用单位共同按计划对 GYK 设备进行检修，检修合格后运输段电务专业发放 "GYK 设备合格证"，并进行双方确认，运输段电务专业收回旧合格证。遇故障不能修复时，需书面通知运用单位预计影响期限，不得超过 2 个工作日。

3. 运输段电务专业须严格执行铁路总公司《轨道车运行控制设备检修规程》相关规定，每次检修时须更新 GYK 基本数据至本公司最新版本，在备注栏内注明修程。

第 40 条　GYK 设备定期检修作业标准如下：

1. 运输段电务专业自轮运转维护人员应在指定时间内及时携带相关工具到达现场。

2. 询问司乘人员设备运用情况。

3. 对运行文件进行转储，分析文件记录有无异常。

4. 设备外观检测，确认各设备外观、安装基础及施封处所有无异常。

5. 检查确认各连接电缆有无老化、破损、松脱；防雨、防损设施是否完备。

6. 检查确认速度传感器、机车信号感应器及相关电缆状态。速度传感器应拆下检查传动部分是否转动灵活，不得有卡滞等异常现象。

7. 检查确认有无鼠患等影响设备安全处所，如有应立即通知司乘人员，并在检测台账中做好记录，运用单位应及时进行处理。

8. 清洁设备外观，紧固各设备安装基础，更新处理老化、破损电缆。

9. 输入 "1111" 车次及本人工号生成测试文件，进行设备机能试验，确认人机界面单元（DMI）显示状态、按键作用良好，制动功能良好，确认机车信号显示正确，形成测试文件并转储，确认文件记录正常。

10. 经试验与司机共同确认为制动执行机构（常用、紧急电磁阀，隔离装置，熄火装置，压力传感器等）不良时，应收回《GYK 设备合格证》，待执行机构修复后，运输段电务专业检测人员根据运用单位通知重新检测，合格后发回原合格证，并在记录栏做好记录。

11. 维护人员如有变化需及时更新 "110" 联系标识。

12. 按要求填写《GYK 设备合格证》，并由司乘人员签字确认。

13. 回段后及时将检测情况填写《神朔铁路分公司_____运输段电务专业 GYK 履历簿》。

14. 遇特殊情况需对测试文件进行现场转储分析，确认记录准确。填写《神朔铁路分公司_____运输段电务专业 GYK 数据转储分析记录》。

15. 各级修程检修项目分别按照《轨道车运行控制设备检修规程》Ⅰ、Ⅱ、Ⅲ级修范围执行。

第 41 条　故障报修及处理流程如下：

1. 轨道车司机发现 GYK 设备故障时，应及时将故障现象、发生时间和地点上报并进行记录，由运用单位填写 "GYK 设备故障处理通知单"（附件 5），书面通知对口运输段电务专业。

2. 运输段电务专业接到 GYK 设备故障通知后，及时安排人员进行检修，运用单位应积极配合。

3. 设备故障修复后，运输段电务专业人员填写"GYK 设备故障处理记录"（附件 6），运用单位和运输段电务专业共同签字确认，设备恢复正常使用。对故障原因不明的要做好跟踪记录、双方共同添乘查找。

4. GYK 故障处理应实行整机、模块、单元换修方式，尽快修复。

5. 每月 25 日前运输段电务专业对故障维修、数据换装等情况进行汇总、分析，并针对发现的设备质量问题提出解决方案，报运输管理部。

第 42 条 故障报修作业标准如下：

1. 轨道车 GYK 设备发生故障时，运用单位应及时填写《GYK 设备故障处理通知单》，书面传对口运输段电务专业调度，由运输段电务专业调度通知车载车间处理。

2. 车载车间在接到调度通知后，应及时与相关人员取得联系，确认故障现象，判断故障设备，充分做好准备工作。

3. 运输段电务专业自轮运转维护人员应在指定时间内及时携带检测工具及维修备品到达现场。

4. 询问轨道车乘务员设备故障详细发生时间、现象、故障时的操作等，并进行记录。

5. 对故障设备进行处理、修复。

6. 检查排除造成设备再次故障的不安全因素。

7. 经试验与司机共同确认为制动执行机构（常用、紧急电磁阀，熄火装置，隔离装置，压力传感器等）不良时，应收回《GYK 设备合格证》，待运用单位修复后通知运输段电务专业重发。

8. 输入"1111"车次及本人工号生成测试文件，进行设备机能试验（同 I 级修标准），确认 DMI 显示状态、按键作用良好，制动等功能良好、符合技术要求后，转储测试文件、分析、存档。

9. 填写《GYK 设备故障处理记录》，核对"110"联系标识，换发《GYK 设备合格证》，及时更新《神朔铁路分公司_____运输段电务专业 GYK 检修履历簿》。

第 43 条 运用单位（含检修基地）须配合运输段电务专业人员进行检修作业，负责轨道车启动、动车、制动、工况转换、防溜等操纵及安全监护；进入修程作业需更新全部电缆作业时，检修部门须保证电务 3 个工作日的作业时间。

第 44 条 GYK 设备用于进行互换修理和故障修理的备品应达到安装数量的 10%～20%。良好配件保有量不得低于该项备用更换配件总数的 80%；贮存期超过 3 个月，应通电不小于 6h，上车之前须进行性能试验。

第 45 条 轨道车新配属到段或经委外修理后返段，及长期备用解备后，由运用单位负责在轨道车投入运用 3 个工作日前通知对口运输段电务专业，运输段电务专业负责将 GYK 设备调整到运用状态。

第 46 条 运输段电务专业、运用单位对分管的 GYK 设备应建立维修记录等管理台账。

第 47 条 轨道车运用单位、运输段电务专业应联合制定运用、质量信息反馈制度，及时通报途中设备故障、GYK 运用等情况。

第 48 条 运输段电务专业在完成定期检修和故障维修作业后，应形成 GYK 运行记录文件，转储并作为检测原始记录存档备查，记录文件保存期不少于1年。

GYK设备故障不得带病上线，坚持"谁发现、谁接报、谁处理，不得跨段移交故障"的原则，须保证GYK设备各项功能符合技术规范。

第49条 运输段电务专业对GYK进行定期检修或故障维修时，发现运用单位设备影响GYK正常工作问题，检测人员应收回合格证，及时通知运用单位，配合运用单位进行处理，并在备注栏内栏做好记录。

第50条 用于GYK维修的各种专业仪器、仪表、测试设备须列入电务检修工装设备和计量器具的管理范围，建立定期检修和检验制度，确保正常使用。

第51条 设备合格证须盖有所在车载车间公章，检测人员须履行签字手续；发放新的GYK设备合格证时，应将原合格证收回存档（不含外公司合格证），并传真至对口运输段电务专业。GYK设备合格证应随车携带，轨道车乘务员应妥善保管，如遇遗失应提出书面申请，由对口运输段电务专业予以补发，并将书面申请存档。

第52条 GYK设备质量鉴定工作与轨道车年度质量鉴定计划结合实施。轨道车运用单位在进行轨道车年度鉴定前，须通知对口运输段电务专业，由运输段电务专业同步完成分管设备的鉴定工作，运输段电务专业应建立GYK设备年度鉴定记录。

第53条 运用单位应每年向运输段电务专业提供一次轨道车轮径值，日常轨道车轮径值变化时应及时提供。

轨道车安装GYK速度传感器的轮对因更换、检修等原因造成轮径或大型养路机械速度传感器脉冲数发生变化时，轨道车运用或检修单位须将轨道车轮径修改或脉冲数变化情况书面通知对口运输段电务专业调度，运输段电务专业应及时完成轮径值修改或脉冲数调整工作。

第54条 测试工装配备标准按照《轨道车运行控制设备检修规程》规定执行。

第55条 运输段电务专业应建立GYK工作月度分析制度，每月对检测完成情况、故障修复情况及GYK运用质量进行分析，制定提高质量措施，将工作总结报运输管理部。

第56条 轨道车自轮运行入厂的，运用单位应在大修实施（离段）前一周书面通知运输段电务专业，运输段电务专业根据《轨道车运行控制设备检修规程》规定对在用GYK设备按范围同步进行检修；涉及更换车体电缆时，运输段电务专业负责提供相关电缆，运用单位负责随车携带、盯控厂家按照技术要求安装GYK相关电缆。

第57条 设备安装完毕后，运输段电务专业要严格按照装车方案进行检查、调试。新接轨道车或轨道车大修后安装的GYK设备，轨道车运用单位主管人员与运输段电务专业相关人员应共同添乘，确保性能良好。

第58条 遇轨道车报废，运用单位应书面通知对口运输段电务专业，并传送路公司运输管理部，运输段电务专业应及时拆除相关设备、予以检修，作为备品。

第59条 外公司、路外单位使用的轨道车运行控制设备应符合GYK设备技术规范，仍由配属单位自行管理和维护（签有协议除外），在公司管内施工作业或办理过轨时须与相关运输段电务专业签订有关协议，明确双方责任与义务，维护内容按本细则执行。

第六章 应急处置（预案）

第 60 条 各段应成立 GYK 系统设备应急处置领导组，负责组织协调段应急处置工作。

组长：段长。

副组长：电务主管副段。

组员：生产调度室、安全管理科、生产技术科、办公室、教育培训部、综合车间、GYK 设备维护工区工长。

应急处置办公室设在段调度指挥中心，负责信息的沟通与处置，主要职责是对所辖范围的轨道车运行控制设备（GYK）非正常情况时的应急处置及措施的实施。

第 61 条 各运输段电务专业须严格执行"GYK"应急故障处理联系制度（简称"110"制度），在 GYK 设备显示屏醒目位置粘贴印有"110"相关专业人员姓名、职务、联系电话的标识，"110"联系人员及车载车间主任要保证通讯畅通。

第 62 条 应急处置流程如下：

1. "110"联系人员接到综合故障信息后，首先根据乘务员描述情况指导乘务员进行应急故障处理。同时了解轨道车的型号、车次、运行区段、司机联系方式等内容，立即汇报车间及段调度指挥中心，并在《应急故障处理登记本》中做好记录。

2. 通过电话指导乘务员进行故障处理，综合能恢复正常运行后，要保持与乘务员的联系，随时掌握运行情况，将运行情况及时向段调度指挥中心汇报。

3. 在遇到故障无法消除的情况时，通知乘务员按《技规》规定执行。

4. 在条件允许的情况下，由段车载科负责联系驻地综合车间迅速指派离现场最近人员赶赴现场进行故障处理，根据情况随车添乘掌握第一手资料。

5. 对因程序、数据异常发生的问题，应第一时间向路公司运输管理部监控室汇报。

6. 确认轨道车停留车站（不再运行）后，段主管段长、车载技术科、安全科、GYK 工区有关技术人员要携带应急设备、赶赴故障现场，向乘务员询问运行情况，检查设备、查找故障原因，实施抢修并转储运行文件，原始文件留存不得少于一年。由安全科与车载科组织相关技术人员对运行文件共同分析确认，填写分析报告及《GYK 故障处理记录》，将分析报告报运输管理部。遇设备故障无法转储文件时，要保持设备原始状态，通知厂家技术人员尽最大可能将运行文件转储，为分析故障提供科学依据。如文件确实不能转储时，要将故障配件换下返厂方修复，车间不得自行处置。

7. 故障处理完毕后，车载技术科、车载车间技术干部应对修复后的 GYK 设备进行全面功能测试，全部功能测试正常后，通知运用单位签认恢复运行将测试文件转储保存（保存时间不少于一年）。

第 63 条 保障措施如下：

1. 运输段电务专业要按时召开运用维护联席会，由主管段长、车载技术科、GYK 工区人员参加，与运用单位加强信息沟通，及时处理使用过程中发现的问题。

2. 运输段电务专业车载技术科要指导综合车间针对 GYK 设备维护和质量管理方面的问题，采取有效技术对策和管理手段，制定整改措施，及时补充完善 GYK 设备应急预案。

3. 运输段电务专业职教科要加强培训，培养职工掌握一定的应急故障处理技能，对于新知识要及时向职工讲解并安排学习，保证本岗位标准化作业落实到位。

第七章 培 训

第64条 运输段电务专业应将 GYK 的培训工作纳入年度培训计划，每年对维护、管理人员全员至少培训一次，培训时间不得少于 12 h。

第65条 运输段电务专业应加强对车载车间相关人员 GYK 业务知识的培训考核，GYK 设备检测、维护技能纳入技能竞赛范围。

第66条 运输段电务专业负责编制 GYK 应知应会、常见故障处理手册，相关人员人手一册。指导 GYK 相关人员熟悉 GYK 的基本结构、基本功能和控制模式，熟悉 GYK 配套软件的使用，熟悉各类故障处理方法，熟悉不同机型轨道车 GYK 设备安装方案。

第67条 运输段电务专业应加强对从事 GYK 相关工作管理、技术、维修人员及 GYK 运行记录数据检索分析专（兼）职人员的培训，提高检索分析水平，通过分析及时发现设备隐患，不断提高设备质量。

第68条 遇设备技改、软件更新，运输段电务专业应随时组织培训，确保相关人员能够胜任此项工作。

第八章 检查与考核

第69条 运输段电务专业应制定提高设备检测、维修质量措施，明确段、车间相关管理人员添乘检查 GYK 设备质量量化要求，建立考核制度。

第70条 运输段电务专业应采取有效措施，对惯性故障开展技术攻关，提高设备运用质量。GYK 月良好率不低于 95%。

第71条 GYK 检修兑现率（每 3 个月各轨道车在指定时间内完成检测台数与设备在用台数之比）不低于 99.5%。

第72条 GYK 检修兑现率、GYK 月良好率纳入运输段电务专业月度工作考核内容。

第73条 每月各单位因 GYK 设备故障引发的紧急制动发生率（每月 GYK 发生的紧急制动件数与轨道车运用台数之比）不大于 1.0，单位为：件/百台。

第74条 铁路公司 GYK 管理人员对轨道车运行数据的检索分析情况应进行定期抽查。

第75条 铁路公司每年对 GYK 运用单位、维护单位组织一次联合检查，分析通报 GYK 运用、维护情况，特别是结合部存在的问题，针对问题制定相应措施并督促整改。

第九章 附 则

第76条 本实施规则由神朔铁路分公司运输管理部负责解释。

第 77 条　本实施规则自发布之日起执行。

附　件

附件 1：车载 GYK 联系标识
附件 2：神朔铁路分公司_____运输段电务专业 GYK 履历簿（电信维表 105~108）
附件 3：GYK 设备合格证（电信维表 109）
附件 4：GYK 设备基本数据（软件）文件交接表（电信维表 110）
附件 5：GYK 设备故障处理通知单（电信维表 111）
附件 6：GYK 设备故障处理记录（电信维表 112）

"110"联系标识

**车载GYK "110"联系标识		
姓名	联系电话	备注
段调度		

神朔铁路分公司_____运输段电务专业 GYK 履历簿（可用电子履历替代）

生产厂家：_____

主机编号：_____

运用单位：_____

车型车号：_____

_____年__月__日

GYK 安装明细表 （电信维表 105）

	主机及插件	编 号	生产日期	装车日期	备 注
	UPS 电源				
	电源				
	数字入出				
GYK 主机	机车信号				
	模拟入出				
	主控记录				
	语音记录				
	备 用				
人机界面单元	I				
	II				

	型 号	生产厂家	编 号	生产日期装车日期	装车日期	备注（脉冲）
速度传感器						

	型 号	生产厂家	编 号	生产日期装车日期	装车日期	备 注
接收线圈						

GYK 主机履历 （电信维表 106）

检修日期	修程	主机编号	插件编号及名称	故障现象	检修内容	检修人	验收人

GYK 人机界面单元（DMI）履历

检修日期	修程	（DMI）I / II 编号	故障现象	检修内容	检修人	验收人

GYK 速度传感器履历

检修日期	修程	编号	故障现象	检修内容	检修人	检修日期	验收人

附件 3：

GYK 设备合格证 （电信维表 109）

_____运输段电务专业 编号：

运用单位		车型		车号		作业地点	
设备状态							
检修日期：							
电务作业者：							
运用单位确认：							
备　注							

注：

1. 本合格证一式两份，由运输段电务专业存档，保存 12 个月。

2. "设备状态"栏中各项目按标准检修合格后填记"合格"。

3. 本合格证有效期 3 个月。

4. 合格证尺寸为：10 cm×15 cm。

附件 4

GYK 设备基本数据（软件）文件交接表 （电信维表 110）

编号：

交付方			接收方		
GYK 设备基本数据 文件（软件）文件	版本号	文件名		校验密码	字节数
文件内容说明					
交付方			接收方		
交付人（签名）：			接收人（签名）		
年　　月　　日			年　　月　　日		
单位：（公章）			单位：（公章）		
年　　月　　日			年　　月　　日		

注：交接表以传真形式（A4 纸）传递，接收单位签认后回传，各自存档，保存期 1 年。

附件 5

GYK 设备故障处理通知单

（电信维表 111）

```
_____运输段电务专业：

    我单位_____型_____号轨道车（大型养路机械）于_____年____月____日____
时____分在_____线_____处发生 GYK 设备故障，请组织处理。


故障现象：

联系人及电话：

交付人（签字）：                    交付单位（盖章）：

年    月    日


接收人（签字）：                    接收单位（盖章）：

年    月    日
```

注：本通知单以传真形式（A4 纸）传递，接收单位签认后回传，各自存档，保存期 1 年。

附件 6

GYK 设备故障处理记录

（电信维表 112）

运用单位		车 型		车 号	
报修人		报修时间		处理地点	
处理段		处理人员		到达现场时间	
GYK 设备故障现象					
GYK 设备故障处理情况及结果	运输段电务专业（签字）： 年 月 日				
	运用单位（签字）： 年 月 日				

注：本记录在处理 GYK 设备故障时填写，保存期 1 年。

第十七编　信号设备台账管理规则

第一章　总　则

第1条　为了加强信号设备管理工作，明确台账管理标准，界定台账管理职责，确保设备底数清楚，动态变化翔实，台账准确明了，各级管理到位，特制定本规则。

第2条　信号设备台账管理工作实行段、车间、工区三级管理，按照信号专业管理原则，设备使用情况及管辖区域，结合公司实际情况，台账分为现场、检修、信息、车载四大部分。

第二章　管理职责

第3条　信号设备台账实行专业管理，实行公司、段、车间、班组四级管理，运输管理部负责信号设备台账的检查、指导等管理；运输段负责对设备台账的业务管理，负责对设备台账进行日常校对、修订、管理等。

第4条　运输段对设备台账管理具体职责如下：

1. 负责建立管内信号设备台账，并保证设备台账准确。

2. 负责建立设备台账管理标准。

3. 负责对各车间、工区设备台账管理的日常监督、检查工作。

4. 负责在每年12月20日前以表格形式上报段管辖范围内信号设备台账数据。

第5条　各设备管理车间对设备台账管理具体职责如下：

1. 负责按照本规则建立本车间管内设备台账，并保证设备台账准确。

2. 负责指导管内各工区建立设备台账。

3. 负责各工区设备台账管理的日常检查工作。

4. 负责设备变化时对台账及时进行校对、修订，并上报本运输段主管业务科室。

第6条　各设备管理工区对设备台账管理具体职责如下：

1. 负责核对工区管内设备台账的建立、校对、修订。

2. 负责设备变化时，对台账及时进行修订并上报车间。

3. 配合段及车间对设备台账的调查、检查工作。

第7条　运输段生产技术科依照管辖范围负责建立下列信号设备台账，现场车间、工区负责建立下列信号设备台账（本车间、工区无该项设备的不建立）：

1. 信号设备汇总台账。

2. 信号联锁设备台账。

3. 转辙机设备台账。

4. 信号机设备台账。

5. 轨道电路设备台账。

6. 电缆线路设备台账。

7. 专用线台账。

8. 防雷元器件设备台账。

9. 集中监测设备台账。

10. 电源屏设备台账。

11. 继电器综合器材台账。

12. 备用器材台账。

13. 联锁设备软件版本台账。

14. 漏泄大区段台账。

15. 吸上线横向连接线台账。

第 8 条　运输段检修车间及管内工区按照职责负责建立下列信号设备台账：

1. 转辙机设备台账。

2. 电源屏设备台账。

3. 备用器材台账。

4. 继电器定置台账。

5. 继电器综合器材使用数量台账。

第 9 条　电子信息车间及管内工区按照职责负责建立下列信号设备台账：

1. 微机监测设备台账。

2. 微机监测设备备用器材台账。

3. 微机监测设备软件版本台账。

第 10 条　车载车间和有关工区按照职责负责建立下列信号设备台账：

1. 车载设备安装台账。

2. GYK 车载设备台账。

第三章　设备台账建立规则

第 11 条　各种信号系统、设备、器材均应纳入设备台账管理。其中信号系统包括联锁、闭塞、机车信号、CTC、微机监测等；信号设备、器材包括控制台（显示器）、电源屏、计算机终端、信号机、轨道电路发送和接收、转辙机、机车信号主机、变压器、继电器等。

第 12 条　信号设备、器材必须逐台建立台账。设备台账应准确反映设备类型、数量、安装位置、使用年限、更换时间、生产厂商、出厂时间及编号等信息。

第 13 条　在段、车间、工区等地点，为满足应急抢修需要所配备的备用器材，也纳入设备台账管理范围。明确应急设备器材备用型号、数量、存放地点及位置等。应急台账管理规则另行发文。

第 14 条 段生产技术科信号专业设立全段信号设备台账，在各现场车间设立运用设备、备用设备分台账，在检修车间、车载车间、电子信息车间设立专业管理的设备台账，在工区设立具体设备台账。

第四章 设备台账日常管理

第 15 条 铁路信号技术设备台账是全面反映铁路信号设备、器材状况的基础台账，信号设备台账、信号履历簿是设备管理的基础工作，设备台账由段主管业务科室负责每半年修订一次。段生产技术科信号专业明确专人负责管理全段信号设备台账，并进行台账的日常管理、校对、修订等。

第 16 条 各车间主任是本车间台账的第一管理者，车间要安排专人对台账进行日常管理、校对、修订工作。台账表格以站为单位建立，台账首页按照下发台账表格顺序做好台账目录，车间、工区保管管辖范围内各站的设备台账，装订成一册。

第 17 条 工区工长是本工区台账的第一管理者，负责对台账进行日常管理、校对、修订工作。

第五章 设备台账动态管理

第 18 条 设备变化后应及时修订设备管理台账，保证全段信号技术设备台账准确完整。

第 19 条 单项器材单项设备更换后，设备变化后一周内工区认真核对修订台账并上报车间。

第 20 条 基建、更新改造、大修、中修等工程在发生新增设备及器材或设备规格、型号变化时，如有设备利旧，设备台账中"动态变化"栏中应将设备"利旧"情况进行重点记录，"上道日期"填写设备上一周期实际上道日期，设备改造完一月内信号工区对台账认真核对、修改并上报车间。信号车间要专人指导工区核对设备台账，每季末信号车间将台账动态变化情况上报段主管业务科室。

第六章 设备台账检查考核

第 21 条 段要加强对信号设备台账的日常检查工作，把设备台账的检查纳入各级安全监督检查及安全评估工作中。

第 22 条 段对应急设备、器材台账，应按照规定明确的备用型号及数量、存放地点及位置等，定期进行检查，保证其处于良好状态。

第 23 条　对设备台账日常管理不重视、不到位、修订不及时、不按时上报等问题，以发放安全通知书进行考核。

第七章　附　则

第 24 条　本规则由运输管理部负责解释。
第 25 条　本规则自发布之日起执行。

附　件

附件 1：现场设备台账（电信维表 113～128）
附件 2：检修设备台账（电信维表 129～133）
附件 3：信息设备台账（微机监测）（电信维表 134～138）
附件 4：车载设备台账（电信维表 139、140）

附件1 现场设备台账

_____车间_____工区信号设备汇总台账

序号	站名	电路类型	建设年限	大修年	合计	道岔								信号机							轨道电路					备注
						ZD6型						电液	分动外锁闭	合计	列车		调车		区间		合计	站内			区间	
						D	E	J	F	G	合计	ZYJ7	SH6		高	矮	高	矮	高	矮		25Hz相敏	高压脉冲	3V化	2000A	
1	2	3	4	5	6	7	8	9	10	11	12	13	14	15	16	17	18	19	20	21	22	23	24	25	26	27

_____车间_____工区信号联锁台账

线别	顺号	车站名称	电路类型	软件版本号	建设年	大修年	设计单位	道岔组数				进路条数			道岔电路制式	6‰坡道	股道中间出岔	非进路调车	防护道岔	局部道岔	接近式机车信号	站内电码化		备注
								有联锁		无联锁		列车	调车	合计								正线	全站	
								道岔	脱轨器	道岔	脱轨器													
1	2	3	4	5	6	7	8	9	10	11	12	13	14	15	16	17	18	19	20	21	22	23	24	25

_____车间_____工区转辙机设备台账

（电信维表 115）

序号	站名	道岔号码	轨型	辙岔号	工务图号	尖轨类型	安装图号	牵引机型		开向	拉杆方向	接点闭合	砼枕/枕木	动作顺序	牵引点数	转换装置		出厂时间	上道时间	复交/单开	内锁/外锁	是否钉固	动态变化	备注
								类型	厂家							类型	厂家							
1	2	3	4	5	6	7	8	9	10	11	12	13	14	15	16	17	18	19	20	21	22	23	24	25

_____车间_____工区信号机设备台账

（电信维表 116）

序号	站名	名称	类型	高柱/矮柱	显示方式	机构类型	LED	上道时间	点灯单元		进路表示器		安装位置	是否弯道	限界			显示距离/m	动态变化	备注
									型号	数量	型号	数量			高度	本线	邻线			
1	2	3	4	5	6	7	8	9	10	11	12	13	14	15	16	17	18	19	20	21

_____车间_____工区站内轨道电路设备台账

（电信维表 117）

序号	站名	名称	类型	上道时间	送电端													引接线	引接线长度
					轨道变压器		扼流变压器			限流电阻		匹配盒		谐振盒		适配器			
					型号	厂家	断路器容量	型号	厂家	型号	厂家	型号	厂家	型号	厂家	型号	厂家		
1	2	3	4	5	6	7	8	9	10	11	12	13	14	15	16	17	18	19	20

_____车间_____工区轨道电路设备台账

（电信维表 118）

受电端														一送几受	分路不良			补偿电容		是否电码化	动态变化	备注
轨道变压器		扼流变压器			限流电阻		匹配盒		谐振盒		适配器		引接线	引接线长度		是/否	整治方式	是否备案	型号	数量			
型号	厂家	断路器容量	型号	厂家	型号	厂家	型号	厂家	型号	厂家	型号	厂家											
21	22	23	24	25	26	27	28	29	30	31	32	33	34	35	36	37	38	39	40	41	42	43	44

_____车间_____工区电缆设备台账

（电信维表 119）

序号	站名	电缆编号	型号	类型	长度	芯数		用途	厂家	始端位置	终端位置	上道时间	绝缘情况	接续点位置	方向	动态变化	备注
						使用	备用										
1	2	3	4	5	6	7	8	9	10	11	12	13	14	15	16	17	18

_____车间_____站 TDCS/CTC 设备台账

（电信维表 120）

站名	厂家	上道日期	软件版本号	显示器		工控机		打印机		路由器		交换机		UPS电源		AIO主板		电源板		采集版		大NPORT		小NPORT		动态变化	备注
				型号	数量	型号	数量	型号	数量	型号	数量	型号	数量	型号	数量	型号	数量	型号	数量	型号	数量	型号	数量	型号	数量		
1	2	3	4	5	6	7	8	9	10	11	12	13	14	15	16	17	18	19	20	21	22	23	24	25	26	27	28

_____车间_____站微机监测设备台账

（电信维表 121）

站名	厂家	上道日期	软件版本号	显示器		工控机		打印机		路由器		UPS电源		数据采集机		绝缘采集机		电源采集机		交流电压传感器		交流电流传感器		直流电压传感器		直流电流传感器		其他		动态变化	备注
				型号	数量	型号	数量	型号	数量	型号	数量	型号	数量	型号	数量	型号	数量	型号	数量	型号	数量	型号	数量	型号	数量	型号	数量	型号	数量		
1	2	3	4	5	6	7	8	9	10	11	12	13	14	15	16	17	18	19	20	21	22	23	24	25	26	27	28	29	30	31	32

_____车间_____站防雷元件设备台账

（电信维表 122）

序号	站名	名称/位置	分类	型号	类型	数量	器材厂家	出场时间	上道时间	安装位置	动态变化	备注
1	2	3	4	5	6	7	8	9	10	11	12	13

_____车间_____站电源屏设备台账

（电信维表 123）

序号	站名	生产厂家	规格型号	上道时间	面数	模块型号	模块数量	动态变化	备注

_____车间_____站继电器、综合器材设备台账

（电信维表 124）

序号	名称	规格型号	数量	动态变化	备注	序号	名称	规格型号	数量	动态变化	备注

_____车间_____站备用器材台账

（电信维表 125）

序号	名称	管理部门	器材名称	规格	型号	生产厂家	存放地点	单位	数量	存放时间	使用时间	使用地点	动态变化	备注

_____车间_____站联锁软件版本台账

（电信维表 126）

序号	站名	联锁类型	上道时间	联锁机版本	操表机版本	仿真机版本	电务维修机版本	动态变化	备注

_____车间_____工区吸上线横向连接线台账

（电信维表 127）

电力吸上线位置统计表

序号	车站	信号设备名称	公里表	网杆号	状态	备 注	动态变化

横向连接线位置统计表

序号	车站	信号设备名称	___区段___区段		状态	备 注	动态变化

末端封连线位置统计表

序号	车站	信号设备名称	状态	备 注	动态变化

末端封连线位置统计表

序号	车站	信号设备名称	状态	备 注	动态变化

_____车间_____站区间轨道电路台账

（电信维表 128）

序号	区段名称	载频	区段长度	调谐单元			匹配变压器		空芯线圈			补偿电容		区段发送坐标	区段接收坐标	备注
				频率	规格型号	厂家	规格型号	厂家	频率	规格型号	厂家	容量	数量			

附件2 检修设备台账

_____车间_____工区转辙机设备台账

（电信维表 129）

序号	站名	道岔号码	轨型	辙岔号	工务图号	尖轨类型	安装图号	牵引机型		开向	拉杆方向	接点闭合	砼枕/枕木	动作顺序	牵引点数	转换装置		出厂时间	上道时间	复交单开	内锁/外锁	是否钉固	动态变化	备注
								类型	厂家							类型	厂家							
1	2	3	4	5	6	7	8	9	10	11	12	13	14	15	16	17	18	19	20	21	22	23	24	25

_____车间_____站继电器定置台账

_____ 站_____排_____架

器材位置		-1	0	1	2	3	4	5	6	7	8	9	10
0	类型												
	容量												
	颜色												
	用途												
10	类型												
	编号												
	检修时间												
9	类型												
	编号												
	检修时间												
8	类型												
	编号												
	检修时间												
7	类型												
	编号												
	检修时间												
6	类型												
	编号												
	检修时间												
5	类型												
	编号												
	检修时间												
4	类型												
	编号												
	检修时间												
3	类型												
	编号												
	检修时间												
2	类型												
	编号												
	检修时间												
1	类型												
	编号												
	检修时间												
合计	类型												总计
	数量												

_____年_____月_____日　　　　　　　调查人：　　　　　　　共_____页第_____页

_____车间_____站继电器、综合器材设备台账

（电信维表 131）

序号	名称	规格型号	数量	动态变化	备注	序号	名称	规格型号	数量	动态变化	备注

_____车间_____站备用器材台账

（电信维表 132）

序号	名称	管理部门	器材名称	规格	型号	生产厂家	存放地点	单位	数量	存放时间	使用时间	使用地点	动态变化	备注

_____车间_____工区信号设备汇总台账

（电信维表 133）

序号	站名	电路类型	建设年限	大修年	合计	道岔						电液	分动外锁闭	信号机							轨道电路					备注
						ZD6型						ZYJ7	SH6	合计	列车		调车		区间		合计	站内			区间	
						D	E	J	F	G	合计				高	矮	高	矮	高	矮		25 Hz相敏	高压脉冲	3 V化	2000A	
1	2	3	4	5	6	7	8	9	10	11	12	13	14	15	16	17	18	19	20	21	22	23	24	25	26	27

附件3 信息设备台账（微机监测）

_____车间_____站微机监测设备台账

（电信维表 134）

站名	厂家	上道日期	软件版本号	显示器		工控机		打印机		路由器		UPS电源		数据采集机		绝缘采集机		电源采集机		交流电压传感器		交流电流传感器		直流电压传感器		直流电流传感器		其他		动态变化	备注
				型号	数量	型号	数量	型号	数量	型号	数量	型号	数量	型号	数量	型号	数量	型号	数量	型号	数量	型号	数量	型号	数量	型号	数量	型号	数量		
1	2	3	4	5	6	7	8	9	10	11	12	13	14	15	16	17	18	19	20	21	22	23	24	25	26	27	28	29	30	31	32

_____车间_____站 TDCS/CTC 设备台账

（电信维表 135）

站名	厂家	上道日期	软件版本号	显示器		工控机		打印机		路由器		交换机		UPS电源		AIO主板		电源板		采集版		大NPORT		小NPORT		动态变化	备注
				型号	数量	型号	数量	型号	数量	型号	数量	型号	数量	型号	数量	型号	数量	型号	数量	型号	数量	型号	数量	型号	数量		
1	2	3	4	5	6	7	8	9	10	11	12	13	14	15	16	17	18	19	20	21	22	23	24	25	26	27	28

神朔调度指挥中心电务设备台账

（电信维表 136）

序号	设备名称	规格型号	购置时间	厂家	技术参数	变化情况	备注

＿＿＿＿＿＿车间＿＿＿＿＿＿站备用器材台账

（电信维表 137）

序号	名称	管理部门	器材名称	规格	型号	生产厂家	存放地点	单位	数量	存放时间	使用时间	使用地点	动态变化	备注

＿＿＿＿＿＿车间信息软件版本台账

（电信维表 138）

序号	站名	信息设备名称	系统名称	购置时间	厂家	使用地点	软件版本	变化情况	备注

附件 4　车载设备台账

神朔＿＿＿＿＿＿段车载车间车载设备安装台账

（电信维表 139）

序号	机车型号	机车号	担当区段	配属地点	机车信号			常用功能	备注
					器材类型	生产厂家	使用起始日期		
1									
2									
3									
4									
5									
6									
7									
8									
9									
10									
11									
12									

神朔_____段 GYK 车载设备台账

GKY 主机	主机及插件	编号	生产厂家	生产日期	装车日期	动态变化
	UPS 电源					
	电源					
	数字入出					
	机车信号					
	模拟入出					
	主控记录					
	语音记录					
	主机					

人机界面单元		型号	编号	生产厂家	生产日期	装车日期	
	I						
	II						

速度传感器	型号	编号	生产厂家	生产日期	装车日期	

机车信号机	型号	编号	生产厂家	生产日期	装车日期	

接收线圈	型号	编号	生产厂家	生产日期	装车日期	

第十八编　信号应急设备、器材管理规则

第一章　总　则

第1条　为了规范和加强公司管内信号专业应急备用设备、器材的管理，最大限度地压缩故障延时，恢复设备正常使用，根据《信号维护规则》的规定和公司实际情况，特制定本规则。

第2条　本规则适用信号专业应急备用设备、器材管理，规则明晰了应急备用台账管理标准，界定了工作职责范围，消除了管理空档，堵塞管理漏洞，掌握应急备品底数和存放地点，做到动态变化翔实，各级管理到位。

第3条　本规则按照《铁道信号维护规则》（业务管理）标准，实行信号应急备用设备、器材定置定量管理。

第4条　信号应急备用设备、器材实行段、车间、工区三级管理并建立台账，台账应写明应急备品的类型、数量、规格型号、编号、使用年限、生产厂商、出厂时间等信息，设备变化后应及时修正，保证准确完整，账物相符。按照信号设备使用情况和管辖区域，分为段、综合车间、现场车间、工区。

第二章　管理职责

第5条　运输管理部是公司电务专业管理的业务主管部门，职责如下：

1. 贯彻落实国家铁路局、国家能源集团应急设备、器材管理规定，参照铁路总公司《铁道信号维护规则》有关应急备用设备、器材条款标准，检查指导运输段按照规定进行信号应急备用设备、器材管理情况。

2. 审核运输段提报的应急备用设备、器材采购计划，协调运输段应急备用设备、器材的入所修，确保应急设备、器材规范、统一。

3. 不定期对运输段应急备用设备、器材进行调研和检查，对不符合规定的要求整改并提出考核意见。

第6条　运输段生产技术科是信号应急设备、器材的专业管理部门，职责如下：

1. 根据现场需要，负责对应急备用设备、器材的收集、整理、审核和计划提报等，应急备用设备、器材配置应与现场上道使用的设备相一致并符合铁路行业行政许可和强制认证规定。

2. 审核车间提报的应急备用设备、器材入所修计划，保证应急备用设备、器材不超期。

3. 负责段级应急库的管理，定期对车间、工区应急备用设备、器材进行检查、指导、考核，保证应急备用设备、器材完整，性能良好，管理规范，标准统一。

4. 负责管内应急备用设备、器材的日常使用管理和统一配备，应急调配和使用后的补充。

第 7 条 现场、综合车间职责：

1. 负责车间应急库的管理并建立台账，保证应急备用设备、器材完整，性能完好，管理规范，标准统一。

2. 定期检查管内工区的应急备用设备、器材的规格型号、数量、存放地点及位置，保证处于良好状态，对淘汰、报废的设备和器材及时上报。

3. 负责统计和提报管内各工区应急备用设备、器材的计划、配发和核对，按规定进行入所修。

第 8 条 信号工区职责：

1. 负责工区应急库的管理并建立台账，确保应急备用设备、器材规格型号、数量、存放地点及位置符合规定，取用方便，加封加锁良好，管理规范，标准统一。

2. 定期对应急备用设备、器材进行检查，对于因故使用后的设备和器材及时提报计划，进行补充。

第三章　配置要求

第 9 条 依照《铁路信号维护规则》对应急备用设备、器材配置之规定，分别按段、车间、工区三级库进行配备。

第 10 条 运输段对特殊道岔转换设备、联锁机、电源屏等大型设备应至少备用 1 套，未明确的各段自行制定。

第 11 条 现场车间、综合车间（河西）应急库对于笨、重、大型备品、器材应定置在方便取用的地方，应急备用设备、器材发生变化时，及时补充更新。

第 12 条 应急备用设备、器材在定置管理后，在架上（或柜内）醒目位置放置定置图。

第 13 条 为保证信号设备轮修（互换修）的正常进行和满足应急抢修的需要，必须针对管内运用设备情况，在运输段、车间、工区备用适量的信号设备和器材。检修基地储备足够的能够应对大型应急抢险备用量。

备用数量规定如下：

1. 轮修的设备、器材，按其运用设备、器材总数的 5% 备用；

2. 实行故障修和入厂修的器材，按其运用器材总数的 5% 备用，机车信号主机备用量为运用总数的 10%～20%；

3. 现场应急备用设备、器材每站各种型号备用量应不少于 1 个；道岔转换设备应急备用量，现场车间每种型号备用 1 台，检修基地每种型号应至少备用 1 台。

4. 管内各种型号特殊道岔安装装置、转辙设备（按开口）及附属配件（带配线），检修基地至少备用一套。

5. 公司管内进站、出站、调车、区间通过信号机构、检修基地分别备用二套，信号机柱现场车间按规格各配置 1 根。

6. 由检修基地负责维护的各种型号器材分别备用 1 台。

7. 现场使用的道岔安装装置、杆件，在车间所在地备用 1 套，偏远站各段根据实际考虑配置。

8. 现场使用的进站、出站、通过信号机构，在车间所在地备用一套。

9. 返厂修理的设备、器材，修理时间不得超过 1 个月，修理时间超过 1 个月的，生产厂家应提供相应倒替备品。返厂修复的设备、器材质量由生产厂家保证。

第四章　管　理

第 14 条　备品、备用器材工区月查，车间季查，段半年查、公司抽查模式。运输段、车间、工区须建立应急备用设备、器材台账，信号应急备用设备、器材实行动态管理，配备地点科学合理，做到"三清一用"，底数清，人员清，地点清，会使用。

第 15 条　所有应急备用设备、器材，全部粘贴"应急"标识。

第 16 条　应急备用设备、器材台账必须做到账卡物相符，专人管理，存放整齐整洁，标签正确齐全。

第 17 条　日常检维修中，严禁动用应急备用设备、器材，确需动用的，需履行报批手续，动用后应及时恢复。

第 18 条　应急备用设备、器材纳入轮修计划，按周期检修基地对于所管理设备、器材进行轮修。日常完整性由所属管理单位负责。

第 19 条　应急备用设备、器材原则由检修基地配备的由检修基地负责送到位，但使用后的取送由现场车间负责，并一式两份做好交接记录。

第 20 条　应急备用设备、器材按使用设备管理，发生型号、数量变化后，检修基地和有关现场车间、现场工区要及时变更台账。

第 21 条　为加强应急备用设备器材特殊化管理，现场车间、工区日常用耗材、器材、器具、仪表属于常用，不纳入应急管理，须保证储备充足，完好。

第五章　应急使用

第 22 条　应急备用设备、器材的使用，根据事故（故障）性质，在征得运输段电务调度同意后方可使用。运输段电务调度应建立《信号应急备用设备、器材使用登记簿》并记录使用情况，编制调度命令号 01-99，按号记录并批准使用。

第 23 条　应急备用设备、器材使用后，需检修基地（河西）配置的，河东运输段专业主管部门向公司运输管理部汇报，公司运输管理部通知河西运输段准备器材，现场车间依照交旧领新的方式（需分析的故障器材按各段要求执行）在三日内配置到位。

第 24 条　更换下的故障器材要保存原状，按照权限由各段安委会认真组织分析，并做好详细记录。器材质量问题需通知生产厂家分析的，由专业主管部门通知厂家进行分析。必要时由公司安委会组织分析。

第 25 条　为保证备用器材相对稳定，对于继电器、变压器等小型器材，新器材到位后，把贴有"应急"标识的器材换下来仍作为备用。

第六章　检查与考核

第 26 条　运输段制定具体的质量管控和检查考核规则，检修基地作为配置应急备用设备、器材的专门单位，须对所管理的应急备用设备、器材质量负责。

第 27 条　应急备用设备、器材出所后，上道使用发生故障影响行车的，确认是器材质量问题的，在周期内的，由检修基地承担责任，超周期的，由现场工区、车间承担责任。

第 28 条　应急备用设备、器材不得超期存放。

第 29 条　现场车间、工区因管理不到位造成应急备用设备、器材短缺的，分清责任，进行考核。因备用设备、器材影响故障处理的要依照故障性质追究责任。

第 30 条　对于大修、更新改造站应急备用设备、器材按本规则配置，检修、检测实行归口管理。

第七章　附　则

第 31 条　本规则由运输管理部负责解释。

第 32 条　本规则自下发之日起执行。

附　件

附件 1：段级应急备用设备、器材台账（电信维表 141、142）

附件 2：车间应急备用设备、器材台账（电信维表 143~146）

附件 3：工区应急备用设备、器材台账（电信维表 147~156）

附件 4：检修基地应急备用设备、器材台账（电信维表 157~159）

附件 1　段级应急备用设备、器材台账

信号应急备用设备、器材台账

运输段

神朔铁路分公司

年　月

说　明

1. 本表收录目前公司管内在用基本设备名称、型号、规格及用途等。

2. 因各站设备制式和开通时间存在差异，以及产品更新换代等因素，本表未收录的应急备用设备、器材，请结合管内实际进行补充修改完善。

3. 各运输段、车间、工区针对管内设备情况，在相对应"备用（划*）"栏中划"*"，以示备用。

4. 本表格应每年进行一次核对，因大修、因改、站改等工程导致导设备变化时，本表应同步更新。

5. 信号电缆属于罕用料，其备用量、计划储备由物资中心统一定点定置储备。特殊器材、设备按使用车站进行储备，谁使用、谁管理、谁负责。

317

应急备用设备、器材使用登记

序号	备品名称	型号	编号	使用人	时间	动态变化	配置情况	备注
1								
2								
3								
4								
5								
6								
7								
8								
9								
10								

运输段应急库备用设备、器材台账表

类别	序号	名称	备用（划*）	型号	规格	用途	检修周期	寿命管理	编号	储备量	单位	出厂（所）日期	生产厂家	存放地点	备注
电缆类	1	铝护套信号电缆		PTYL23	4 芯					500 m	盘				
	2	铝护套信号电缆		PTYL23	6 芯					500 m	盘				
	3	铝护套信号电缆		PTYL23	8 芯					500 m	盘				
	4	铝护套信号电缆		PTYL23	9 芯					500 m	盘				
	5	铝护套信号电缆		PTYL23	12 芯					500 m	盘				
	6	铝护套信号电缆		PTYL23	14 芯					500 m	盘				
	7	铝护套信号电缆		PTYL23	16 芯					500 m	盘				

类别	序号	名称	备用（划*）	型号	规格	用途	检修周期	寿命管理	编号	储备量	单位	出厂（所）日期	生产厂家	存放地点	备注
电缆类	8	铝护套信号电缆		PTYL23	19芯					500 m	盘				
	9	铝护套信号电缆		PTYL23	21芯					500 m	盘				
	10	铝护套信号电缆		PTYL23	24芯					500 m	盘				
	11	铝护套信号电缆		PTYL23	28芯					500 m	盘				
	12	铝护套信号电缆		PTYL23	30芯					500 m	盘				
	13	铝护套信号电缆		PTYL23	33芯					500 m	盘				
	14	铝护套信号电缆		PTYL23	37芯					500 m	盘				
	15	铝护套信号电缆		PTYL23	42芯					500 m	盘				
	16	铝护套信号电缆		PTYL23	44芯					500 m	盘				
	17	铝护套信号电缆		PTYL23	48芯					500 m	盘				
	18	铝护套信号电缆		PTYL23	52芯					500 m	盘				
	19	铝护套信号电缆		PTYL23	56芯					500 m	盘				
电缆类	20	铝护套信号电缆		PTYL23	61芯					500 m	盘				
	21	铝护套内屏蔽数字信号电缆		SPTYWPL23	8B					500 m	盘				
	22	铝护套内屏蔽数字信号电缆		SPTYWPL23	12A					500 m	盘				
	23	铝护套内屏蔽数字信号电缆		SPTYWPL23	12B					500 m	盘				

类别	序号	名称	备用（划*）	型号	规格	用途	检修周期	寿命管理	编号	储备量	单位	出厂（所）日期	生产厂家	存放地点	备注
电缆类	24	铝护套内屏蔽数字信号电缆		SPTYWPL23	14A					500 m	盘				
	25	铝护套内屏蔽数字信号电缆		SPTYWPL23	14B					500 m	盘				
	26	铝护套内屏蔽数字信号电缆		SPTYWPL23	16A					500 m	盘				
	27	铝护套内屏蔽数字信号电缆		SPTYWPL23	16B					500 m	盘				
	28	铝护套内屏蔽数字信号电缆		SPTYWPL23	19A					500 m	盘				
	29	铝护套内屏蔽数字信号电缆		SPTYWPL23	19B					500 m	盘				
电缆类	30	铝护套内屏蔽数字信号电缆		SPTYWPL23	21A					500 m	盘				
	31	铝护套内屏蔽数字信号电缆		SPTYWPL23	21B					500 m	盘				
	32	铝护套内屏蔽数字信号电缆		SPTYWPL23	24A					500 m	盘				
	33	铝护套内屏蔽数字信号电缆		SPTYWPL23	24B					500 m	盘				
	34	铝护套内屏蔽数字信号电缆		SPTYWPL23	28A					500 m	盘				
	35	铝护套内屏蔽数字信号电缆		SPTYWPL23	28B					500 m	盘				

类别	序号	名称	备用（划*）	型号	规格	用途	检修周期	寿命管理 编号	储备量	单位	出厂（所）日期	生产厂家	存放地点	备注
电缆类	36	铝护套内屏蔽数字信号电缆		SPTYWPL23	30A				500 m	盘				
	37	铝护套内屏蔽数字信号电缆		SPTYWPL23	30B				500 m	盘				
	38	铝护套内屏蔽数字信号电缆		SPTYWPL23	33A				500 m	盘				
	39	铝护套内屏蔽数字信号电缆		SPTYWPL23	33B				500 m	盘				
	40	铝护套内屏蔽数字信号电缆		SPTYWPL23	37A				500 m	盘				
	41	铝护套内屏蔽数字信号电缆		SPTYWPL23	42A				500 m	盘				
	42	铝护套内屏蔽数字信号电缆		SPTYWPL23	44A				500 m	盘				
	43	铝护套内屏蔽数字信号电缆		SPTYWPL23	48A				500 m	盘				
联锁	44	联锁机、柜		ADX					1	套				教育基地备用
	45	监控机及附属		ADX					1	套				教育基地备用
	46	综合柜		ADX					1	套				教育基地备用

续表

类别	序号	名称	备用(划*)	型号	规格	用途	检修周期	寿命管理	编号	储备量	单位	出厂(所)日期	生产厂家	存放地点	备注
联锁				TYJL-II											教育基地备用
电源屏	47	智能电源屏		PZGWJ-40/3 80/50										段库	教育基地备用
	48	智能电源屏		PZGWJ-65/3 80/50										段库	教育基地备用
	49	区间电源屏													教育基地备用
其他	50	信号机柱			8.5 m									段库	教育基地备用
	51	信号机柱			11 m									段库	
	52														
	53														
	54														
	55														

注：成套设备可以以演练基地设备为单位配置。

附件 2　车间应急备用设备、器材台账

信号应急备用设备、器材台账

运输段 _____ 车间

神朔铁路分公司

年　　月

说　明

1. 本表收录目前公司管内在用管内在用基本设备名称、型号、规格及用途等。

2. 因各站设备制式和开通时间等因素，以及产品更新换代等因素，本表未收录的应急备用设备、器材，请结合管内实际进行补充或修改完善。

3. 各运输段、车间、工区针对管内设备情况，在相对应"备用（划*）"栏中划"*"，以示备用。

4. 本表格应每年进行一次核对，因大修、站改等工程导致设备变化时，本表应同步更新。

应急备用设备、器材使用登记簿

（电信维表 143）

序号	备品名称	型号	编号	使用人	时间	动态变化	配置情况	备注
1								
2								
3								
4								
5								
6								
7								
8								
9								
10								

车间应急备用设备、器材台账（一）

类别	序号	名称	备用（划*）	型号	规格	用途	检修周期	寿命管理	编号	数量	单位	出厂（所）日期	生产厂家	存放地点	备注
电源屏系列	1	电源屏模块系列（可添加）													
	2	电源屏模块		DHXD-SD1	1/4模块	直流转辙机电源模块	故障修	15年		1	台		北京鼎汉	车间	
	3	电源屏模块		DHXD-SD2	1/4模块	交流转辙机电源模块	故障修	15年		1	台		北京鼎汉	车间	
	5	电源屏模块		DHXD-SC2	1/2模块	轨道/局部电源模块	故障修	15年		1	台		北京鼎汉	车间	
	6	电源屏模块		DHXD-SH1	1/4模块	计算机联锁模块/备用/信号点灯/区间点灯	故障修	15年		1	台		北京鼎汉	车间	
	7	电源屏模块		DHXD-SE5	1/4模块	站联电源	故障修	15年		1	台		北京鼎汉	车间	
	8	电源屏模块		DHXD-SE4	1/4模块	继电器电码化/站联电源	故障修	15年		1	台		北京鼎汉	车间	
	11	电源屏模块		DHXD-SE3	1/4模块	区间轨道/继电器/电码化	故障修	15年		1	台		北京鼎汉	车间	
	13	电源屏模块		DHXD-SF1	1/4模块	区间点灯隔离组件	故障修	15年		1	台		北京鼎汉	车间	
	14	电源屏模块		DHXD-TH1-1	1/8模块	计算机联锁电源/信号	故障修	15年		1	台		北京鼎汉	车间	
	15	电源屏模块		DHXD-TH1-2	1/8模块	集中监测稳压备用电源/道岔表示电源	故障修	15年		1	台		北京鼎汉	车间	
	16	电源屏模块		DHXD-TH1-3	1/8模块		故障修	15年		1	台		北京鼎汉	车间	
	17	电源屏模块		DHXD-TH1-4	1/8模块		故障修	15年		1	台		北京鼎汉	车间	

序号	类别	名称	备用（划＊）	型号	规格	用途	检修周期	寿命管理	编号	数量	单位	出厂（所）日期	生产厂家	存放地点	备注
18	电源屏系列	电源屏模块		DHXD-TH1-5	1/8 模块	TDCS 电源	故障修	15 年		1	台		北京鼎汉	车间	
19		电源屏模块		DHXD-TH1-6	1/8 模块	TDCS 电源	故障修	15 年		1	台		北京鼎汉	车间	
20		电源屏模块		DHXD-TE1-1	1/8 模块	站内继电器电源	故障修	15 年		1	台		北京鼎汉	车间	
21		电源屏模块		DHXD-TE1-2	1/8 模块		故障修	15 年		1	台		北京鼎汉	车间	
22		电源屏模块		DHXD-TE1-3	1/8 模块	分线盘采集/监测独立/熔丝报警	故障修	15 年		1	台		北京鼎汉	车间	
23		电源屏模块		DHXD-TE1-4	1/8 模块		故障修	15 年		1	台		北京鼎汉	车间	
24		电源屏模块		DHXD-TE1-5	1/8 模块		故障修	15 年		1	台		北京鼎汉	车间	
26		电源屏模块		DHXD-TC1-1	1/8 模块	25 Hz 轨道（局部）	故障修	15 年		1	台		北京鼎汉	车间	
27		电源屏模块		DHXD-TC1-2	1/8 模块		故障修	15 年		1	台		北京鼎汉	车间	
28		电源屏模块		DHXD-TC1-3	1/8 模块	25 Hz 高压轨道电路	故障修	15 年		1	台		北京鼎汉	车间	
29		电源屏模块		DHXD-TC1-4	1/8 模块	25 Hz 高压轨道电路	故障修	15 年		1	台		北京鼎汉	车间	
30		电源屏模块		DHXD-TE3-1	1/8 模块	区间电路电源（60～96 VDC）	故障修	15 年		1	台		北京鼎汉	车间	
31		电源屏模块		DHXD-TE3-2	1/8 模块		故障修	15 年		1	台		北京鼎汉	车间	
32		电源屏模块		DHXD-TE3-3	1/8 模块	方向电源（60～100 VDC）	故障修	15 年		1	台		北京鼎汉	车间	
33		电源屏模块		DHXD-TE3-4	1/8 模块		故障修	15 年		1	台		北京鼎汉	车间	
34		电源屏模块		DHXD-TE3-5	1/8 模块	灯丝断丝报警电源（60～100 VDC）	故障修	15 年		1	台		北京鼎汉	车间	
35		电源屏模块		DHXD-TE3-6	1/8 模块		故障修	15 年		1	台		北京鼎汉	车间	
36	电源屏系列	电源屏模块		DHXD-SD5-1	1/4 模块	交流转辙机监测模块	故障修	15 年		1	台		北京鼎汉	车间	
37		电源屏模块		DHXD-FM-1	1/4 模块	直流采集模块	故障修	15 年		1	台		北京鼎汉	车间	
38		电源屏模块		DHXD-FM-2	1/4 模块	交流采集模块	故障修	15 年		1	台		北京鼎汉	车间	
39		电源屏模块		DHXD-FM-3	1/4 模块	半直流半交流采集模块	故障修	15 年		1	台		北京鼎汉	车间	
40		电源屏模块		DHXD-FS1-1	1/4 模块	TH1 旁路模块	故障修	15 年		1	台		北京鼎汉	车间	
41		电源屏模块		DPSM-C2		监控单元	故障修	15 年		1	台		北京鼎汉	车间	
42		电源屏模块		DPSM-D2		监控单元	故障修	15 年		1	台		北京鼎汉	车间	

注：针对本站特殊型应急备用设备、器材可加项。

车间应急备用设备、器材台账（二）

类别	序号	名称	备用（划*）	型号	规格	开向	检修周期	寿命管理	编号	数量	单位	出厂（所）日期	生产厂家	存放地点	备注
道岔类（室外部分）	1	ZYJ7型电液转辙机安装装置及附属					故障修	15 年		1	套			车间	
	2	SH6转换器安装装置及附属					故障修	15 年		1	套			车间	
	3	D型单开道岔安装装置及附属（角钢）					—	—		1	套			车间	2长＋2短＋4L铁
	4	E/J型道岔安装装置（角钢/托盘）					—	—		1	套			车间	
	5	ZYJ7+SH6型安装装置及附属					—	—		1	套			车间	
	6	D型动作杆		P50-1/12（通号9137）	1 800 mm		—	—		1	根			车间	
	7	D型表示杆		P50-1/12（通号9137）	1 500 mm		—	—		1	根			车间	带接头头铁3孔
	8	D型动作杆		P50-1/9（S0507）	1 800 mm		—	—		1	根			车间	

续表

类别	序号	名称	备用（划*）	型号	规格	开向	检修周期	寿命管理	编号	数量	单位	出厂（所）日期	生产厂家	存放地点	备注
道岔类（室外部分）	9	D型表示杆		P50-1/9（S0507）	1 500 mm		—	—		1	根			车间	带接头铁3孔
	10	D型动作杆		P60-1/9（S0513）	1 800 mm		—	—		1	根			车间	
	11	D型表示杆		P60-1/9（S0513）	1 500 mm		—	—		1	根			车间	带接头铁3孔
	12	E/J型动作杆		P50-1/12（S0514）	1800/1850（mm）		E型更换	E型/10年		1	根			车间	
	13	E/J型表示杆		P50-1/12（S0514）	1500/1550（mm）		—	—		1	根			车间	
	14	E/J型动作杆		P60-1/12（S0301）	1800/1850（mm）		—	—		1	根			车间	
	15	E/J型表示杆		P60-1/12（S0301）	1500/1550（mm）		—	—		1	根			车间	
	16	复式交分动作杆		P50-1/12（S0662）	1350/1850（mm）		—	—		1	根			车间	
道岔类（室外部分）	17	复式交分表示杆		P50-1/12（S0662）	1700+1500/2120（mm）		—	—		1	根			车间	
	18	ZYJ7型动作杆					—	—		1	根			车间	
	19	ZYJ7型表示杆					—	—		1	根			车间	
	20	SH6动作杆					—	—		1	根			车间	
	21	SH6表示杆					—	—		1	根			车间	
	22	道岔各型配线		各段按需											

注：针对本站本站特殊型应急备用设备、器材可加项。

329

车间应急备用设备、器材台账（三）

类别	序号	名称	备用（划 B）	型号	规格	用途	检修周期	寿命管理	编号	数量	单位	出厂（所）日期	生产厂家	存放地点	备注
	1	铝合金高柱进站机构		UL		进站	不良更换	－		1	个			车间	进站 A 机构
	2	铝合金高柱进站机构		HU		进站	不良更换	－		1	个			车间	进站 B 机构
	3	铝合金高柱进站机构		YB		进站	不良更换	－		1	个			车间	
	4	铝合金高柱通过机构		ULH		区间通过	不良更换	－		1	个			车间	
	5	铝合金矮型通过机构		ULH		区间通过	不良更换	－		1	个			车间	
信号机类	6	铝合金高柱出站机构		三显示		出发	不良更换	－		1	个			车间	不含灯组
	7	铝合金矮型出站机构		二显示		出发	不良更换	－		1	个			车间	
	8	铝合金高柱调车机构		BA		调车	不良更换	－		1	个			车间	
	9	铝合金矮型调车机构		BA		调车	不良更换	－		1	个			车间	
	10	铝合金矮型机构（小白灯）		B			不良更换			1	个			车间	
	11														
	12														
	13														
	14														
	15														

注：针对本站特殊型应急备用设备、器材可加项。

附件 3　工区应急备用设备、器材台账

信号应急备用设备、器材台账

运输段＿＿＿＿＿　信号工区＿＿＿＿＿

神朔铁路分公司

年　　月

说　明

1. 本表收录目前公司管内在用基本设备名称、型号、规格及用途等。

2. 因各站设备制式和开通时间存在差异，本表未收录的应急备用设备、器材，请结合管内实际进行补充或者修改完善。

3. 各运输段、车间、工区针对管内设备情况，在相对应"备用（划＊）"栏中划"＊"，以示备用。

4. 本表格应每年进行一次核对，因大修、站改等工程导致设备变化时，本表应同步更新。

332

信号应急备用设备、器材基本目录

序号	类别	编号	名　　称	状态	数量	单位	存放地点
1		1	各型直流、交流转辙机（按需配置）		各 1	套	工区库
2		2	道岔安装装置、杆件、配线（按需）		各 1	套	车间库/工区库
3	道岔类	3	交、直流二极管	加封	电 4 液 2	个	工区库
4		4	道岔表示变压器（按型号）		各 1	个	工区库
5		5	断相保护器（DBQ）		1	个	工区库
6		6	挤切销（3 t）连接销（5 t/9 t）	编号	各 2	个	工区库
7		1	25 Hz 轨流适配变压器		各 1	套	工区库
8		2	频率适配器		各 1	个	工区库
9	站内轨道	3	轨道变压器		各 1	个	工区库
10	电路类	4	二元二位继电器		各 1	个	工区库
11		5	防护盒（HF 系列）		各 1	个	工区库
12		6	高压脉冲、3 V 化专用设备		按需	套	工区库
13		1	信号机构及附属		1	套	车间库
14	信号显示类	2	点灯单元		1	个	工区库
15		3	信号隔离变压器		1	个	工区库

333

序号	类别	编号	名　称	状态	数量	单位	存放地点
16	区间设备类	1	调谐单元（1 700 Hz/2 000 Hz/2 300 Hz/2 600 Hz）		各 1	个	工区库
17		2	匹配变压器		1	个	
18		3	空心线圈		1	个	工区库
19		4	机械绝缘节空心线圈（1 700 Hz/2 000 Hz/2 300 Hz/2 600 Hz）		各 1	个	工区库
20		5	区间信号机点灯单元		1	个	工区库
21		6	防雷电缆模拟网络盘		1	个	工区库
22		7	衰耗器		1	个	工区库
23		8	发送器		1	个	工区库
24		9	接收器		1	个	工区库
25		10	隔离调压报警单元（5Q/10Q/15Q）		各 1	个	工区库
26	计算机联锁类	1	联锁机整机		1	套	段库
27		2	24 V 电源		1	个	工区库
28		3	驱动板		1	个	工区库
29		4	采集板		1	个	工区库
30		5	视频分配器		1	个	工区库
31		6	工控机主板		1	个	工区库
32		7	行车室显示屏		2	台	工区库
33		8	光猫		1	个	工区库
34		9	光猫（光调制解调器）和交换机用 24 V DR4524 电源（5 车站以上）		1	个	工区库

序号	类别	编号	名称	状态	数量	单位	存放地点
35	电源屏类	1	电源屏（按型）		各 1	台	段库
36		2	电源模块		各 1	台	车间库
37	电缆类	1	电缆（按芯线数）		按需	500 m	物资中心
38		2	电缆接续材料（含密封材料及辅助工器具）		2	套	工区库/车间库
39		3	电缆接续器		各 1	套	工区库/车间库
40	通用类	1	各型继电器		各 1	个	工区库
41		2	各型变压器		各 1	个	工区库
42		3	硅整流器		各 1	个	工区库
43		4	控制台用鼠标		3	个	工区库
44		5	断路器（室内、室外）		各 1	个	工区库
45		6	UPS（联锁用）		1	个	车间库
46		7	控制台联锁机用电缆		2	套	工区库
47		8	阻容盒、阻容元件		各 1	个	工区库
48	其他	1	电码化设备及附属		各 1	套	工区库
49		3	高柱信号机机柱（8.5 m|11 m）		各 1	根	车间库/段库
50		4	LED发光盘		各 1	个	工区库
51		5	各型箱盒		各 1	个	工区库/车间库
52		6	应急线（6芯）		按米	盘	工区库/车间库

应急备用设备、器材使用登记簿

（电信维表 148）

序号	名称	型号	编号	使用人	时间	动态变化		配置情况	备注
1									
2									
3									
4									
5									
6									
7									
8									
9									
10									

信号工区应急备用设备、器材台账（一）（机械室内设备）

序号	名称	备用（划B）	型号	规格	用途	检修周期	寿命管理	编号	数量	单位	出厂（所）日期	生产厂家	存放地点	备注
1	继电器		JRJC1-70/240		站内25Hz轨道	故障修	15年		1	台		西安信号厂	工区	
2	继电器		JWXC-100		TR9	故障修	15年		1	台		西安信号厂	工区	
3	继电器		JPXC-1000		通用	故障修	15年		1	台		西安信号厂	工区	
4	继电器		JWXC-1000		通用	故障修	15年		1	台		西安信号厂	工区	
5	继电器		JWXC-1700		通用	故障修	15年		1	台		西安信号厂	工区	
6	继电器		JZXC-H18		DJ（区间）	故障修	15年		1	台		西安信号厂	工区	
7	继电器		JZXC-H138		DJ（站内）	故障修	15年		1	台		沈阳信号厂	工区	
8	继电器		JZXC-H142		DJ（站内）	故障修	15年		1	台		西安信号厂	工区	
9	继电器		JZXC-H310		轨道复示	故障修	15年		1	台		西安信号厂	工区	
10	继电器		JYXC-270		FJ1/2	5年	15年		1	台		西安信号厂	工区	
11	继电器		JWXC-H340		通用	故障修	15年		1	台		西安信号厂	工区	
12	继电器		JWJXC-480		1DQJF/液压	3年	15年		1	台		西安信号厂	工区	
13	继电器		JWXC-H600		JQJ	故障修	15年		1	台		西安信号厂	工区	
14	继电器		JSBXC-850		通用	3年	15年		1	台		西安信号厂	工区	
			JSBXC1-850											
15	继电器		JWJXC-H125/80		1DQJ/液压	故障修	15年		1	台		沈阳信号厂	工区	
16	继电器		JYJXC-160/260		2DQJ/F液压	故障修	15年		1	台		西安信号厂	工区	
17	继电器		JWJXC-H125/0.44		1DQJ/电动	故障修	15年		1	台		西安信号厂	工区	
18	继电器		JYJXC-135/220		2DQJ/电动	故障修	15年		1	台		西安信号厂	工区	
19	继电器		JCRC-24.7K/7.5K		高压脉冲	故障修	15年		1	台		西安信号厂	工区	
20	断相保护器		DBQ/BDX		液压道岔用	故障修	10年		1	台			工区	

序号	名称	备用（划B）	型号	规格	用途	检修周期	寿命管理	编号	数量	单位	出厂（所）日期	生产厂家	存放地点	备注
21	硅整流		ZG1-A130/0.1A		熔丝报警	故障修	15年		1	台			工区	
22	硅整流		ZG3-220/（2）220/0.1		改方	故障修	15年		1	台			工区	
23	防护盒		HF4-25		轨道电路	故障修	15年		1	台			工区	
24	防护盒		HFJ3-25		轨道电路	故障修	15年		1	台			工区	
25	电源变压器		BD1-60/25	为HFJ3-25供电	轨道电路	故障修	10年		1	台			工区	
26	道岔表示变压器		BD1-7		道岔用	故障修	15年		1	台			工区	
27	道岔表示变压器		BD1-A7		道岔用	故障修	15年		1	台			工区	
28	道岔表示变压器		BDR-7		道岔用	故障修	15年		1	台			工区	
29	隔离调压报警单元		GTB2-5Q		区间信号机用	故障修	15年		1	台			工区	
30	隔离调压报警单元		GTB2-10Q		区间信号机用	故障修	15年		1	台			工区	
31	隔离调压报警单元		GTB2-15Q		区间信号机用	故障修	15年		1	台			工区	
32	信号隔离变压器		BXG1-35		站内信号机	故障修	15年		1	台			工区	
33	信号隔离变压器		BXG3R-35		站内信号机	故障修	15年		1	台			工区	
34	电码化防雷配调整变压器		BMFT1		电码化	故障修	15年		1	台			工区	
35	发送		ZPW.F		ZPW-2000A	故障修	15年		1	台			工区	
36	接收		ZPW.J		ZPW-2000A	故障修	15年		1	台			工区	
37	电缆模拟网络				ZPW-2000A	故障修	15年		1	台			工区	按需

序号	名称	备用（划B）	型号	规格	用途	检修周期	寿命管理	编号	数量	单位	出厂（所）日期	生产厂家	存放地点	备注
38	衰耗器				ZPW-2000A	故障修	15年		1	台			工区	按需
39	发送检测盒				电码化叠加	故障修	15年		1	台			工区	按需
40	24 V电源		6EP1336BA00		计算机联锁	故障修	10年		1	个			工区	
41	驱动板				计算机联锁	故障修	10年		1	个			工区	
42	采集板				计算机联锁	故障修	10年		1	个			工区	
43	主板		6 008 V-A2		工控机	故障修	10年		1	个			工区	
44	5 V电源				工控机	故障修	10年		1	个			工区	
45	光猫		JetCom1301f-m		计算机联锁	故障修	10年		1	个			工区	
46	24 VDR4524 电源（6年站以上）				计算机联锁	故障修	10年		1	个			工区	
47	UPS				计算机联锁	故障修	10年		1	个			工区	
48	声卡				计算机联锁	故障修	10年		1	个			工区	
49	网卡				远程连接	故障修	10年		1	个			工区	
50	鼠标				终端用	故障修	10年		1	个			工区	
51	联锁机光缆			15米	联锁机通信	故障修	10年		1	个			工区	
52	视频分配器		VS-2502	一拖二	终端用	故障修	10年		1	套			工区	
53	联锁机电缆（套）			50米	联锁机用	故障修	10年		1	套			工区	
54	防护盒		HF4-25		站内轨道电路	5年	15年		1	台			工区	
55	远程隔离变压器		BGY2-TD-80		区间信号机用	故障修	15年		1	台			工区	

序号	名称	备用（划B）	型号	规格	用途	检修周期	寿命管理	编号	数量	单位	出厂（所）日期	生产厂家	存放地点	备注
	TR9系列（南坡底）													
56	电源板		8312		TR9	故障修	10年		1	块			工区	
57	采集板		3564（64位）		TR9	故障修	10年		1	块			工区	
58	驱动板		3674（32位）		TR9	故障修	10年		1	块			工区	
59	I/O电源		SZEMENS		TR9	故障修	10年		1	块			工区	
60	网卡		3M		TR9	故障修	10年		1	块			工区	
61	电源板		DYB		TR9	故障修	10年		1	块			工区	
62	视频接口线				TR9	故障修	10年		1	条			工区	
63	电源线			显示器	TR9	故障修	10年		1	台			工区	
64	驱动防雷				TR9	不良更换	15年		1	个			工区	
65	采集防雷				TR9	不良更换	15年		1	个			工区	
66	电子盘			存盘	TR9	故障修	10年		1	个			工区	
67	放电管		MVL2-470/10	电码化防雷	TR9	不良更换	15年		1	个			工区	
68	硅整流		ZG2-42/0.5	断丝报警	TR9	故障修	10年		1	台			工区	
69	事故继电器		SGJ	停电来电恢复时间	TR9	故障修	10年		1	台			工区	
70	液压断路器		QDC	0.5A	方向电路	故障换	15年		1	个			工区	
71	液压断路器		QDC	1A	组合架零层	故障换	15年		1	个			工区	
72	液压断路器		QDC	2A	组合架零层	故障换	15年		1	个			工区	

序号	名称	备用（划B）	型号	规格	用途	检修周期	寿命管理	编号	数量	单位	出厂（所）日期	生产厂家	存放地点	备注
73	液压断路器		QDC	3A	组合架零层	故障换	15年		1	个			工区	
74	液压断路器		QDC	5A	道岔组合	故障换	15年		1	个			工区	
75	液压断路器		QDC	8A	道岔组合	故障换	15年		1	个			工区	
76	液压断路器		QDC	10A	道岔组合	故障换	15年		1	个			工区	
77	液压断路器		QDC	15A	道岔组合	故障换	15年		1	个			工区	
78	液压断路器		QA	0.5A	信号机	故障换	15年		1	个			工区	
79	液压断路器		QA	1A	组合架零层	故障换	15年		1	个			工区	
80	液压断路器		QA	2A	组合架零层	故障换	15年		1	个			工区	
81	液压断路器		QA	3A	组合架零层	故障换	15年		1	个			工区	
82	液压断路器		QA	5A	交流转辙机组合	故障换	15年		1	个			工区	
83	液压断路器		QA	10A	交流转辙机组合	故障换	15年		1	个			工区	
84	液压断路器		交流	1A	轨道通用	故障换	15年		1	个			工区	
85	液压断路器		交流	3A	轨道通用	故障换	15年		1	个			工区	
86	液压断路器		交流	5A	轨道通用	故障换	15年		1	个			工区	
87	液压断路器		交流	10A	轨道通用	故障换	15年		1	个			工区	
88														
89														
90														
91														
92														

注：针对设备属性可加项。

信号工区应急备用器材台账（二）（阻容盒）

类别	序号	名 称	备用（划*）	型号	规格	用途	检修周期	寿命管理	编号	数量	单位	出厂（所）日期	生产厂家	存放地点	备注
阻容盒系列	1	阻容盒		DC-4	4 uf/750 Ω	D 型道岔组合				1	个			工区	
	2	阻容盒		DC-6	4 uf/750 Ω	EJ 型道岔组合				1	个			工区	
	3	阻容盒		FB-1	2×4 uf/2cz	25 Hz 室内				1	个			工区	
	4	阻容盒		FB-2	1×4 uf/1cz	25 Hz 室内				1	个			工区	
	5	阻容盒		FB-3	2×4 uf/2×1 uf	站内 25 Hz 叠加电码化				1	个			工区	
	6	阻容盒		FB-4	1×4 uf/1×1 uf	站内 25 Hz 叠加电码化				1	个			工区	
	7	阻容盒		QZ	1 000 uf/51 Ω	区间组合用				1	个			工区	通用
	8	阻容盒		LCH-II		高压脉冲组合译码器				1	个			工区	
	9	阻容盒		FZ-1		方向电路				1	个			工区	
	10	阻容盒		FZ-2		方向电路				1	个			工区	
	11	阻容盒		JC-1	（4×4 uf）×2	JDJ1				1	个			工区	
	12	阻容盒		JC-2	4×4 uf	JDJ2				1	个			工区	
	13	阻容盒		FB	4 700 uf/15 Ω	FBJ组合				1	个			工区	
	14	阻容盒		JDF1	51 Ω	交流转辙机机组合				1	个			工区	
	15	阻容盒		JDF2	1 000 Ω										
	16	阻容盒		B1	470 uf/510 Ω 220/510 Ω	半自动闭塞				1	个			工区	
	17	阻容盒		B2	220/510 Ω×2	半自动闭塞				1	个			工区	
	18														
	19														
	20														
	21														

注：针对本站特殊型应急备用设备、器材可加项。

信号工区应急备用设备、器材台账（三）（道岔室外部分）

类别	序号	名称	备用（划*）	型号	规格	检修周期	寿命管理	编号	数量	单位	出厂（阶）日期	生产厂家	存放地点	备注
道岔类（室外部分）	1	ZD6型电动转辙机		D型		5～10年	15年		1	套			工区	
	3	ZD6型电动转辙机		E型		5～10年	15年		1	套			工区	
	5	ZD6型电动转辙机		J型		5～10年	15年		1	套			工区	
	7	ZD6型电动转辙机		F型		5～10年	15年		1	套			工区	
	9	ZD6型电动转辙机		G型		5～10年	15年		1	套			工区	
	11	D型密贴调整杆		P50-1/12（通号9137）	1800 mm	-	-		1	根			工区	
	12	D型表示杆		P50-1/12（通号9137）	1500 mm	-	-		1	根			工区	带接头 铁3孔
	13	D型密贴调整杆		P50-1/9（S0507）	1800 mm	-	-		1	根			工区	
	14	D型表示杆		P50-1/9（S0507）	1500 mm	-	-		1	根			工区	带接头 铁3孔
	15	D型密贴调整杆		P60-1/9（S0513）	1800 mm	-	-		1	根			工区	
	16	D型表示杆		P60-1/9（S0513）	1500 mm	-	-		1	根			工区	带接头 铁3孔
道岔类（室外部分）	17	E/J型密贴调整杆		P50-1/12（S0514）	1800/1850（mm）	E型更换E型	E型/10年		1	根			工区	
	18	E/J型表示杆		P50-1/12（S0514）	1500/1550（mm）	-	-		1	根			工区	
	19	E/J型密贴调整杆		P60-1/12（S0301）	1800/1850（mm）	-	-		1	根			工区	
	20	E/J型表示杆		P60-1/12（S0301）	1500/1550（mm）	-	-		1	根			工区	
	22	复式交分动作杆		P50-1/12（S0662）	1700+1500/2120（mm）	-	-		1	根			工区	
	23	复式交分动作杆		60									工区	
	24	复式交分表示杆		60									工区	
	25	ZYJ7型动作杆				-	-		1	根			工区	
	26	ZYJ7型表示杆				-	-		1	根			工区	
	27	SH6动作杆				-	-		1	根			工区	
	28	SH6表示杆				-	-		1	根			工区	
	29	减速器		D/J型										
	30	减速器		E型										通用
	31	减速器		F型										

续表

类别	序号	名称	备用（划*）	型号	规格	检修周期	寿命管理	编号	数量	单位	出厂（防）日期	生产厂家	存放地点	备注
道岔类（室外部分）	32	减速器		G型										
	33	自动开闭器		D/J型										通用
	34	自动开闭器		E型										
	35	自动开闭器		F型										
	36	自动开闭器		G型										
	37	直流电机		D/J型										通用
	38	直流电机		E型										
	39	直流电机		F型										
	40	直流电机		G型										
	41	内表示杆		D型										
	42	内表示杆		E型										
	43	内表示杆		J型										
	44	内表示杆		F型										
	45	内表示杆		G型										
	46													
	47													
	48													
	49													
	50													

注：针对本站特殊型应急备用设备、器材可加项。

信号工区应急备用设备、器材台账（四）（信号机）

类别	序号	名称	备用（划*）	型号	规格	用途	检修周期	寿命管理	编号	数量	单位	出厂（所）日期	生产厂家	存放地点	备注
信号机类	1	发光盘（高柱通过用）		U		区间通过	故障修	15年		1	个		北京蓝天	工区	
	2	发光盘（高柱通过用）		L		区间通过	故障修	15年		1	个		北京蓝天	工区	
	3	发光盘（高柱通过用）		H		区间通过	故障修	15年		1	个		北京蓝天	工区	
	4	发光盘（矮型通过用）		U		区间通过	故障修	15年		1	个		北京蓝天	工区	
	5	发光盘（矮型通过用）		L		区间通过	故障修	15年		1	个		北京蓝天	工区	
	6	发光盘（矮型通过用）		H		区间通过	故障修	15年		1	个		北京蓝天	工区	
	7	发光盘（高柱进站用）		U		进站	故障修	15年		1	个		上海铁大	工区	
	8	发光盘（高柱进站用）		L		进站	故障修	15年		1	个		上海铁大	工区	
	9	发光盘（高柱进站用）		H		进站	故障修	15年		1	个		上海铁大	工区	
	10	发光盘（高柱进站用）		B		进站	故障修	15年		1	个		上海铁大	工区	
	11	发光盘（高柱出站用）		U		出发	故障修	15年		1	个		上海铁大	工区	
	12	发光盘（高柱出站用）		L		出发	故障修	15年		1	个		上海铁大	工区	
	13	发光盘（高柱出站、调车用）		H		出发	故障修	15年		1	个		上海铁大	工区	
	14	发光盘（矮型出站用）		H		出发	故障修	15年		1	个		上海铁大	工区	

类别	序号	名称	备用（划*）	型号	规格	用途	检修周期	寿命管理	编号	数量	单位	出厂（所）日期	生产厂家	存放地点	备注
信号机类	15	发光盘（矮型出站用）		L		出发	故障修	15年		1	个		上海铁大	工区	
	16	发光盘（矮型出站用）		U		出发	故障修	15年		1	个		上海铁大	工区	
	17	发光盘（矮型出站、调车用）		B		出发	故障修	15年		1	个		上海铁大	工区	
	18	发光盘（高柱调车用）		B		调车	故障修	15年		1	个		上海铁大	工区	
	19	发光盘（高柱调车用）		A		调车	故障修	15年		1	个		上海铁大	工区	
	20	发光盘（小白灯用）		B		出发	故障修	15年		1	个		上海铁大	工区	
	21	发光盘（矮型调车用）		A		调车	故障修	15年		1	个		上海铁大	工区	
	22	点灯单元		FDZ		站内	故障修	15年		1	个		上海铁大	工区	
	23	点灯单元		BXZ-40		区间	故障修	15年		1	个		北京蓝天	工区	
	24														
	25														
	26														
	27														
	28														

注：针对本站特殊型应急备用设备、器材可加项。

信号工区应急备用设备、器材台账（五）（轨道电路）

类别	序号	名称	备用（划*）	型号	规格	用途	检修周期	寿命管理	编号	数量	单位	出厂（所）日期	生产厂家	存放地点	备注
轨道电路类	1	轨道变压器		BG4-220/25		轨道电路	故障修	15年		1	台			工区	
	2	轨道变压器		BG2-130/25		轨道电路	故障修	15年		1	台			工区	
	3	轨道变压器		BG3-130/25		轨道电路	故障修	15年		1	台			工区	
	4	轨道变压器		GM.BDF-100/25		高压脉冲	故障修	15年		1	台			工区	
	5	轨道变压器		BG2-L2 60/25		3V化（送端）	故障修	15年		1	台			工区	
	6	轨道变压器		BGK-103/25		3V化（受端）	故障修	15年		1	台			工区	
	7	适配器ESP4		1700Hz		电码化	故障修	15年		1	台			工区	
	8	适配器ESP4		2000Hz		电码化	故障修	15年		1	台			工区	
	9	适配器ESP4		2300Hz		电码化	故障修	15年		1	台			工区	
	10	适配器ESP4		2600Hz		电码化	故障修	15年		1	台			工区	
	11	适配器ESP5		1700Hz		电码化	故障修	15年		1	台			工区	
	12	适配器ESP5		2000Hz		电码化	故障修	15年		1	台			工区	
	13	适配器ESP5		2300Hz		电码化	故障修	15年		1	台			工区	
	14	适配器ESP5		2600Hz		电码化	故障修	15年		1	台			工区	
轨道电路类	15	适配器ESP5		1700-1/2000-1		轨道电路	故障修	15年		1	台			工区	
	16	适配器ESP2		无频率		轨道电路	故障修	15年		1	台			工区	
	17	适配器ESP4		1700/2000		轨道电路	故障修	15年		1	台			工区	
	18	适配器ESP5		无频率		轨道电路	故障修	15年		1	台			工区	
	19	适配器		ETX2-50-8A		高压脉冲	故障修	15年		1	台			工区	
	20	扼流适配变压器		BES1-1600/25		轨道电路	故障修	15年		1	台			工区	

类别	序号	名称	备用（划*）	型号	规格	用途	检修周期	寿命管理	编号	数量	单位	出厂（所）日期	生产厂家	存放地点	备注
轨道电路类	21	扼流适配变压器		BES1-1000/25		轨道电路	故障修	15年		1	台			工区	
	22	扼流适配变压器		BES2-1600/25		轨道电路	故障修	15年		1	台			工区	
	23	扼流适配变压器		BES2-1000/25		轨道电路	故障修	15年		1	台			工区	
	24	扼流适配变压器		BE2-M2-1000		轨道电路	故障修	15年		1	台			工区	
	25	扼流适配变压器		BE1-1600/UM71		轨道电路	故障修	15年		1	台			工区	
	26	扼流适配变压器		BE1-1000/UM71		轨道电路	故障修	15年		1	台			工区	
	27.	扼流适配变压器		BE1-1000/ZPW2000		轨道电路	故障修	15年		1	台			工区	兼容空扼流
	28	扼流变压器		BEP-1000		轨道电路	故障修	15年		1	台			工区	
	29	扼流适配变压器		BES2-800/25		轨道电路	故障修	15年		1	台			工区	
	30	扼流适配变压器		BES-600/25		轨道电路	故障修	15年		1	台			工区	
轨道电路类	31	扼流适配变压器		GMC.BEP-1000A		轨道电路	故障修	15年		1	台			工区	
	32	扼流适配变压器		BE1-M		高压脉冲	故障修	15年		1	台			工区	
	33	扼流变压器		BE2-M600		3V化（送端）	故障修	15年		1	台			工区	
	34	扼流变压器		BE2-F60OA		3V化（受端）	故障修	15年		1	台			工区	
	35	限流电阻		R1-4.4/440		轨道电路	故障修	15年		1	台			工区	
	36	限流电阻		R1-4.4/630		轨道电路	故障修	15年		1	台			工区	
	37	限流电阻		GM.RT-30		高压脉冲	故障修	15年		1	台			工区	
	38	限流电阻		RY-6.6/600		3V化	故障修	15年		1	台			工区	

类别	序号	名称	备用(划*)	型号	规格	用途	检修周期	寿命管理	编号	数量	单位	出厂(所)日期	生产厂家	存放地点	备注
	39	限流电阻		RY1-2.2/220		轨道电路	故障修	15年		1	台			工区	
	40	匹配盒		HBP-A		正线电码化	故障修	15年		1	台			工区	
	41	谐振盒		HLC-Y		正线电码化	故障修	15年		1	台			工区	
	42	隔离盒		DWGL-2000		电码化	故障修	15年		1	台			工区	
轨道电路类	43	隔离盒		DWG-F		电码化	故障修	15年		1	台			工区	
	44	轨道箱配线				轨道电路	不良更换			1	套			工区	按需
	45														
	46														
	47														
	48														
	49														

注：针对本站特殊型应急备用设备、器材可加项。

信号工区应急备用设备、器材台账（六）（区间设备室外部分）

（电信维表154）

类别	序号	名称	备用（划*）	型号	规格	用途	检修周期	寿命管理	编号	数量	单位	出厂（所）日期	生产厂家	存放地点	备注
区间设备（室外部分）类	1	调谐单元		1 700 Hz		区间用	故障修	15年		1	台		北京铁路信号工厂	工区	
	2	调谐单元		2 000 Hz		区间用	故障修	15年		1	台		北京铁路信号工厂	工区	
	3	调谐单元		2 300 Hz		区间用	故障修	15年		1	台		北京铁路信号工厂	工区	
	4	调谐单元		2 600 Hz		区间用	故障修	15年		1	台		北京铁路信号工厂	工区	
	5	空心线圈				区间通用	故障修	15年		1	台		北京铁路信号工厂	工区	
	6	机械绝缘节空心线圈		1 700 Hz		区间用	故障修	15年		1	台		北京铁路信号工厂	工区	
	7	机械绝缘节空心线圈		2 000 Hz		区间用	故障修	15年		1	台		北京铁路信号工厂	工区	
	8	机械绝缘节空心线圈		2 300 Hz		区间用	故障修	15年		1	台		北京铁路信号工厂	工区	
	9	机械绝缘节空心线圈		2 600 Hz		区间用	故障修	15年		1	台		北京铁路信号工厂	工区	
	10	匹配变压器				区间用	不良更换	15年		1	个			工区	
	11	隧道用信号机支架				区间用	不良更换	—		1	个			工区	有隧道设备用
	12														
	13														
	14														
	15														

注：针对本站特殊型应急备用设备、器材可加项。

信号工区应急备用设备、器材台账（七）（电缆接续与箱盒）

（电信维表 155）

类别	序号	名称	备用（划*）	型号	规格	用途	检修周期	寿命管理	编号	数量	单位	出厂（所）日期	生产厂家	存放地点	备注
电缆接续与箱盒类	1	电缆接续器（插接式）		24芯		电缆接续	不良更换			1	个			工区	
	2	电缆接续器（插接式）		48芯		电缆接续	不良更换			1	个			工区	
	3	免维护地中电缆盒		HDM-T-P		电缆接续	不良更换			2	个		天津通泽	工区	
	4	密封胶			专用	电缆接续	不良更换			1	桶			工区	
	5	环切刀			专用	电缆接续	不良更换			2	把			工区	
	6	压接工具			专用	电缆接续	不良更换			2	把			工区	
	7	钢锯				电缆接续	不良更换			3	把			工区	
	8	7方向盒		7方向			不良更换			1	个			工区	
	9	4方向盒		4方向			不良更换			1	个			工区	
	10	24 Hz电缆盒		24 Hz			不良更换			1	个			工区	
	11	12 Hz电缆盒		12 Hz			不良更换			1	个			工区	
	12	轨道箱		XB1			不良更换			1	个			工区	
	13	轨道箱		XB2			不良更换			1	个			工区	
	14	应急线		6芯	200 m		不良更换			1	盘			工区	
	15	应急线		6芯	500 m		不良更换			1	盘			工区	
	16	应急线		6芯	1 000 m		不良更换			1	盘			工区	
	17														
	18														
	19														
	20														

注：针对本站特殊型应急备用设备、器材可加项。

351

信号应急备用设备、器材交接记录

（电信维表 156）

序号	名称	型号	规格	编号	用途	消耗使用描述		数量	单位	批准人	交接时间	移交单位	支付人	接收人	备注
						器材对位	时间								
1															
2															
3															
4															
5															
6															
7															
8															
9															
10															

应急备用设备、器材台账

检修基地

运输段

神朔铁路分公司

年　　月

说　明

1. 本表收录公司管内在用设备名称、型号、规格，以应用设备作为备用设备、器材。

2. 因各站站改时间不同，制式、型号存在差异，为保证应急备用设备、器材不漏项，各单位执行时可针对本站设备型号进行添加。

3. 各运输段、车间、工区针对管内设备情况，在相对应"备用（划*）"栏中划"*"，以示备用。

4. 本表格应每年进行一次核对，因大修、站改等工程导致设备变化时，本表应同步更新。

354

应急备用设备、器材使用登记簿

（电信维表 157）

序号	名称	编号	型号	数量	使用单位	批准	使用时间	动态变化	运用情况	备注
1										
2										
3										
4										
5										
6										
7										
8										
9										
10										

检修基地应急备用设备、器材台账

（电信维表 158）

运输段＿＿＿＿ 车间＿＿＿ 工区＿＿＿ ＿＿年＿月＿日

序号	编号	名称	型号	规格	数量	单位	检修周期	寿命管理	生产厂家	出厂日期	存放地点	备注

编制人： 审核人：

信号应急备用设备、器材轮修交接记录

序号	名称	编号	型号	规格	消耗使用描述		数量	单位	入所时间	移交单位	支付人	接收人	备注
					器材对位	使用时间							

357

第十九编　电务电缆维护、防护管理规则

第一章　总　则

第1条　信号电缆是行车命令执行、连接各种信号设备，实现联锁功能和信息传递的重要通道，是信号联锁设备的重要组成部分。

第2条　通信电缆是行车信息、数据、图像的传输通道、连接各种通信设备，是实现铁路运输指挥、运营管理的重要基础设施，通信电缆是构成铁路通信网的重要组成部分。

第3条　运输段要高度重视信号、通信电缆的安全运用，贯彻"安全第一、预防为主、综合治理"的原则，提高在运输生产形势下强化对信号、通信电缆维护工作重要意义的认识，严格执行本管理规则关于电缆质量、维护管理、特殊地段电缆的专项整治和安全防护的要求，并进行分解和细化，把确保信号、通信电缆安全运用责任落实到各个工作环节和每一个岗位。

第4条　运输段对电缆设备的安全运用，负有维护和管理责任和重要的防护责任，对因失修、失管、失控造成的电缆设备故障或外界损坏，应视情节追究责任人员和有关管理人员的责任。

第二章　电缆质量

第5条　信号、通信电缆的敷设应满足以下要求：

（1）在二等以上站场敷设信号、通信电缆，应垒砌深700 mm 的电缆沟，敷设电缆后沟内填满沙子并加盖板；其他站场内的干线信号、通信电缆采用水泥槽防护，水泥槽盖板距地面不少于300 mm，分支电缆埋设深度不少于700 mm，无法满足时采用水泥槽进行防护；区间信号、通信电缆的埋设深度不少于1 200 mm；遇有石质地带，应尽量避开，否则埋设深度不少于700 mm，并应采取槽钢（钢管）或水泥槽等有效防护措施。

（2）电缆径路应选择地形平坦和土质良好的地带，"符合"两端设备间距离较短、通过股道及障碍较少、施工及维修方便的原则，同时应避开酸、碱、污水、盐聚集、石灰质、土质松软和承受重压可能发生严重塌陷以及垃圾存放处等危险地带。

（3）电缆径路应尽量保持直线。如有弯曲时，电缆弯曲半径应为其电缆外径的15 倍以上，并不得损伤电缆的钢带和绝缘物。

第6条　敷设电缆遇有下列情况时，应采取以下针对性防护措施（如砂、砖、水泥槽、钢管等），确保电缆不受损伤：

1. 电缆穿越轨道或公路时，防护管两端伸出轨枕或公路边沿不得少于 500 mm，穿越

轨道时埋于石碴底部地面下的深度不少于 300 mm。

2. 电缆穿越桥涵、隧道时，应用钢管、槽钢或水泥槽进行防护，隧道内也可以使用悬挂方式，但必须确保支架、钢吊线、吊钩等构件良好。

3. 电缆过水沟、水渠或不得已必须设于明处时，应用钢管或槽钢进行防护。

4. 电缆通过取土坑、居民点、地下排水沟及必须减少电缆埋设深度时，应在电缆上、下各附设软土（砂）100 mm，并采取敷砖或水泥槽、槽钢的防护方式。

5. 电缆使用钢管或槽钢进行防护时，两端弯曲角度不少于120度，并深入地面 500 mm 以上，电缆引出端应采取防护措施，避免被钢管或槽钢边沿损伤。

6. 以上防护措施中采用的钢管应为镀锌制品，其内径不少于电缆直径的 1.5 倍，钢管或槽钢的厚度不少于 3 mm；水泥槽的厚度不少于 20 mm。

第 7 条 新敷设电缆必须具备以下技术资料：

1. 电缆隐蔽工程质量及验交记录。

2. 电缆电气特性测试记录。

3. 电缆敷设位置示意图。

第 8 条 电缆径路应按规定设置埋设标，在特殊地段应设警示牌，埋设标和警示牌的设置应满足以下要求。

1. 下列处所应设置电缆埋设标：

① 电缆转向及分支点。

② 电缆超过 100 m 的直线段的中间点（每 50 m 设置一个）。

③ 电缆地下接头处。

④ 电缆穿越障碍物（如大型管路、高压电缆等）应标明电缆径路的地点。

⑤ 穿越铁路、公路、河流两侧。

2. 在下列处所应设置电缆警示牌：

① 干线电缆集中拐弯处。

② 埋设深度因客观条件不符合要求的起始端。

③ 施工可能危及电缆安全的处所。

④ 经调查确认的易取土处。

第 9 条 电缆埋设标、警示牌的制作应符合以下要求：

1. 信号电缆埋设标的制作采用钢筋混凝土预制的方式，尺寸为 120 mm × 120 mm × 800 mm，也可以配套安装 350 mm × 350 mm 的电缆标座（中心留有能够穿过电缆标的方孔），标石四周分别喷印红色粗体的"信号电缆或通信电缆"字样和标石编号。信号电缆标埋设时距地面 250～300 mm，电缆标座与地面相平或略高于地面。

2. 通信电缆埋设标要求表面平整无缺陷，尺寸、强度符合要求，山区采用 140 mm × 140 mm × 1 500 mm、平原采用 140 mm × 140 mm × 1 000 mm，正面向铁路。140 mm × 140 mm × 1 500 mm 的标石埋深 500 mm；140 mm × 140 mm × 1 000 mm 的标石埋深 450 mm。标石地面要有 500 mm × 500 mm × 100 mm 的混凝土卡盘。

3. 电缆警示牌的制作采用钢筋混凝土预制的立柱和标牌组装的方式，两个立柱的尺寸为 1 700 mm × 100 mm × 100 mm，标牌的尺寸为 800 mm × 500 mm，标牌两面用白色磁漆油饰，分别喷印红色粗体"下有铁路信号或通信电缆，5 米内禁止取土、施工、明火"的字样和相关运输段名称。

第 10 条 在区间敷设信号、通信电缆或修复挖断电缆故障时，可采用地下接续方式，地下接续电缆应满足以下要求：

1. 应使用经铁路行政主管部门鉴定的专用材料及工艺，确保接头密封、绝缘良好，接续程序及标准应符合有关规定。

2. 两接续点间和接续点至电缆始终端间的距离不得少于 400 m，接续点的电缆备用量按规定预留，接续装置应水平放置，接续两端各 300 mm 不得弯曲，并设线槽防护，其长度不小于 1 m。

3. 电缆芯线、屏蔽连接线焊接时不得使用腐蚀性焊剂、严禁虚接、虚焊、有毛刺。

4. 电缆穿越铁路、公路及道口时，距铁路钢轨、公路和道口边缘 2 m 内，不得进行地下接续。

5. 电缆地下接续点距热力、煤气、燃料管道不少于 2 m，不得已少于 2 m 时，应加装隔离板等防护措施；电缆接续流程见下图：

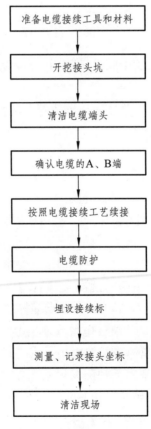

电缆续接工艺流程图
电缆接续工艺流程图

360

6. 电缆地下接续点的应设置专用埋设标，在电缆径路图上绘出地下接续处所，并注明与固定参照物的十字交叉距离。

第 11 条　各种箱盒、人孔、管（槽）道、通道符合下列要求：

1. 引入电缆时，应有保护管及防止电缆下沉措施，确保电缆端部安全，电缆引入处应灌胶密封，避免潮气侵入。

2. 各种电缆盒、变压器箱的盘根完整，盖要严密；人孔、管（槽）道、通道进出口防护设施齐全、稳固，平接头蛇管接头处应密封，防尘及防潮作用良好。

3. 各种电缆盒、人孔、管（槽）道、通道的配线端子应清洁，保证绝缘良好。

4. 内部应有配线图，配线图应准确、完整、清晰。

第三章　维护管理

第 12 条　电缆维护管理实行逐级负责制和岗位负责制。

第 13 条　运输段负责组织制定电缆维护管理实施细则，明确电缆维护的具体项目与标准，编制包含有电缆周巡视、月检查和半年检修内容的年、月表，定期检查电缆的维护质量和安全防护措施的落实。

第 14 条　运输段通信、信号车间（工队）负责贯彻落实电缆维护管理细则，组织落实年、月表、电缆承包责任制和组织实施电缆的半年检修，并每季不少于一次对管内电缆径路进行徒步检查。半年检修的主要内容为：对电缆进行集中维护，包括培土、下落、更换（补充）埋设标、防护牌以及箱盒内外的整治。半年检修影响设备使用的，应纳入"天窗修"计划或单独提报施工计划。

第 15 条　工区负责电缆的维护管理，实行周巡视、月检查、半年检修制度，信号、通信车间（工队）干部针对半年度检修内容进行跟表写实。周巡视站内每周进行一次，代维站每周巡视一次，区间每周进行一次。月检查由工区工长负责，每月对管内电缆检查一次，周巡视和月检查的主要内容为：电缆径路上是否有施工、取土、明火、垃圾覆盖以及标石、标牌和箱盒的外观状态。

第 16 条　每月运输段有关专业技术人员应对区间和站场的电缆径路进行外部状态检查。

第 17 条　进行电缆周巡视、月检查、半年检修时，要严格执行有关防护制度，确保人身安全。

第四章　特殊地段电缆的专项整治

第 18 条　桥涵电缆专项整治：

对过桥涵电缆径路在既有防护的基础上，进行二次贯通式防护，即：用砖、沙、水泥砌电缆槽道，槽道内添沙，上部用砖封盖，外部用水泥包封，包封厚度不少于 10 mm。特别是对出入地面和不同防护地段的连接处（包括桥涵外挂电缆出入口），要延伸至地面以下不少于 30 cm 处，以达到防护的目的。

第 19 条　隧道电缆专项整治：

1. 对于既有过隧电缆沿洞壁吊挂的方式，采用两端隧道入口处水泥槽防护，再由钢管至地面以上 2.5 m 高度，对隧道口的垂直防护钢管用水泥、沙子、砖进行包封至钢管上端（应注意建筑限界并征求运输段工务专业意见），对于隧道内部吊挂电缆高度低于 2.5 m 的处所，处理方式有两种：一是要停用点，对电缆进行割接加长，以满足吊挂高度；二是做电缆槽，对既有电缆用铁皮做电缆槽进行封盖并固定在墙上。

2. 隧道线间过轨电缆，现有电缆用钢管防护的用水泥包封，未做任何防护的地段，采用膨胀螺栓将绝缘材料的电缆防护槽固定在轨枕板上的方式进行防护。

3. 隧道内既有电缆槽为盖板式的，要对电缆槽内进行贯通填沙并补齐盖板，以起到防火的作用。

第 20 条　桥梁电缆专项整治：

1. 对既有过桥电缆槽丢失的要立即进行补充，并在所有电缆槽盖的两端加装防盗紧固卡。电缆槽在桥梁防护栏杆中间的，用卡子上下紧固。

2. 桥上信号点电缆余量全部放到电缆槽中，在出槽处至设备防护管用电缆槽对向扣紧，在电缆槽出口处与旧电缆槽连接固定，设备端的电缆槽在桥上固定，中间用防盗卡子紧固。对于桥上信号点间较短距离的电缆也要用膨胀螺栓将绝缘材料的电缆防护槽固定在轨枕板上的方式进行防护。

第五章　安全防护

第 21 条　信号、电缆工区人员在巡视时发现电缆径路上的施工、取土、明火燃烧、倾倒垃圾等危及电缆安全的问题时，要及时制止、及时防护、及时报告。

第 22 条　现场信号、电缆工区要自觉履行站区管理中设备维护部门的责任，在加大安全防护力度，确保自身设备安全运用的同时，按规定向车站、工务专业部门提报电缆位置示意图，配合车站和工务专业部门共同做好设备的安全防护。

第 23 条　信号、电缆工区值班人员要保持高度警觉，随时注意站场内的变化情况，及时察觉站场内危及电务设备的施工迹象或施工作业，发现问题及时出动，采取果断措施予以制止，并迅速将情况向上级和站区负责人以及驻站民警报告。

第 24 条　施工中的电缆防护必须符合以下要求：

1. 组织好施工调查。由运输段和施工单位配合共同进行，明确施工时间、地点、范围，确定对电缆的影响程度。

2. 签订安全协议。根据施工工作量的调查，运输段与施工单位签订安全协议，明确双方责任、权利、义务，明确信号、通信电缆的防护方案及监控措施，按规定收取施工安全风险抵押金，安全协议签订后，运输段必须将协议抄送相关电务维修车间（工队）和信号、电缆工区。

3. 实施电缆防护。运输段要组织施工单位共同进行电缆径路的确认、划线或采取其他安全防护措施，必要时安装电缆防护标牌。负责电缆防护的监控人员要按安全协议的要求，全过程进行现场监控，不得迟到和擅自离岗。

4. 施工期间，运输段电务专业部门要增加电缆测试次数，尽早发现并处理电缆绝缘不良隐患。

5. 运输段电务专业部门各级人员在检查工作中，发现施工或其他危及电缆运用的问题时，要立即通知相关工区采取措施，并及时将情况报告运输段生产调度。

第六章　责任追究

第 25 条　因以下问题造成信号、通信电缆损坏时应追究有关人员的主要或重要责任：

1. 施工地段的电缆径路位置提供不准确。

2. 运输段电务专业监控人员未按规定进行现场监控或监控未认真履行职责。

3. 无安全协议擅自配合施工单位进行施工。

4. 信号、电缆工区巡视工作不到位，没有及时发现危及电缆的施工作业或其他问题，造成电缆损坏。

第 26 条　因下列原因造成电缆损坏时应追究有关人员的重要或一定责任：

1. 施工单位在站场内无计划或超计划施工，事前没有通知运输段电务专业部门。

2. 其他突发性损坏信号、通信电缆的事件。

3. 责任追究规则由各运输段根据有关规定自行制定，做到责、权、利统一，奖罚分明、奖罚适度。

4. 神朔铁路分公司根据信号、通信电缆受损及故障抢修的具体情况追究相关领导干部的责任。

第七章　附　则

第 27 条　本规则未尽事宜，按照铁路系统相关文件规定执行。

第 28 条　运输段应根据本规则制定具体的实施细则，本办法自发布之日起执行。

附　件

南坡底站 3DG 区段漏解锁登记管理规则

电气集中联锁车站，信号控制台或显示器上的轨道电路区段出现应当解锁而未解锁的白光带时，按设备故障必须进行登记，但河东运输段南坡底站 3DG 区段为进站信号机内方第一个道岔轨道电路区段，在车站向封锁区间按调车进路（行调同意）安排路用列车进入区间进行检修或施工等作业时，在路用列车全部进入区间后，调车进路末端 3DG 区段遗留白光带，因此车站仍应登记并写明有关情况，但不按故障区段掌握，并纳入站细管理。本规则自发布之日起执行。

第二十编 电动转辙机挤切销管理规则

为了规范电动转辙机挤切销（含连接销）的管理，根据《信号维护规则》和运输段的实际状况，对运输段特制定《神朔铁路分公司电动转辙机挤切销（含连接销）管理规则》，望各运输段认真贯彻执行。本规则包括电动转辙机挤切销（含连接销）技术标准、计划、管理、出所打号管理、施工更换、备用挤切销（含连接销）管理，适用于运输段各车间、工区对电动转辙机挤切销（含连接销）的管理。

第一章 电动转辙机挤切销（含连接销）技术标准

第 1 条 ZD6 系列电动转辙机挤切销（含连接销）技术标准 ZD6 系列电动转辙机内所使用的挤切销和连接销须严格按《信号维护规则》的要求执行（见表 20-1）。

表 20-1 ZD6 系列电动转辙机挤切销技术标准

名 称		抗剪切力 N	ZD6-D	ZD6-E	ZD6-F	ZD6-G	ZD6-H	ZD6-J
挤切销	3t	29420±1961	主、副	—	主	主	主、副	主、副
连接销	5t	49033±3266	—	主	副	副	—	—
	9t	>88254	—	副	—	—	—	—

注：3t 为有孔销，5t 为无孔销，9t 为椭圆销。

第二章 计划管理

第 2 条

1. 正线道岔及复式交分道岔的 ZD6 系列电动转辙机挤切销主销每半年更换一次；侧线道岔的 ZD6 系列电动转辙机挤切销主销每年一次；副销每年检查一次，不良更换。

2. 对重点道岔需缩短更换周期的，由运输段现场车间提出建议，生产技术部备案后执行。

3. 现场发现有伤痕或裂纹时应及时更换，发现运用挤切销非正常断裂等异常状态的，要逐级记录并统计分析。

4. 挤切销和连接销不得混用，主副挤切销规格应符合规定。

第 3 条 计划提报

1. 检修车间根据管内电动转辙机的运用数量，在年初的材料提报中提出管内电动转辙机挤切销材料计划上报运输段生产技术部。经运输段生产技术部电务主管审核后报分公司物资管理部，由物资管理部按规定进行采购。

2. 物资管理部应按物资规定的进货渠道进行采购；挤切销、连接销必须采用前铁道部和集团公司认定的生产厂家质量良好的产品，每次进货对授权生产厂家进行查验授权书及相关证件，供货厂家应符合物资进货的规定，且信誉良好。

3. 严格挤切销产品的定点采购和使用管理，应采用挤切销授权指定生产厂家的产品。凡没有厂名标记或几何尺寸不符标准的挤切销一律不准使用。

4. 严格按前铁道部规定的 ZD6 系列转辙机的挤切销标准使用，不得任意改变挤切销使用规格。

5. 物资管理部应于每年的 2 月、8 月将计划更换的挤切销发放至运输段检修车间。

第三章 挤切销的管理

第 4 条 运输段对买回来的挤切销必须编号后才能上道使用，由检修车间、现场车间应建立管内电动转辙机挤切销管理台账，台账应包括设备名称、类型、使用地点、更换时间、挤切销编号等内容并记录清楚，挤切销管理台账检修车间、现场车间留存。当管内设备发生变化时，检修车间、现场车间应及时对台账进行修订。凡更换下来的挤切销不得再用。

第 5 条 检修车间在接到物资管理部发放的挤切销后，对数量型号进行核实，并进行打号、发放。主挤切销的打号在挤切销平台上打钢印，深度不得大于 0.5 mm，编号时不得影响挤切销的外形尺寸。

1. 道岔主挤切销编号：

××（年度）—1，为上半年。××（年度）—2，为下半年。

2. 备用挤切销编号：统一打"B"字样，各站存放在机械室，每月检查一次，每种型号备用三个。

第 6 条 凡经综合工队或检修车间修配所检修测试的转辙机，必须严格检验主副销孔径的尺寸，保证动作杆与齿条块相对的轴向位移量和动作杆圆周方向的转动量均不大于0.3 mm 的要求，避免挤切销使用时所承受的冲击剪切力，安装挤切销时应涂上润滑油。

第 7 条 因故障需要更换电动转辙机整机或因挤切销断裂需更换挤切销时，检修车间在得到运输段电务调度通知后应按照电动转辙机台账，补充备用挤切销。

第 8 条 出所的挤切销由运输段检修车间与现场车间填写交接单一式二份，检修车间与现场车间各留一份，经双方确认挤切销数量、型号、编号无误后确认、签名。

第 9 条 更换完的挤切销（含故障更换的挤切销）以现场车间为单位收集交检修车间，双方填写交接单一式二份，检修车间与现场车间各留一份，经检修车间确认所移的交挤切销与发放的挤切销数量、型号、编号相同时，方可签认收留，否则，不予签认收留。回收的挤切销由检修车间负责销毁、不得遗留。

第 10 条 轮修的电动转辙机出所时，检修车间不带主挤切销，现场车间更换时将原旧电动转辙机内主销安装到新电动转辙机内。

第 11 条　运输段现场车间负责组织、落实挤切销的更换；挤切销的更换按三级施工掌握。

第 12 条　运输段现场车间要根据挤切销台账，对所发放的挤切销进行核实，确认无误。

第 13 条　工区要制定更换挤切销施工安全措施，经现场车间审核批准后，方可实施。更换挤切销时，须要死点进行，并严格执行先扳后摇制度。更换挤切销使用的手摇把，必须向运输段电务调度要号。

第 14 条　在工作日志中要写明更换挤切销的道岔号码及更换负责人、复查人。

第 15 条　填写器材更换台账。

第 16 条　对更换下的挤切销，作业人员每日工作完后交工长保管，挤切销全部更换完后，由工长收齐交现场车间。

第 17 条　运输段现场车间负责将更换下的挤切销，在更换月的月底交检修车间，除急备挤切销外不得保留。

第 18 条　对于非正常切断的挤切销，应进行分析并了解道岔状态；将切断的挤切销保存，及时通知生产厂家确认分析。

第 19 条　各工区在更换挤切销时，要对换下的挤切销仔细检查有无伤痕，有伤痕的记录在检修记录内，及时汇报车间分析，组织整治道岔，消除隐患。车间汇总后月底前报运输段生产技术部电务主管备案。

第 20 条　加强工电联合整治道岔，积极消除道岔病害。

第四章　急备挤切销的管理

第 21 条　急备挤切销由检修车间根据管内站场数量，按每一站场不同型号各备 2 个的原则，对管内急备挤切销进行配置。

第 22 条　工区的急备挤切销装在挤切销专用加封袋里，由现场车间进行密封和签字后，放在机械室急备器材箱柜里。

第 23 条　发生挤切销断裂或不良时，需要使用急备挤切销时，由工区向运输段电务调度要命令，方可使用急备挤切销，并向车间汇报，在工作日志记录，注明更换日期、道岔号码、原因；更换下来的故障挤切销由现场车间交运输段电务调度，由运输段安全质量管理部进行分析，段电务调度参与，根据运输段调度通知，在检修车间领取备用挤切销，装入急备挤切销专用袋内封存。

第五章　检查与考核

第 24 条　对未按要求进行挤切销更换的，运输段要组织进行分析，查找安全生产过程中存在的问题，找出存在的原因，并对责任车间、责任人按运输段有关规定进行考核。

第 25 条　本规则自发行之日起施行。

附　件

附件1

启用公司信号联锁试验任职资格的管理规则

公司信号联锁培训领导组在 2015 年 12 月、2016 年 1 月份，分四期组织进行的电务信号联锁试验任职资格培训工作已结束。经过严格的脱产培训、考核、考试（考试合格成绩 85 分）以及验证审核后，聂军、张廷俊、李玉俊等 61 人取得了信号联锁试验任职资格证书（见附件）。证书取得人员可以按照资格等级分别从事管内Ⅲ级及以上施工方案、信号Ⅱ级维修及以上的安全组织措施制订和进行Ⅲ级及以上施工、信号Ⅱ级维修及以上的联锁试验指挥操作等工作。信号联锁试验任职资格培训原则上每两年进行一次培训验证审核。联锁试验任职资格起算时间为 2016 年 1 月 28 日。凡未经培训、考试取得相应等级任职资格证书的信号管理及操作人员，不得从事信号联锁试验工作。资格证书低级试验人员不能代替高级试验人员进行联锁试验校核工作。其他未参加信号联锁试验任职资格培训或虽经培训，但考试成绩未获得通过的人员，不予配发信号联锁试验任职资格证书。因从事信号工作岗位变动，相应的安全职责随之发生变化，且经过信号联锁试验任职资格培训、考试成绩合格，前期所颁发的任职资格证书与后期所从事的工作不相称，应重新配发信号联锁试验任职资格证书。希望各单位加强联锁管理，认真遵照执行。原《关于启用分公司信号联锁试验资格任职的通知》（神朔运管〔2014〕18 号）废止。

附件2

朱盖塔车站与朱盖塔机务折返段场联电路按调车线办理的管理规则

中铁第五勘察设计院：

神朔铁路分公司朱盖塔车站与朱盖塔机务折返段场间联系电路的设计，虽然符合铁路信号联锁电路的设计安全原则，但按场间联系电路办理作业，严重影响朱盖塔机务折返段机车出入库作业效率，不利于神朔铁路运输组织的优化和运能的提高。为了提高运输效率、优化运输组织方式，结合现场实际情况和神朔铁路运输需要，提出以下改进方案：

一、朱盖塔车站与朱盖塔机务折返段的场间联系电路按调车线作业办理，机车出入朱盖塔机务折返段凭信号显示进出；

二、2013 年 12 月 10 日前，将朱盖塔车站与朱盖塔机务折返段计算机联锁软件修改完毕，以满足开通后的运输需求。

附件3

启用"新-孤"闭塞分区上行线 L2、L3 信息码的管理规则

调度指挥中心、机务段、河西运输段：

为了提高运输通过能力，保证行车安全，在维持既有三显示自动闭塞制式不变的前提

下，参照铁路行业标准《机车信号信息定义及分配》（TB/T 3060—2016）规定，为神朔线"新-孤"闭塞分区特殊困难区段长大下坡道增加了机车运行监控装置（LKJ）L2、L3信息码。该改造工程已施工完毕，系统设备经验收合格，具备开通条件，计划2017年3月26日开通，现将相关内容明确如下：

一、列车运行监控装置L2信息码含义。

准许列车按规定速度运行，表示列车运行前方有3个闭塞分区空闲，机车运行监控装置LKJ显示一个带"2"字绿色灯光。

二、列车运行监控装置L3信息码含义。

准许列车按规定速度运行，表示列车运行前方有4个闭塞分区空闲，机车运行监控装置LKJ显示一个带"3"字绿色灯光。

三、当列车运行前方有两个闭塞分区空闲不显示L2或L3信息码时，或遇监控装置显示器显示L2、L3信息码故障时。

1. 列车运行按三显示自动闭塞区段运行。

2. 为保证列车运行安全，允许"3+0"单元万吨列车在新城川出站调速制动后停车缓解。

四、请上述单位根据L2、L3信息码所表述的含义，组织运输生产，制定并细化机车操纵规则，确保神朔铁路运输生产有序可控。

五、本规则纳入《神朔铁路行车组织规则》第155条。

六、3月26日天窗点毕，新城川站内上行正线、新城川至孤山川区间上行线增加L2、L3码信息；

七、新城川至孤山川区间上行线增加L2、L3码信息范围为K64+289M（不含）至K80+297M（含）；

八、具体开通时间以神朔铁路分公司调度指挥中心命令为准。

九、将此管理规则抄送太原铁路局、西安铁路局。

附件4

新建店塔车站与神木北站接近区段重叠问题处理的管理规则

西延铁路公司准神铁路建设指挥部：

你公司《关于新建店塔车站与神木北站接近区段重叠问题处理的函》[西延准神指函（2014）05号]收悉。经研究，现将有关意见函复如下：

一、原则同意"因店塔站线路所改造引起的神木北站对神延方向预告信号机、接近区段远端轨道箱向神木北站内方向迁改"。迁改必须符合铁路相关行业最新设计、安全、施工、技术、维护标准。

二、不同意"因店塔站线路所改造引起的神木北站与店塔站接近区段重叠"的意见。要求两站接近区段间必须留有不少于25m长的安全隔离区段，利于两站各自信号设备的养护维修、故障处理、电气特性标调，防止相互干扰。

三、因店塔站线路所改造引起的神木北站相关设备施工必须按照规定办理，并负责所产生的各项费用，河西运输段负责具体配合。

四、请西延铁路公司安排专人负责与洽谈、明确设备维护、安全责任分界点。

五、设备分界情况详见附件。

第二十一编　信号专业技术管理规则

摘自《铁路总公司普速铁路技术管理规程》
电务部分

第一章　一般要求

第1条　为保证信号设备的质量，应设电务段或运输段等电务维修机构。电务段或运输段管辖范围应根据信号设备等条件确定。

第2条　电务维修机构应具备设备检修、修配、测试场所，配置相应的仪器仪表、工装机具以及交通工具、应急通信设备等。

在动车组、机车和轨道车的检修地点应设列控车载设备、机车信号、列车运行监控装置（LKJ）、轨道车运行控制设备（GYK）设备等检修与测试场所。设有车辆减速器的驼峰调车场应设驼峰机械修配场所。

铁路电务设备维护工作应按设备技术状态进行维修，并按周期进行中修和大修。电务车载设备结合动车组、机车和轨道车各级检修修程，同步进行检修。

第3条　对设有加锁加封的信号设备，应加锁加封，必要时可设置计数器，使用人员应负责其完整。对加封设备启封使用或对设有计数器的设备每计数一次时，使用人员均须在《行车设备检查登记簿》内登记，写明启封或计数原因。加封设备启封使用后，应及时通知信号部门加封。

使用计算机技术控制的信号设备实现加锁加封功能时，应使用密码方式操作。

第4条　集中联锁车站和自动闭塞区段应装设信号集中监测系统，对信号设备运用状态进行实时监测，实现故障及超限告警。

第5条　信号设备及机房，应采取综合防雷措施，设置机房专用空调。信号设备应装有防止强电及雷电危害的浪涌保护器等保安设备，电子设备应符合电磁兼容有关规定。

第6条　机车信号设备、列车运行监控装置（LKJ）、轨道车运行控制设备（GYK）等的电源，均应取自车上直流控制电源系统，直流输出电压为110 V时，电压波动允许范围为 −20% ~ +5%。

第二章　信　号

第7条　信号装置一般分为信号机和信号表示器两类：

信号机按类型分为色灯信号机、臂板信号机和机车信号机。信号机按用途分为进站、出站、通过、进路、预告、接近、遮断、驼峰、驼峰辅助、复示、调车信号机。

信号表示器分为道岔、脱轨、进路、发车、发车线路、调车及车挡表示器。

第8条 各种信号机及表示器，在正常情况下的显示距离：

1. 进站、通过、接近、遮断信号机，不得小于 1 000 m。

2. 高柱出站、高柱进路信号机，不得小于 800 m。

3. 预告、驼峰、驼峰辅助信号机，不得小于 400 m。

4. 调车、矮型出站、矮型进路、复示信号机，容许、引导信号及各种表示器，不得小于 200 m。

在地形、地物影响视线的地方，进站、通过、接近、预告、遮断信号机的显示距离，在最坏的条件下，不得小于 200 m。

第9条 铁路信号机应采用色灯信号机。色灯信号机应采用高柱信号机，在下列处所可采用矮型信号机：

1. 不办理通过列车的到发线上的出站、发车进路信号机。

2. 道岔区内的调车信号机及驼峰调车场内的线束调车信号机。

3. 自动闭塞区段，隧道内的通过信号机。

特殊情况需设矮型信号机时，须经铁路局批准。

第10条 信号机设在列车运行方向的左侧或其所属线路的中心线上空。反方向运行进站信号机可设在列车运行方向的右侧；其他特殊地段因条件限制，需设于右侧时，须经铁路局批准。

在确定设置信号机地点时，除满足信号显示距离的要求外，还应考虑到该信号机不致被误认为邻线的信号机。

第11条 车站必须设进站信号机。进站信号机应设在距进站最外方道岔尖轨尖端（顺向为警冲标）不小于 50 m 的地点，因调车作业或制动距离需要延长时，一般不超过 400 m。

双线自动闭塞区间反方向进站信号机前方应设置预告标。

第12条 在车站的正线和到发线上，应设出站信号机。出站信号机应设在每一发车线的警冲标内方（对向道岔为尖轨尖端外方）适当地点。

在调车场的编发线上，必要时可设线群出站信号机。

第13条 通过信号机应设在闭塞分区或所间区间的分界处。自动闭塞区段的通过信号机，不应设在停车后可能脱钩、牵引供电分相的处所，也不宜设在起动困难的地点。

自动闭塞区段信号机设置位置和显示关系应根据列车牵引计算确定，并应满足列车运行速度规定的制动距离和线路通过能力的要求。

在自动闭塞区段内，当货物列车在设于上坡道上的通过信号机前停车后起动困难时，在该信号机上应装设容许信号。在进站信号机前方第一架通过信号机上，不得装设容许信号。

在三显示自动闭塞区段的进站信号机前方第一架通过信号机柱上，应涂三条黑斜线；

四显示自动闭塞区段的进站信号机前方第一、第二架通过信号机的机柱上，应分别涂三条、一条黑斜线。

第14条　有人看守道口设遮断信号机；在有人看守的桥隧建（构）筑物及可能危及行车安全的坍方落石地点，根据需要设遮断信号机。该信号机距防护地点不得小于50 m。

第15条　半自动闭塞、自动站间闭塞区段，进站信号机为色灯信号机时，设色灯预告信号机或接近信号机。

遮断信号机和半自动闭塞、自动站间闭塞区段线路所通过信号机，设预告信号机。

列车运行速度不超过120 km/h的区段，预告信号机与其主体信号机的安装距离不得小于800 m，当预告信号机的显示距离不足400 m时，其安装距离不得小于1 000 m。

列车运行速度超过120 km/h的区段，设置两段接近区段，在第一接近区段和第二接近区段的分界处，设接近信号机，在第一接近区段入口内100 m处，设置机车信号接通标。

第16条　特殊地段因条件限制，同方向相邻两架指示列车运行的信号机（预告、遮断、复示信号机除外）间的距离小于制动距离时，按下列方式处理：

1. 在列车运行速度不超过120 km/h的区段，当两架信号机间的距离小于400 m时，前架信号机的显示，必须完全重复后架信号机的显示；当两架信号机间的距离在400 m及以上，但小于800 m时，后架信号机在关闭状态时，则前架信号机不准开放。

2. 在列车运行速度超过120 km/h的区段，两架有联系的信号机间的距离小于列车规定速度级差的制动距离时，应采取必要的降级或重复显示措施。

第17条　出站信号机有两个及以上的运行方向，而信号显示不能分别表示进路方向时，应在信号机上装设进路表示器。

发车进路兼出站信号机，根据需要可装设进路表示器，区分进路方向。

双线自动闭塞区段，有反方向运行条件时，出站信号机设进路表示器。

第18条　发车信号辨认困难的车站，在便于司机瞭望的地点可装设发车表示器。

第19条　为满足调车作业的需要，应设调车色灯信号机。

在作业繁忙的调车场上，因受地形、地物影响，调车机车司机看不清调车指挥人的手信号时，设调车表示器。

第20条　设有线群出站信号机时，在线群每一条发车线路的警冲标内方适当地点，装设发车线路表示器。

第21条　设有两个及以上车场的车站，转场进路应设进路色灯信号机。

第22条　进站及接车进路色灯信号机，均应设引导信号。

第23条　驼峰应装设驼峰色灯信号机。驼峰色灯信号机可装设驼峰色灯辅助信号机。驼峰色灯信号机或辅助信号机的显示距离不能满足推峰作业要求时，根据需要可再装设驼峰色灯复示信号机。

驼峰色灯辅助信号机，可兼作出站或发车进路信号机，并根据需要装设进路表示器。

第24条　进站、出站、进路信号机及线路所通过信号机，因受地形、地物影响，达不到规定的显示距离时，应设复示信号机。

设在车站岔线入口处的调车色灯信号机，达不到规定的显示距离时，根据需要可设调车复示信号机。

第25条　非集中操纵的接发车进路上的道岔，装设道岔表示器，集中操纵的道岔、调车场及峰下咽喉的道岔，不装设道岔表示器；其他道岔根据需要装设道岔表示器。

集中联锁调车区进行连续溜放作业的分歧道岔，设道岔表示器。

集中联锁以外的脱轨器及引向安全线或避难线的道岔，设脱轨表示器。

第三章　联　锁

第26条　联锁设备分为集中联锁（计算机联锁和继电联锁）和非集中联锁（色灯电锁器联锁和臂板电锁器联锁）。

编组站、区段站和电源可靠的其他车站，采用集中联锁。列车调度指挥系统（TDCS）和调度集中系统（CTC）区段，车站应采用集中联锁。

第27条　站内正线及到发线上的道岔，均须与有关信号机联锁。区间内正线上的道岔，须与有关信号机或闭塞设备联锁。各种联锁设备（驼峰除外）应满足下列条件：

1. 当进路上的有关道岔开通位置不对或敌对信号机未关闭时，防护该进路的信号机不能开放；信号机开放后，该进路上的有关道岔不能扳动，其敌对信号机不能开放。

2. 半自动闭塞、自动站间闭塞及三显示自动闭塞区段，正线上的出站信号机未开放时，进站信号机不能开放通过信号；主体信号机未开放时，预告信号机不能开放。

3. 装有转换锁闭器，电动、电液转辙机的道岔，当第一连接杆处（分动外锁闭道岔为锁闭杆处）的尖轨与基本轨间、心轨与翼轨间有 4 mm 及以上水平间隙时，不能锁闭或开放信号机。

4. 区间辅助所内正线上的道岔，未开通正线时，两端站不能开放有关信号机。设在辅助所的闭塞设备与有关站闭塞设备应联锁。

第28条　集中联锁设备应保证：当进路建立后，该进路上的道岔不能转换；当道岔区段有车占用时，该区段的道岔不能转换；列车进路向占用线路上开通时，有关信号机不能开放（引导信号除外）；能监督是否挤岔，并于挤岔的同时，使防护该进路的信号机自动关闭，被挤道岔未恢复前，有关信号机不能开放。

集中联锁设备，在控制台（或操纵、表示分列式的表示盘及监视器）上应能监督线路与道岔区段是否占用、进路开通及锁闭，复示有关信号机的显示。

第29条　非集中联锁设备，应保证车站值班员能控制接、发车进路和信号机的开放与关闭。

非集中联锁设备，在控制台上应有接、发列车的进路开通表示；采用色灯电锁器联锁时，还应有进站信号机的开放、关闭和出站信号机、引导信号的开放表示；到发线设有轨道电路时，应有到发线的占用表示。

第30条　在作业繁忙的调车区域，根据需要，可采用调车区集中联锁。

第 31 条　信号设备联锁关系的临时变更或停止使用，须经铁路局批准。

第四章　闭　塞

第 32 条　闭塞设备分为自动闭塞、自动站间闭塞和半自动闭塞。具体设置条件如下：

1. 在单线区段，应采用半自动闭塞或自动站间闭塞，繁忙区段可根据情况采用自动闭塞。
2. 在双线区段，应采用自动闭塞。

在一个区段内，原则上应采用同一类型的闭塞方式。

第 33 条　在列车运行速度超过 120 km/h 的双线区段，采用速差式自动闭塞，列车紧急制动距离由两个及以上闭塞分区长度保证。

第五章　列车调度指挥系统、调度集中系统

第 34 条　铁路运输指挥应采用列车调度指挥系统（TDCS）或调度集中系统（CTC）。

第 35 条　TDCS 由铁路总公司、铁路局、车站三级构成，应能实时自动采集列车运行及现场信号设备状态信息，并传送到铁路总公司调度指挥中心和铁路局调度所，完成列车运行实时追踪、无线车次号校核、自动报点、正晚点统计分析、交接车自动统计、列车实际运行图自动绘制、阶段计划人工和自动调整、调度命令及行车计划下达、站间透明、行车日志自动生成等功能，实现各级运输调度的集中管理、统一指挥和实时监督。

TDCS 应能满足高安全、高可靠、高实时性的要求，建立维护管理体制，保证设备正常使用。

第 36 条　TDCS 配置独立的处理平台，关键设备采用冗余配置。TDCS 采用独立的业务专网，铁路总公司调度指挥中心、铁路局调度所及车站采用双局域网。各级局域网通过专用数字通道组成双环形广域网。

第 37 条　CTC 由铁路局、车站两级构成。CTC 除实现 TDCS 的全部功能外，还应实现列车编组信息管理、调车作业管理、综合维修管理、列车/调车进路人工和计划自动选排、分散自律控制等功能。

调度集中区段，车站应设集中联锁，区间应设自动闭塞或自动站间闭塞。

调度集中系统原则上应将同一调度区段内、同一联锁控制范围内所有车站（车场、线路所）的信号、联锁、闭塞设备纳入控制范围。调度集中区段的两端站、编组站、区段站，以及调车作业较多、有去往区间岔线列车或中途返回补机的中间站，可不列入调度所中心控制，应能通过调度集中车站终端进行自动或人工控制。

CTC 应具备分散自律控制和非常站控两种模式。分散自律控制模式是通过调度集中设备，实现进路自动和人工办理的模式；非常站控模式是遇行车设备故障、施工、维修需要时，脱离调度集中系统控制转为车站联锁控制台人工办理的模式。

第 38 条　CTC 配置独立的处理平台，设备采用冗余配置，通信协议与 TDCS 一致。CTC 采用独立的业务专网，各级采用双局域网并通过专用数字通道组成双环形广域网。

第 39 条 CTC/TDCS 与 GSM-R 数字移动通信系统或列车无线调度通信设备结合，实现调度命令、接车进路预告信息、调车作业通知单等向司机的传送，并能通过无线通信系统获取车次号校核、调车请求及签收回执等信息。

第六章 机车信号、列车运行监控装置、轨道车运行控制设备

第 40 条 最高运行速度不超过 160 km/h 的机车，机车信号设备与列车运行监控装置（LKJ）结合使用，轨道车等自轮运转特种设备使用轨道车运行控制设备（GYK）。

第 41 条 机车信号分为连续式和接近连续式。自动闭塞区段应装设连续式机车信号，半自动闭塞和自动站间闭塞区段应装设接近连续式机车信号。

车站正线、到发线应实现电码化或采用与区间同制式轨道电路。

机车信号的显示，应与线路上列车接近的地面信号机的显示含义相符。机车停车位置，应以地面信号机或有关停车标志为依据。

第 42 条 列车运行监控装置（LKJ）具有监控、记录、显示及报警等功能。

LKJ 软件、基础数据和控制模式设定的管理，按铁路总公司有关规定执行。各机车、动车组运用区段车载数据文件的编制和控制模式的设定和调整,应由铁路局专业机构实施,由铁路局实行集中统一管理。

装备在机车上的 LKJ 设备应按高于线路允许速度 2 km/h 报警、3 km/h 卸载、5 km/h 常用制动、8 km/h 紧急制动设置模式曲线。

LKJ 产生的列车运行记录数据是行车安全分析的重要依据,任何单位和人员不得更改。电务维修机构应妥善保存 LKJ 列车运行记录数据。

第 43 条 轨道车运行控制设备（GYK）具有轨道电路信息接收、运行监控、警醒、数据记录、语音记录及人机交互等功能。

轨道车运行控制设备（GYK）具有正常监控模式、目视行车模式、调车模式、区间作业模式和非正常行车模式等控制模式。

第七章 CTCS-2 级列控系统

第 44 条 CTCS-2 级列控系统基于轨道电路和点式应答器传输行车许可信息，采用目标距离连续速度控制模式监控列车运行。完全监控模式下按高于线路允许速度 2 km/h 报警、5 km/h 常用制动、10 km/h 紧急制动设置模式曲线。

第 45 条 CTCS-2 级列控系统由列控车载设备和地面设备组成。

列控车载设备主要由车载安全计算机、轨道电路信息读取器、应答器信息接收单元、列车接口单元、记录单元、人机界面等部件组成。

列控地面设备由列控中心、临时限速服务器、ZPW-2000 系列轨道电路、应答器等设备组成。

第 46 条　CTCS-2 级区段临时限速服务器集中管理列控限速调度命令，具备列控限速调度命令的存储、校验、撤销、拆分、设置、取消的管理功能，具备列控限速设置时机的辅助提示功能。

第 47 条　CTCS-2 级区段应答器提供线路数据、临时限速、级间转换等信息。应答器组设置、报文定义及组间距离等应满足列控车载设备控车要求。

第 48 条　装备 CTCS-2 级列控车载设备的动车组应装设 LKJ 设备。

第 49 条　CTCS-2 级列控车载设备的控车模式有完全监控、部分监控、引导、目视行车、调车、隔离和待机等模式。

1. 完全监控模式是列车的正常运行模式。列控车载设备根据控车数据自动生成目标距离模式曲线，司机依据人机界面显示的列车运行速度、允许速度、目标速度和目标距离等信息控制列车运行。

2. 部分监控模式是列控车载设备接收到轨道电路允许行车信息，而缺少应答器提供的线路数据或限速数据时使用的模式。在部分监控模式下，限速值为 45 km/h。

3. 引导模式是在进站建立引导进路后，列控车载设备按照最高限速 40 km/h 控车的模式。

4. 目视行车模式是司机控车的固定限速模式，限速值为 40 km/h。列控车载设备显示停车信号停车后，司机按规定操作转入目视行车模式。

5. 调车模式是动车组进行调车作业的固定限速模式，限速值为 40 km/h。司机按压专用按钮使列控车载设备转入调车模式。只有在列车停车时，司机才可以选择进入或退出调车模式。

6. 隔离模式是列控车载设备控制功能停用的模式。列车停车后，根据规定，司机操作隔离装置使列控车载设备转入隔离模式。

7. 待机模式是列控车载设备上电后的默认模式。列控车载设备自检后，自动处于待机模式。在待机模式下，列控车载设备正常接收轨道电路及应答器信息。

第 50 条　CTCS-2 级列控车载设备七种模式之间的转换见表 21-1。

表 21-1　CTCS-2 级列控车载设备七种模式之间的转换

当前模式＼转换模式	待机模式	部分监控模式	完全监控模式	引导模式	目视行车模式	调车模式	隔离模式
待机模式	—	人工/停车	—	—	人工/停车	人工/停车	人工/停车
部分监控模式	人工/停车	—	自动	自动	人工/停车	人工/停车	人工/停车
完全监控模式	人工/停车	自动	—	人工	人工/停车	人工/停车	人工/停车
引导模式	人工/停车	自动	自动	—	人工/停车	人工/停车	人工/停车
目视行车模式	人工/停车	自动	自动	自动	—	人工/停车	人工/停车
调车模式	人工/停车	—	—	—	—	—	人工/停车
隔离模式	人工/停车	—	—	—	—	—	—

第 51 条　信号安全数据网应采用专用光纤、不同物理径路冗余配置，确保列控中心（TCC）、计算机联锁（CBI）和临时限速服务器（TSRS）等信号系统安全信息可靠传输。

第八章　信号集中监测系统

第52条　信号集中监测系统包括站机、采集设备、服务器、各级终端及数据传输设备，应全程联网，实现远程诊断和故障报警功能。

信号集中监测系统监测范围应包括计算机联锁设备、列控地面设备(无源应答器除外)、调度集中设备、电源屏等信号系统设备。

第九章　驼峰信号

第53条　机械化、半自动化、自动化驼峰调车场应采用道岔自动集中；简易、非机械化驼峰调车场，根据需要可采用道岔自动集中。

第54条　半自动化、自动化驼峰由控制系统、基础设备和监测设备构成。根据驼峰的站场布置和作业需要，选择、配置系统设备。

装设集中联锁设备的驼峰头部调车进路（线束溜放区除外）应符合联锁的相关规定。

第55条　设车辆减速器的驼峰，在驼峰信号机前适当地点装设车辆减速器的限界检查器。超限车辆通过时，应使驼峰信号机自动关闭，在控制台（显示屏）上发出相应的表示及音响信号，同时向峰顶发出音响信号。

第56条　驼峰溜放车组速度控制调速制式可采用点式、点连式、连续式。点式采用减速器调速方式，点连式采用减速器-减速顶调速方式，连续式采用减速顶调速方式。

根据车辆减速器和转辙机对动力供应的要求，可设置专用动力站。动力站控制方式应能自动控制或手动控制，保证不间断地向全场供应动力，并应设监测设备。

第57条　驼峰控制台或显示屏上应有信号机的显示状态、道岔位置、轨道电路区段的占用情况及邻接联锁区的有关表示。当装设驼峰道岔自动集中时，应有车组顺序和进路去向的表示。半自动化、自动化驼峰控制台或显示屏上应有自动控制设备的相应表示。

设车辆减速器的驼峰应在控制台或显示屏上表示出车辆减速器的动作状态、轨道电路区段占用情况、车辆实际速度。

设推峰机车遥控的驼峰应在控制台或显示屏上表示出机车动作状态、推峰股道、机车实际速度。

当驼峰信号机由开放转为关闭时，应以音响为辅助信号，通知峰顶调车人员。

第十章　道口自动信号及自动通知

第58条　道口自动信号，应在列车接近道口时，向道路方向显示停止通行信号，并发出音响通知；如附有自动栏杆（门），栏杆（门）应自动关闭。

在列车全部通过道口前，道口信号应始终保持禁止通行状态，自动栏杆（门）应始终保持关闭状态。道口信号设备停用或故障时，应向道口看守人员提示。

道口自动通知（含无线道口报警）设备，应在列车接近道口时，以音响和灯光显示通知道口看守人员。

第十一章　信号线路及其他

第59条　干线、地区及站场的光、电缆宜敷设在预埋管道或预制电缆槽内。调度所、区间信号中继站等重要业务站点宜采用不同物理路由的光缆引入。

铁路信号线路应敷设在铁路线路安全保护区内。

第60条　信号传输线路，可采用电缆、光缆等传输手段。

在最大弛度时，架空光电缆及线条最低点至地面、轨面的一般距离规定如下：

1. 在区间，距地面不小于 3 000 mm。

2. 在站内，距地面不小于 4 500 mm。

3. 跨越道路，距地面不小于 5 500 mm。

4. 在与铁路交叉地点，距钢轨顶面不小于 7 500 mm。

架空线线路下面，地下光缆和电缆线路上面，禁止植树。架空线线路附近的树枝与线条的距离，在市区内不小于 1 000 mm，在市区外不小于 2 000 mm。地下光缆和电缆线路与树木的平行距离，在市区内不小于 750 mm，在市区外不小于 2 000 mm。

在信号线路及设备附近进行施工或作业时，应会同设备维护部门，采取安全防护措施。

第十二章　铁路信息系统

第61条　铁路信息系统是铁路运输生产和经营管理的重要手段。信息系统建设应坚持统一领导、统一规划、统一标准、统一建设、统一管理的原则，做到资源集中、互联互通、信息共享、应用集成、业务协同、安全可靠。

新建和改建铁路建设项目应同期建设配套的信息系统，并同步交付使用。

铁路总公司及铁路局信息化管理部门负责信息化建设与管理，信息技术部门负责信息系统运行维护工作；站、段根据需要设置信息技术部门或专职人员负责信息系统运行维护工作。

第62条　信息系统建设应符合铁路信息化规划，实行立项申请、方案评审、可研设计、工程实施、竣工验收等建设流程。承担铁路信息系统设计、研发和施工的单位应符合国家规定的相关资质条件。

信息系统投入使用前应按规定进行测试、评审。投入使用后的系统变更及应用软件修改应按规定程序进行审批、测试、验证，并建立档案，实行版本管理。

第63条　信息系统设备按其用途和性质分为两类。

1. 一类设备：用于铁路运输生产和经营管理并且要求不间断运行的系统设备，主要为服务器端设备、网络设备和要求不间断运行的客户端设备等。

一类设备应具有高可用性和高可靠性，采用冗余和备份配置，采用监控诊断、数据备份与恢复、安全防护等技术措施和设备，应提供 $7 \times 24\,h$ 技术支持与维护服务，保证系统安全可靠运行。

2. 二类设备：一类设备之外的其他设备。

二类设备应配备一定比例的备用设备，采用相应的安全防护技术措施和设备，应提供不低于 $5 \times 8\,h$ 技术支持与维护服务，保证设备的正常使用。

信息系统设备功能、性能和容量应满足当前需要并考虑适量预留。

第 64 条 铁路信息网络由铁路总公司、铁路局、站段三级局域网及其互联的广域网构成。铁路总公司、铁路局局域网分为安全生产网、内部服务网和外部服务网，站段局域网分为安全生产网、内部服务网。直接关系铁路运输生产的信息系统应部署在安全生产网，为铁路内部提供一般性服务的信息系统应部署在内部服务网，为社会提供公共服务的应用系统应部署在外部服务网。

安全生产网与内部服务网间实行逻辑隔离。安全生产网、内部服务网与外部服务网间实行安全隔离。禁止安全生产网和内部服务网直接与互联网连接，禁止外部服务网用户和设备直接访问安全生产网、内部服务网资源。

除国家有特殊要求的，不单独组建铁路业务专网。

第 65 条 应保证信息系统数据的安全、真实、准确、完整、有效，建立数据保存、备份、查询和销毁制度。

应确定合理的数据保存周期。重要数据的备份应异地存放。有保密要求的数据必须采取保密措施。应保护业务活动中收集、使用和产生的公民个人电子信息。

第 66 条 应加强铁路信息安全管理，建立信息安全保障体系，采用相应的安全技术措施和管理措施，对信息系统进行安全保护。实行信息安全等级保护制度。实施信息安全风险管理，加强集中管控和实时监测。定期进行安全检查和安全测评，严格对第三方服务的管理与控制。按国家有关规定和业务运营需要，设置灾难恢复系统。制定相应的应急预案，定期开展应急演练。

第 67 条 信息系统机房建设应符合国家相关标准，按等级设计、建设和管理。机房温度、湿度、防尘、防火、防雷、防电磁干扰、防静电应达到有关标准。应采用机房专用空调。采取机房环境及电源监控手段，对机房的温度、湿度、空调、不间断电源（UPS）等状况进行统一监控，设置机房门禁系统。重要机房不间断电源（UPS）、空调设备应冗余配置，采用一级负荷供电，满足运用及检修需要。信息配线及设备间应按机房标准建设。

第 68 条 信息系统运行维护工作包括运行调度、系统监控、网络维护、设备维护、软件维护、数据维护、技术支持和资产管理等，实行预防性维护、适应性维护，配备必要的检测设备及工器具，建立完整的技术文档和台账。

应建立运行维护体系，制定运行维护管理制度，实施专业化运维管理。软件纳入资产管理。

重要信息系统停机检修和系统切换应制定严密的实施方案，做好风险评估和应急预案，并履行报批手续。投入运行的信息系统设备不得兼做开发、测试环境。

第十三章　固定色灯信号机

第69条　进站色灯信号机显示下列信号：

1. 三显示自动闭塞、半自动闭塞、自动站间闭塞区段进站色灯信号机。

（1）一个绿色灯光——准许列车按规定速度经正线通过车站，表示出站及进路信号机在开放状态，进路上的道岔均开通直向位置（如图21-1所示）。

（2）一个绿色灯光和一个黄色灯光——准许列车经道岔直向位置，进入站内越过次一架已经开放的信号机准备停车（如图21-2所示）。

图 21-1

图 21-2

（3）一个黄色灯光——准许列车经道岔直向位置，进入站内正线准备停车（如图21-3所示）。

（4）一个黄色闪光和一个黄色灯光——准许列车经18号及以上道岔侧向位置，进入站内越过次一架已经开放的信号机且该信号机防护的进路经道岔直向位置或18号及以上道岔侧向位置（如图21-4所示）。

图 21-3

图 21-4

（5）两个黄色灯光——准许列车经道岔侧向位置[但不满足上述第（4）项条件]进入站内准备停车（见图21-5）。

（6）一个红色灯光——不准列车越过该信号机（见图21-6）。

图 21-5

图 21-6

2. 四显示自动闭塞区段进站色灯信号机：

（1）一个绿色灯光——准许列车按规定速度经道岔直向位置进入或通过车站，表示运行前方至少有三个闭塞分区空闲（见图21-1）。

（2）一个绿色灯光和一个黄色灯光——准许列车按规定速度经道岔直向位置进入站内，表示次一架信号机经道岔直向位置开放一个黄灯（见图21-2）。

（3）一个黄色灯光——准许列车按限速要求经道岔直向位置进入站内正线准备停车（见图21-3）。

（4）一个黄色闪光和一个黄色灯光——准许列车经18号及以上道岔侧向位置，进入站内越过次一架已经开放的信号机且该信号机防护的进路经道岔直向位置或18号及以上道岔侧向位置（见图21-4所示）；

（5）两个黄色灯光——准许列车按限速要求越过该信号机，经道岔侧向位置[但不满足上述第（4）项条件]进入站内准备停车（见图21-5所示）。

（6）一个红色灯光——不准列车越过该信号机（见图21-6所示）。

第70条 进站及接车进路、接发车进路色灯信号机的引导信号显示一个红色灯光及一个月白色灯光——准许列车在该信号机前方不停车，以不超过20 km/h速度进站或通过接车进路，并须准备随时停车（见图21-7）。

第71条 出站色灯信号机显示下列信号。

1. 半自动闭塞或自动站间闭塞区段：

图 21-7

383

（1）一个绿色灯光——准许列车由车站出发（见图21-8）；

图 21-8

（2）两个绿色灯光——准许列车由车站出发，开往次要线路（见图21-9）。

图 21-9

（3）一个红色灯光——不准列车越过该信号机（见图21-10）。

（4）在兼作调车信号机时，一个月白色灯光——准许越过该信号机调车（见图21-11）。

图 21-10

图 21-11

2. 三显示自动闭塞区段：

（1）一个绿色灯光——准许列车由车站出发，表示运行前方至少有两个闭塞分区空闲（见图 21-12）。

图 21-12

（2）一个黄色灯光——准许列车由车站出发，表示运行前方有一个闭塞分区空闲（见图 21-13）。

图 21-13

（3）两个绿色灯光——准许列车由车站出发，开往半自动闭塞或自动站间闭塞区间（见图21-14）。

图 21-14

（4）一个红色灯光——不准列车越过该信号机（见图21-15）。

图 21-15

（5）在兼作调车信号机时，一个月白灯光——准许越过该信号机调车（见图21-17）。

图 21-16

3. 四显示自动闭塞区段：

（1）一个绿色灯光——准许列车由车站出发，表示运行前方至少有三个闭塞分区空闲（见图 21-17）。

图 21-17

（2）一个绿色灯光和一个黄色灯光——准许列车由车站出发，表示运行前方有两个闭塞分区空闲（见图 21-18）。

图 21-18

（3）一个黄色灯光——准许列车由车站出发，表示运行前方有一个闭塞分区空闲（见图 21-19）。

（4）两个绿色灯光——准许列车由车站出发，开往半自动闭塞或自动站间闭塞区间（见图 21-20）。

（5）一个红色灯光——不准列车越过该信号机（见图 21-21）。

（6）在兼作调车信号机时，一个月白色灯光——准许越过该信号机调车（见图 21-22）。

图 21-19

图 21-20

图 21-21

图 21-22

第72条 进路色灯信号机的显示：

1. 接车进路及接发车进路色灯信号机的显示与进站色灯信号机相同。

2. 三显示自动闭塞、半自动闭塞、自动站间闭塞区段的发车进路色灯信号机显示下列信号：

（1）一个绿色灯光——准许列车由车站经正线出发，表示出站和进路信号机均在开放状态（见图 21-23）。

图 21-23

（2）一个绿色灯光和一个黄色灯光——准许列车越过该信号机，表示该信号机列车运行前方次一架信号机在开放状态（见图 21-24）。

图 21-24

（3）一个黄色灯光——准许列车运行到次一架信号机之前准备停车（见图 21-25）。

图 21-25

（4）一个红色灯光——不准列车越过该信号机（见图 21-26）。

图 21-26

3. 四显示自动闭塞区段发车进路色灯信号机显示下列信号：

（1）一个绿色灯光——表示该信号机列车运行前方至少有两架信号机经道岔直向位置在开放状态（见图 21-23）。

（2）一个绿色灯光和一个黄色灯光——表示该信号机列车运行前方次一架信号机经道岔直向位置在开放状态（见图 21-24）。

（3）一个黄色灯光——准许列车运行到次一架信号机之前准备停车（见图 21-25）。

（4）一个红色灯光——不准列车越过该信号机（见图 21-26）。

4. 接车进路、发车进路及接发车进路色灯信号机兼作调车信号机时，一个月白色灯光——准许越过该信号机调车（见图 21-27）。

图 21-27

第 73 条 通过色灯信号机显示下列信号：

1. 半自动闭塞及自动站间闭塞区段

（1）一个绿色灯光——准许列车按规定速度运行（显示方式见图 21-28，但机构为二显示）。

（2）一个红色灯光——不准列车越过该信号机（显示方式见图 21-29，但机构为二显示）。

2. 三显示自动闭塞区段：

（1）一个绿色灯光——准许列车按规定速度运行，表示运行前方至少有两个闭塞分区空闲（见图21-28）。

（2）一个黄色灯光——要求列车注意运行，表示运行前方有一个闭塞分区空闲（见图21-29）。

（3）一个红色灯光——列车应在该信号机前停车（见图21-30）。

图 21-28　　　　　　　　图 21-29　　　　　　　　图 21-30

3. 四显示自动闭塞区段：

（1）一个绿色灯光——准许列车按规定速度运行，表示运行前方至少有三个闭塞分区空闲（见图21-31）。

（2）一个绿色灯光和一个黄色灯光——准许列车按规定速度运行，要求注意准备减速，表示运行前方有两个闭塞分区空闲（见图21-32）。

图 21-31　　　　　　　　　　　　　图 21-32

（3）一个黄色灯光——要求列车减速运行，按规定限速要求越过该信号机，表示运行前方有一个闭塞分区空闲（见图21-33）。

（4）一个红色灯光——列车应在该信号机前停车（见图21-34）。

图 21-33   图 21-34

第 74 条　线路所防护分歧道岔的色灯信号机开放经道岔侧向位置的进路时显示下列信号：

1. 一个黄色闪光和一个黄色灯光——表示分歧道岔为 18 号及以上，开往半自动闭塞或自动站间闭塞区间，或开往自动闭塞区间且列车运行前方次一闭塞分区空闲（见图 21-4）。

2. 不满足上述第 1 款条件时，显示两个黄色灯光（见图 21-5）。

防护分歧道岔的线路所通过信号机，其机构外形和显示方式，应与进站信号机相同，引导灯光应予封闭。该信号机显示红色灯光时，不准列车越过。

第 75 条　容许信号显示一个蓝色灯光——准许列车在通过色灯信号机显示红色灯光的情况下不停车，以不超过 20 km/h 的速度通过，运行到次一架通过信号机，并随时准备停车（见图 21-35）。

第 76 条　遮断色灯信号机显示一个红色灯光——不准列车越过该信号机；不点灯时，不起信号作用（见图 21-36）。

图 21-35   图 21-36

第 77 条　遮断信号机的预告信号机显示一个黄色灯光——表示遮断信号机显示红色灯光；不点灯时，不起信号作用（见图 21-37）。

其他预告色灯信号机显示下列信号：

1. ·个绿色灯光——表示主体信号机在开放状态[见图 21-38（a）]。

2. 一个黄色灯光——表示主体信号机在关闭状态[见图 21-38（b）]。

图 21-37

图 21-38（a）

图 21-38（b）

第 78 条 接近色灯信号机显示下列信号：

1. 一个绿色灯光——表示进站信号机开放一个绿色灯光或一个绿色灯光和一个黄色灯光（见图 21-39）。

2. 一个绿色灯光和一个黄色灯光——表示进站信号机开放一个黄色灯光（见图 21-40）。

3. 一个黄色灯光——表示进站信号机在关闭状态，或表示进站信号机显示两个黄色灯光或一个黄色闪光和一个黄色灯光（见图 21-41）。

图 21-39

图 21-40

图 21-41

第 79 条 遮断及其预告信号机采用方形背板，并在机柱上涂有黑白相间的斜线，以区别于一般信号机（见图 21-36、图 21-37）。

第 80 条 调车色灯信号机显示下列信号：

1. 一个月白色灯光——准许越过该信号机调车（见图 21-42）。

2. 一个月白色闪光灯光——装有平面溜放调车区集中联锁设备时，准许溜放调车（见图 21-43）。

图 21-42

图 21-43

3. 一个蓝色灯光——不准越过该信号机调车（见图 21-44）。

不办理闭塞的站内岔线，在岔线入口处设置的调车信号机，可用红色灯光代替蓝色灯光[见图 21-45（a）]。

图 21-44

图 21-45（a）

图 21-45（b）

图 21-45（c）

起阻挡列车运行作用的调车信号机，应采用矮型三显示机构，增加红色灯光或用红色灯光代替蓝色灯光[见图 21-45（b）、图 21-45（c）]。当该信号机的红色灯光熄灭、显示不明或显示不正确时，应视为列车的停车信号。

第 81 条 驼峰色灯信号机及其复示信号机显示下列信号：

1. 一个绿色灯光——准许机车车辆按规定速度向驼峰推进（驼峰色灯信号机如图 21-46）。

2. 一个绿色闪光灯光——指示机车车辆加速向驼峰推进（驼峰色灯信号机如图 21-47）。

3. 一个黄色闪光灯光——指示机车车辆减速向驼峰推进（驼峰色灯信号机如图 21-48）。

图 21-46 图 21-47 图 21-48

4. 一个红色灯光——不准机车车辆越过该信号机或指示机车车辆停止作业（驼峰色灯信号机如图 21-49）。

5. 一个红色闪光灯光——指示机车车辆自驼峰退回（驼峰色灯信号机如图 21-50）。

6. 一个月白色灯光——指示机车到峰下（驼峰色灯信号机如图 21-51）。

图 21-49 图 21-50 图 21-51

7. 一个月白色闪光灯光——指示机车车辆去禁溜线或迂回线（驼峰色灯信号机如图 21-52）。

驼峰色灯信号机的复示信号机平时无显示（见图 21-53）。当办理驼峰推送进路后，其显示方式与驼峰色灯信号机相同。

第 82 条 驼峰色灯辅助信号机及其复示信号机显示一个黄色灯光——指示机车车辆向驼峰预先推送（驼峰色灯辅助信号机如图 21-54）。当办理驼峰推送进路后，其灯光显示均与驼峰色灯信号机显示相同。

| 图 21-52 | 图 21-53 | 图 21-54 |

驼峰色灯辅助信号机平时显示红色灯光，对列车起停车信号作用。

驼峰色灯辅助信号机的复示信号机平时无显示（见图 21-53）。当办理驼峰推送进路或驼峰预先推送进路后，其显示方式与驼峰色灯辅助信号机相同。

第 83 条 色灯复示信号机分下列几种：

1. 进站、接车进路、接发车进路信号机的色灯复示信号机采用灯列式机构，显示下列信号：

（1）两个月白色灯光与水平线构成 60°角显示——表示主体信号机显示经道岔直向位置向正线接车的信号（见图 21-55）。

（2）两个月白色灯光水平位置显示——表示主体信号机显示经道岔侧向位置接车的信号（见图 21-56）。

（3）无显示——表示主体信号机在关闭状态（见图 21-57）。

| 图 21-55 | 图 21-56 | 图 21-57 |

2. 出站及发车进路信号机的色灯复示信号机显示下列信号：

（1）一个绿色灯光——表示主体信号机在开放状态（见图21-58）。

（2）无显示——表示主体信号机在关闭状态。

3. 调车色灯复示信号机显示下列信号：

（1）一个月白色灯光——表示调车信号机在开放状态（见图21-59）。

（2）无显示——表示调车信号机在关闭状态。

图 21-58

图 21-59

进站、出站、进路、驼峰及调车色灯复示信号机均采用方形背板，以区别于一般信号机。

第十四章　臂板信号机

第84条　进站臂板信号机显示下列信号：

1. 昼间红色主臂板及黄色通过臂板下斜 45°角，红色辅助臂板与机柱重叠；夜间两个绿色灯光——准许列车按规定速度经正线通过车站，表示出站信号机在开放状态，进路上的道岔均开通直向位置（见图21-60）。

2. 昼间红色主臂板下斜 45°角，黄色通过臂板在水平位置，红色辅助臂板与机柱重叠；夜间一个绿色灯光和一个黄色灯光——准许列车经道岔直向位置，进入站内正线准备停车（见图21-61）。

3. 昼间红色主臂板及辅助臂板下斜 45°角，黄色通过臂板在水平位置；夜间一个绿色灯光和两个黄色灯光——准许列车经道岔侧向位置，进入站内准备停车（见图21-62）。

4. 昼间红色主臂板及黄色通过臂板均在水平位置，红色辅助臂板与机柱重叠；夜间一个红色灯光和一个黄色灯光——不准列车越过该信号机（见图21-63）。

图 21-60

图 21-61

图 21-62

图 21-63

第 85 条 出站臂板信号机显示下列信号：

1. 昼间红色臂板下斜45°角,夜间一个绿色灯光——准许列车由车站出发（见图 21-64 ）。

2. 昼间红色臂板在水平位置,夜间一个红色灯光——不准列车越过该信号机（见图 21-65 ）。

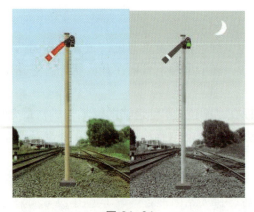

图 21-64

图 21-65

3. 昼间红色主臂板及辅助臂板下斜 45°角，夜间一个绿色灯光和一个黄色灯光——准许列车由车站出发，开往次要线路（见图 21-66 ）。

图 21-66

第 86 条 通过臂板信号机显示下列信号：

1. 昼间红色臂板下斜 45°角，夜间一个绿色灯光——准许列车按规定速度运行（显示方式如图 21-64）。

2. 昼间红色臂板在水平位置，夜间一个红色灯光——不准列车越过该信号机（显示方式如图 21-65）。

有分歧线路的线路所通过臂板信号机，应按进站臂板信号机装设。

第 87 条 预告臂板信号机显示下列信号：

1. 昼间黄色臂板下斜 45°角，夜间一个绿色灯光——表示主体信号机在开放状态（见图 21-67）。

2. 昼间黄色臂板在水平位置，夜间一个黄色灯光——表示主体信号机在关闭状态（见图 21-68）。

图 21-67   图 21-68

第 88 条 电动臂板复示信号机显示下列信号：

1. 昼间黄色臂板下斜 45°角，夜间一个绿色灯光——表示主体臂板信号机在开放状态（见图 21-69）。

2. 昼间黄色臂板与机柱重叠，夜间无灯光——表示主体臂板信号机在关闭状态（见图21-70）。

图 21-69   图 21-70

第十五章　机车信号机

第89条　机车信号机显示下列信号：

1. 三显示自动闭塞区段的连续式机车信号机：

（1）一个绿色灯光——准许列车按规定速度运行，表示列车接近的地面信号机显示绿色灯光（见图21-71）。

（2）一个半绿半黄色灯光——准许列车按规定速度注意运行，表示列车接近的地面信号机显示一个绿色灯光和一个黄色灯光（见图21-72）。

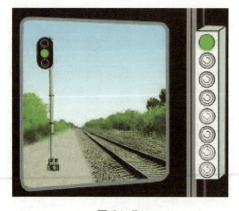

图 21-71   图 21-72

（3）一个带"2"字的黄色闪光——要求列车注意运行，表示列车接近的地面信号机显示一个黄色灯光，并预告次一架地面信号机开放经18号及以上道岔侧向位置的进路，且列车运行前方第三架信号机开通直向进路或开放经 18 号及以上道岔侧向位置的进路（见图21-73）。

（4）一个带"2"字的黄色灯光——要求列车注意运行，表示列车接近的地面信号机显示一个黄色灯光，并预告次一架地面信号机开放经道岔侧向位置的进路[但不满足上述第（3）项条件]（见图21-74）。

图 21-73

图 21-74

（5）一个黄色灯光——要求列车注意运行，表示列车接近的地面信号机显示一个黄色灯光，并预告次一架地面信号机处于关闭状态（见图21-75）。

（6）一个双半黄色闪光——要求列车限速运行，表示列车接近的地面信号机开放经18号及以上道岔侧向位置的进路，且次一架信号机开通直向进路或开放经18号及以上道岔侧向位置的进路；或表示列车接近设有分歧道岔线路所的地面信号机开放经18号及以上道岔侧向位置的进路、显示一个黄色闪光和一个黄色灯光（见图21-76图）。

图 21-75

图 21-76

（7）一个双半黄色灯光——要求列车限速运行，表示列车接近的地面信号机开放经道岔侧向位置的进路[但不满足上述第（6）项条件]、显示两个黄色灯光或其他相应显示（见图21-77）。

（8）一个半黄半红色闪光——表示列车接近的进站、接车进路或接发车进路信号机显示引导信号或通过信号机显示容许信号（见图21-78）。

（9）一个半黄半红色灯光——要求及时采取停车措施，表示列车接近的地面信号机显示红色灯光（见图21-79）。

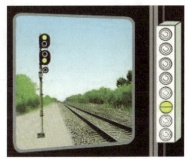

图 21-77

401

图 21-78

（10）一个红色灯光——表示列车已越过地面上显示红色灯光的信号机（见图 21-80）。

（11）一个白色灯光——不复示地面上的信号显示，机车乘务人员应按地面信号机的显示运行（见图 21-81）。

无显示时，表示机车信号机在停止工作状态。

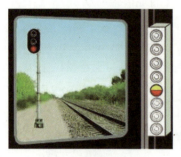

图 21-79   图 21-80   图 21-81

2. 四显示自动闭塞区段连续式机车信号机：

（1）一个绿色灯光——准许列车按规定速度运行，表示列车接近的地面信号机显示绿色灯光（见图 21-82）。

（2）一个半绿半黄色灯光——准许列车按规定速度注意运行，表示列车接近的地面信号机显示一个绿色灯光和一个黄色灯光（见图 21-83）。

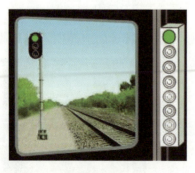
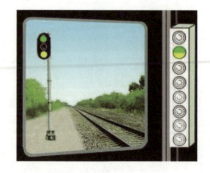

图 21-82   图 21-83

（3）一个带"2"字的黄色闪光——要求列车减速到规定的速度等级越过接近的显示一

个黄色灯光的地面信号机,并预告次一架地面信号机开放经 18 号及以上道岔侧向位置的进路,且列车运行前方第三架信号机开通直向进路或开放经 18 号及以上道岔侧向位置的进路(见图 21-84)。

（4）一个带"2"字的黄色灯光——要求列车减速到规定的速度等级越过接近的显示一个黄色灯光的地面信号机,并预告次一架地面信号机开放经道岔侧向位置的进路[但不满足上述第（3）项条件]（见图 21-85）。

图 21-84

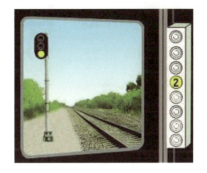

图 21-85

（5）一个黄色灯光——要求列车减速到规定的速度等级越过接近的显示一个黄色灯光的地面信号机,并预告次一架地面信号机处于关闭状态（见图 21-86）。

（6）一个双半黄色闪光——要求列车限速运行,表示列车接近的地面信号机开放经 18 号及以上道岔侧向位置的进路,且次一架信号机开通直向进路或开放经 18 号及以上道岔侧向位置的进路;或表示列车接近设有分歧道岔线路所的地面信号机开放经 18 号及以上道岔侧向位置的进路、显示一个黄色闪光和一个黄色灯光（见图 21-87）。

图 21-86

图 21-87

（7）一个双半黄色灯光——要求列车限速运行,表示列车接近的地面信号机开放经道岔侧向位置的进路[但不满足上述第（6）项条件]、显示两个黄色灯光或其他相应显示（见图 21-88）。

（8）一个半黄半红色闪光——表示列车接近的进站、接车进路或接发车进路信号机显示引导信号或通过信号机显示容许信号（见图 21-89）。

（9）一个半黄半红色灯光——要求及时采取停车措施,表示列车接近的地面信号机显示红色灯光（见图 21-90）。

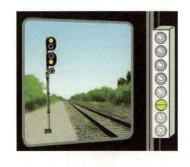

图 21-88   图 21-89

（10）一个红色灯光——表示列车已越过地面上显示红色灯光的信号机（见图 21-91）。

（11）一个白色灯光——不复示地面上的信号显示，机车乘务人员应按地面信号机的显示运行（见图 21-92）。

无显示时，表示机车信号机在停止工作状态。

图 21-90   图 21-91   图 21-92

3. 接近连续式机车信号机的显示方式与连续式机车信号机相同。

4. LKJ 屏幕显示器的机车信号显示应与机车信号机的显示含义相同。